健身与健康教育

全彩图解版

卡萝尔·K. 安布拉斯特（Carol K. Armbrust）

［英］ 埃伦·M. 埃文斯（Ellen M. Evans） ◎著

凯瑟琳·M. 劳克林（Catherine M. Laughlin）

张 冰　彭庆文◎译

人民邮电出版社

北京

图书在版编目（CIP）数据

健身与健康教育：全彩图解版 /（英）卡萝尔·K. 安布拉斯特（Carol K. Armbrust），（英）埃伦·M. 埃文斯（Ellen M. Evans），（英）凯瑟琳·M. 劳克林（Catherine M. Laughlin）著；张冰，彭庆文译. — 北京：人民邮电出版社，2022.6
ISBN 978-7-115-54807-8

Ⅰ. ①健… Ⅱ. ①卡… ②埃… ③凯… ④张… ⑤彭… Ⅲ. ①健身运动—图解②健康教育—图解 Ⅳ. ①G883-64②R193-64

中国版本图书馆CIP数据核字(2020)第170044号

免责声明

本书内容旨在为大众提供有用的信息。所有材料（包括文本、图形和图像）仅供参考，不能用于对特定疾病或症状的医疗诊断、建议或治疗。所有读者在针对任何一般性或特定的健康问题开始某项锻炼之前，均应向专业的医疗保健机构或医生进行咨询。作者和出版商都已尽可能确保本书技术上的准确性以及合理性，且并不特别推崇任何治疗方法、方案、建议或本书中的其他信息，并特别声明，不会承担由于使用本出版物中的材料而遭受的任何损伤所直接或间接产生的与个人或团体相关的一切责任、损失或风险。

内 容 提 要

本书介绍了运动、身体活动和减少久坐方面的指导性原则，讲解了从心肺健康、肌肉健康、柔韧性、神经运动健康、姿势及身体构成方面评估身体健康状况及进行训练改善的方法，探讨了何为神经运动并介绍了针对身体各部位的功能性运动训练。此外，本书讲解了健康饮食、体重管理和压力管理方面的内容，提供了在当前环境下进行饮食、体重和压力管理所需的各种工具，并重新审视了与健康相关的各种概念，以帮助读者认识到今天做出的积极选择会使自己拥有更加健康的明天。

◆ 著　　　［英］卡萝尔·K. 安布拉斯特（Carol K. Armbrust）
　　　　　　埃伦·M. 埃文斯（Ellen M. Evans）
　　　　　　凯瑟琳·M. 劳克林（Catherine M. Laughlin）
　　译　　　张　冰　彭庆文
　　责任编辑　刘　蕊
　　责任印制　周昇亮
◆ 人民邮电出版社出版发行　　北京市丰台区成寿寺路 11 号
　　邮编　100164　电子邮件　315@ptpress.com.cn
　　网址　https://www.ptpress.com.cn
　　天津市豪迈印务有限公司印刷
◆ 开本：700×1000　1/16
　　印张：20　　　　　　　　　2022 年 6 月第 1 版
　　字数：379 千字　　　　　　2022 年 6 月天津第 1 次印刷
　　著作权合同登记号　图字：01-2018-7604 号

定价：168.00 元
读者服务热线：**(010)81055296**　印装质量热线：**(010)81055316**
反盗版热线：**(010)81055315**
广告经营许可证：京东市监广登字 20170147 号

目 录

前　言

欢迎翻开本书！很高兴你能加入我们，加入这一激动人心的开拓终身健康生活的旅程。你现在迈出的这几步，很有可能决定你在以后的生活方式会是什么模样。本书提供了多种你在未来的生活中可以采用的有益于健康、健身的选项与模式。我们旨在有目的地将可循证的身心健康概念融入你的日常生活实践，从而帮助你提高自己的生活质量。我们的总体理念是，身体健康是心灵健康和生活舒适的关键。

我们看着自己的孩子在网络时代长大，目睹户外游戏被有组织的活动和电子游戏所取代。我们也体会到人们面对面地交谈的沟通方式，逐渐被电子邮件、短信、推特等其他沟通方式所代替。出于为你和更多的孩子们的考虑，我们编写了这本书。我们想要赋予你成功获得健康生活所需的工具，让你生活得无比充实。

本书涉及的各种概念如下。

- 专注于你个人的行为选择，而非按部就班、按图索骥。我们认识到每个人都是独特的，都需要打造属于他自己的计划。
- 通过目标设定和行为改变的各种概念，将可循证的针对身体活动、运动和久坐的生活方式的研究结果，运用到功能性运动中去。
- 理解在生理、心理和情感健康方面改变健康行为所存在的复杂性。
- 处理那些与压抑、焦虑和压力有关，并会影响你自己和你所爱的人的生活的敏感性健康问题。

健身与健康密切相关

本书的主题之一，就是你的健身行为能轻易地融入你的日常生活，并减轻你的压力。你不必为拥有运动设施的使用权而自掏腰包，也无须专门腾出时间来进行井然有序的锻炼，这样你就能够在一天当中运动得更多了。试着爬楼梯而非乘电梯，或者是与你的朋友们去远足而非外出就餐。我们称这种方式为功能性训练。我们安排在第 6 章之后的"功能性运动训练"穿插章是独立的，这是因为它会告诉你怎样锻炼特定肌肉，以及如何分别在有健身设施和无健身设施的情况下完成这个训练目标。我们经常听人说，学生们没有足够的时间照顾好自己。我们希望本书能帮助你正确理解

"照顾好自己"意味着什么，从而让你能够更加轻松地照顾好自己。

健康的各种概念，并教你如何将健身融入健康的生活方式中。

本书的组织架构

本书包括 11 章和 1 个特别穿插章。第 1 章~第 7 章介绍了运动、身体活动和减少久坐的生活方式方面的指导性原则，以及身体构成及其与健康的关系。我们认识到，很多人都是从身体运动开始踏上健康实践之旅的。习惯性运动有助于我们获得愉悦心情，工作得更好，睡得更香，让我们成为更好的自己。本书的开篇以特有的人体运动范式，帮助你评估自己的身体健康状况。该范式强调运动、身体活动和坐得更少的生活方式的重要性。该范式着重于开展更多的身体活动，促使你将运动融入自己的生活；该范式会使你意识到坐得过久所造成的后果，从而让你在一整天伏案工作或学习的过程中，经常站起身来活动活动。我们还探讨了何为神经运动，以及如何将其融入你的日常生活。

第 8 章和第 9 章要解决的是健康的饮食行为和体重管理方面的问题，这在当前的生活方式下往往难以实现。但我们为你提供了在当前环境下要取得成功所需的各种工具。第 10 章为你提供了有关压力和睡眠方面的信息，从而帮助你有效避开这些问题。第 11 章重新审视了

本书的独特之处

本书将帮助你达成运动健身的目标。每章都有一些关键术语来帮你明确努力的方向，还设有"行为检查"专栏，介绍将健康概念融入你的日常实践的窍门。这类专栏鼓励小步推进，有利于移除阻挡改变的障碍。另外，每章还设有"当下和以后"专栏，它会帮助你认识到你今天做出的积极选择会使你通向一个更加健康的明天。

在从头到尾阅读本书的过程中，你会发现各种信息图、人物图片、可循证的表格。它们都以易于你理解的方式呈现，以帮助你理解你正在学习的知识。我们不遗余力地将研究与实践相联系，并且强调做出一个更加健康的选择的关键往往是简单的日常决定，而这些决定会令你的健康情况在今天和未来大有不同。

最后几个想法

本书的首要目标是提供一个个性化的、可循证的互动工具，以帮助你过上并维持一种更加健康、幸福、具有效益的生活，让你知道如何照顾好自己，同

"行为检查"专栏帮助你将健康概念融入日常实践。

"当下和以后"专栏鼓励你去思考自己当下的行为将如何影响未来。

信息图、可循证的表格和人物图片。

关键术语和复习题。

时能照顾好他人。医生们为我们留下了描述我们预防疾病之路的医学记录，我们自己则需要承担起描绘自身健康路线图的责任。而在我们生命的早期阶段，很少有人会劝我们去采取预防疾病的措施。照顾好你自己，而非在你病倒后依靠药物治疗，这是一个深刻的概念，也是一个我们希望能令你充满活力的概念。

不管你学的是什么专业，好好生活都是很重要的。照顾好自己将帮助你获得为了取得成功所必需的精力。热爱生活并对生活持积极态度的人，往往是那些在生理、精神和情感方面都健康的人。我们怀着激动的心情，为你带来了让你能在自己的生活中欣然接受健康行为所需要的工具。我们向你致敬，为你能够接受这个课程，并对健康的生活方式能为现在及将来的你带来的诸多可能性持开放态度而感到敬佩。让我们启程吧！

第 1 章

终身保持健康与强健的体魄

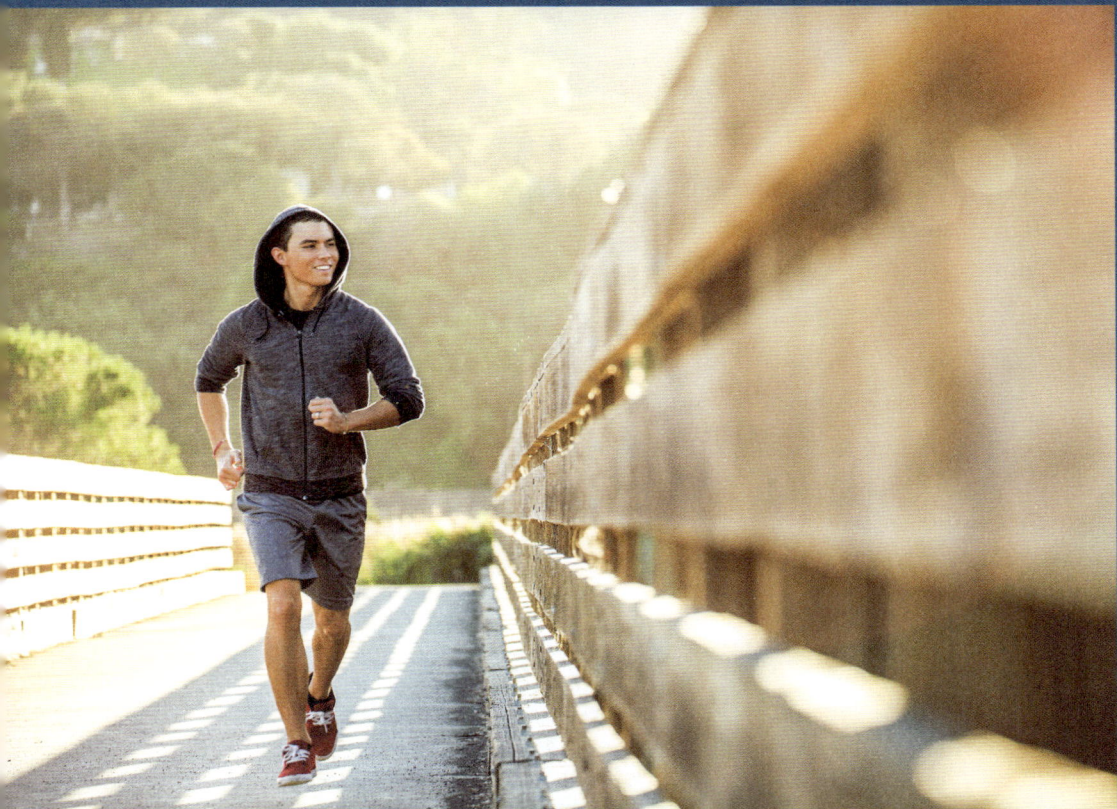

本章目标

> 解释预期寿命与健康行为之间的关系。

> 描述健康的组成部分及各部分之间的关系。

> 区别功能性运动和功能性健身训练与健康生活之间的关系。

> 创建一份个人健康档案。

关键术语

根据生活状况的不同，幸福、健康和强健这几个词，大体上是可以被定义为不同的概念并互换使用的。本书将帮助你对保持健康形成一种积极的态度，本书不会告诉你一些诀窍，也不会恐吓你——告诉你如果不采取健康行为的话就会发生什么。相反，本书强调的是个人生活方式的选择。毕竟生活方式的形成是一个长期的过程，想要彻底改变生活方式没有立竿见影一说。受过专业训练的医务人员所使用的**医疗模式**，会在疾病引发生活方式的改变时，注重药物对人的影响。**健康模式**则让人可以选择个性化的生活方式，同时利用自我管理，通过让人关注健康的生活方式来预防疾病。本书的总体理念是教育和鼓励你，并赋予你选择高效且健康的生活方式的能力。

当你想到那些既健康又快乐的人时，脑子里会浮现出什么呢？睡足 8 小时？吃西蓝花和羽衣甘蓝？你可能也会想象他们与朋友们去远足的场景。你是否认为，那些既健康又快乐的人大多数时候都可以完成难以想象的体育项目，或者是通常比较活跃？也许你会在脑中勾勒出这样一幅图景：某人无比平静地走出瑜伽教室。你正在想到的这些人，是不是与其他人相比较而言，笑得更多，也更加积极向上呢？还是说有一些更加深层次的东西，成为这些人健康快乐的标志？

选择并坚持你喜爱的运动，你就更可能过上长寿而充实的生活。

在整个生命周期中保持健康

健康生活始于懂得健康与幸福之间的联系。这包括让你感觉你的身体足够棒，从而生活得更好——吃得好、运动得更多，以及令你拥有健康的情绪和精神状态。近年来，一些书和文章的内容，都透露出人们在对健康有益的行为上的新的关注。

人们前所未有地认识到，健康这件事也是"萝卜青菜，各有所爱"的，因此，人们对低热量饮食和严酷的锻炼计划逐渐失去兴趣。当人们爱惜自己的身体时，他们就会倾向于照顾好自己，吃更加健康的食物，而不是只关注低热量的食物（Schlossberg，2016）。米歇尔·西格（Michelle Segar，2015）认

> **做最好的自己！与其说是机会和自然条件限制了你，还不如说是你的见识和你自己限制了你。**

为，对人类决策、动机和行为的关注，才是健康的日常运动实践的关键所在。她注意到，对一种行为的建议，如改变饮食或锻炼方式，往往是从医学的角度来考虑的。活动跟踪器潮流就是这种全新的关注行为的一个范例。人们正逐渐认识到，在一天当中能够活动得更多，是与去健身场所锻炼同样有益于身体健康的行为。塞利格曼（Seligman，2011）与西格（Segar，2015）一样，也更看重行为选择。他认为精力旺盛有 5

个关键因素，即积极的情感、参与、关系、意义与成就。就其本质而言，在整个生命周期内保持健康，要求人们重点关注健康的习惯、动机，以及行为选择。这些都能帮助你规避那些在初期可以预防的疾病，从而活出更精彩的人生。

预期寿命与健康

自 1993 年以来，美国人的预期寿命首次出现了下降，从 78.9 岁下降到 78.8 岁（Xu et al., 2016），与此同时，世界人口的预期寿命却上升了。2015 年出生的美国人，平均有望活到 71.4 岁（女性为 73.8 岁，男性为 69.1 岁；平均而言，女性仍然比男性活得更久）。目前，最长的预期寿命出现在日本，日本人几乎平均能活到 84 岁；最短的预期寿命则出现在非洲。不过，总体而言，美国人正在朝总体稳定的长寿化方向发展。

自 2014 年以来，美国人的十大致死原因没有变化，其中 7 项是慢性疾病。位列前两位的致死原因（心脏病与癌症）致死的美国人的数量，占到由十大死因致死的美国人总数的 60% 以上（见图 1.1）。

随着全球人口预期寿命的上升，与之形成鲜明对比的是，尽管美国人在保健方面耗费了数十亿美元，美国人的预期寿命还是下降了（Boseley，2016）。

美国的企业正在想办法帮助其雇员获得健康，因为这有利于开展业务。根据斯普林布克（Springbuk，2017）的

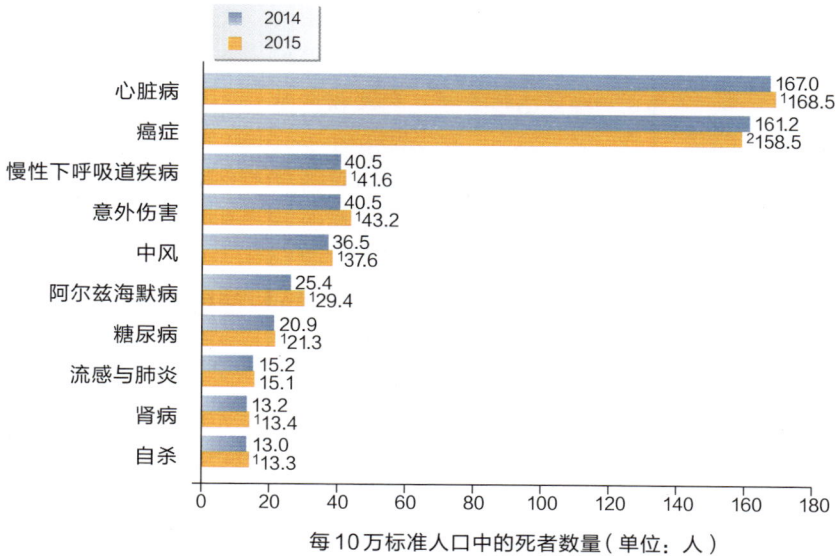

图 1.1 2015 年调整年龄后，美国 2014 年与 2015 年的十大致死原因的死亡率
[1] 统计显示，2015 年调整年龄后的死亡率，比 2014 年显著上升（$p < 0.05$）。
[2] 统计显示，2015 年调整年龄后的死亡率，比 2014 年显著下降（$p < 0.05$）。
备注：2015 年，美国登记在册的死亡人数共计 2 712 630 人。2015 年，死于十大致死原因的人数，占美国总死亡人数的 74.2%。十大致死原因是根据死亡人数的多少来排列的。
源自：NCHS Data Brief N.267，December 2016。

统计，2016 年，美国几乎 1/3 的企业增加了总体福利支出，而健康福利（22%）和福祉福利（24%）是增长得最多的两项。

许多因素都会影响寿命。畅销书作家丹·比特纳（Dan Buettner，2015）采用了一种独特的方法来理解如何延长生命周期。他对世界上那些有着最长预期寿命的地方做了一番研究（他称这些地方为"蓝区"），研究结果表明，在这些地区，人们通常吃得更健康、运动得更多（见图 1.2）。因此，你的饮食习惯和运动习惯可能会影响你的生命周期。此外，收入水平也是影响寿命的一个因素。查蒂（Chatty）和同事们（2016）发现，在美国富裕的男性通常要比穷困的男性多活 15 年，而富有的女性则通常比穷困的女性多活 10 年。

为何美国人的平均寿命没有其他一些国家的人的平均寿命长？这种近期出现的寿命缩短现象（Xu et al.，2016），会是在科技和自动化的影响下，在我们的工作和玩乐中出现的久坐的生活方式导致的结果吗？是因为我们坐得太久、吃得太多，还是因为按一下按钮（如启动洗碗机）就能搞定大部分家务事？也许，替我们做出这些选择的，是我们所选择的居住环境。现代医学延长了平均

图 1.2 预期寿命会受到许多因素的影响，其中包括能否做出健康的选择

寿命，但科技和久坐的生活方式会不会抵消掉在现代医学的影响下，已然得到延长的平均寿命呢？也许，健康与幸福的真谛，更多地与我们如何生活和住在何处有关，而更少地与医学干预有关。也许，活得健康快乐的关键，就在于我们日常所做出的各种生活抉择。

本书着重关注影响寿命的各种健康因素。尽管美国人在保健方面的开销高达数十亿美元（Boseley，2016），但照顾好自己以预防疾病、获得健康这件事，归根结底还是得靠你自己。你选择读这本书真是太好了！它会帮助你做出一些决定，通过这些决定，你可以养成健康的思考方式和生活方式。

科学与健康

根据美国国家预防、健康促进及公共卫生委员会（U.S. National Prevention Health Promotion and Public Health Council，2016）的统计，目前活到65岁的美国人，平均有望再活19年。本书的主要关注点之一，就是让你在整个生命周期内都能健康地活着。看一下比你年长的亲戚朋友们，他们在老去时，是否正过着身体功能良好的生活？

活得越久就过得越好吗？ **健康周期** 这个说法是个新名词，它是用来描述生命后期阶段的那些年份的生活质量的。预期寿命可分为健康年份和不健康年份，你肯定是想度过更多的健康年份而非不

生命周期与健康周期之间的区别是什么？

生命周期：从出生到死亡所活的年数。

健康周期：从出生到死亡，身体功能正常、没有疾病的年数（也就是从生命周期排除了不健康年份）。

✓ 行为检查

何为你的家族的健康周期？

现在，既然你已经明白了生命周期和健康周期之间的区别，那就想想你的祖父母和父母吧。你是否会说，作为上了年纪的人，他们的生活过得不错？如果是，你为何会这么说？如果不是，那又是为什么呢？你养成了什么样的与他们相同的习惯？在观察了自己的亲人们的情况后，你是如何展望自己的健康周期，以及规划它在整个生命周期中的覆盖情况的呢？

图 1.3 展示了生命周期从 60 岁延续到 90 岁的情况。请注意，如果你从 60 岁到 90 岁都在生病，那这段时期对你来说，并非是一个健康周期。相比之下，在你 80 多岁时，如果你能把生病期压缩到只有几年时间，倒的确意味着你拥有了一个健康周期。你今天的健康状况和生活习惯，将决定你在生命的后期阶段会经历下面的哪一段历程。

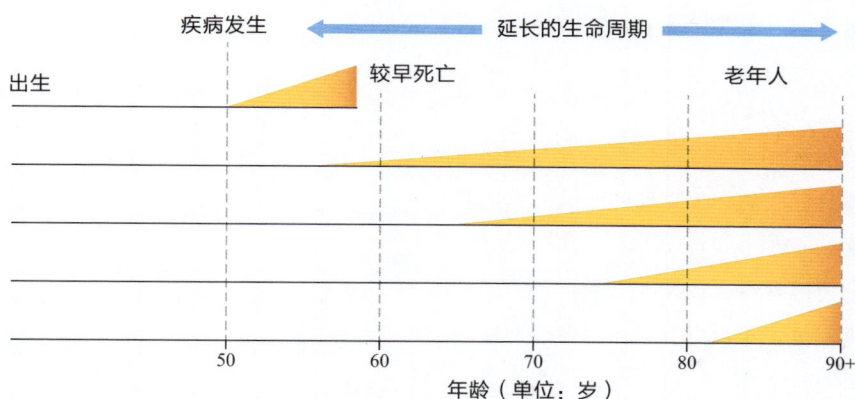

图 1.3 通过延缓疾病的发生，你可以推迟死亡的到来，延长生命周期，并提高晚年的生活质量

健康年份。想要延长你的健康年份，照顾好你自己的身体显得非常关键。现在你食用的合适的东西，以及你照顾自己身体的正确方式，都将增加你的健康年份，同时减少你的不健康年份。

在生命终结之时，你知道你已经竭尽全力地活好了这一生，你能带着这份满足进入安静的长眠，难道这样不好吗？

大多数医学研究都只是孤立地研究某一种疾病，然而越来越多的证据表明，衰老导致的生理变化是会引发大部分慢性疾病的，其中许多慢性疾病都可以通过选择健康的生活方式来加以预防。我们倍加小心地针对 401（k）退休储蓄计划（美国政府推出的一项针对退休人员的储蓄政策。——译者注）展开投资，以便让我们在老年时能够获得经济方面的保障，选择健康的生活方式则相当于对生命开展 401（k）投资。如果你丢了健康，那么安度晚年将变成度日如年，有再多的钱都无济于事。

✓ 行为检查

你所居住地区的居民幸福感处于什么水平？

想想你最想住在何处。这个地方会让你动得更多、坐得更少、活得更好吗？这个地方的步行方便程度较高吗？做一个步行方便程度测试，看看你目前所居住的地区有多么便于走动。并将该测试结果与你的成长地和理想居住地的相应测试结果比较一下。如果统一资源定位（Uniform Resource Locator，URL）的方法对你来说不适用，那么就你所居住地区的情况，问问你自己如下几个问题。

- 你能走着去餐馆或是杂货店吗？还是你得开车才能抵达这些地方？
- 附近有几个公园？
- 你能坐公交车、骑自行车，或者走着去你要去的各个地方吗？
- 当地的犯罪率如何？是否无论何时走在街上都是安全的？

美国国民健康目标

《健康人2020年》（HP2020）报告，以及将要公布的《健康人2030年》（HP2030）报告，还有美国政府推出的各种计划，都为提高美国人的健康与幸福水平设定了目标。它们主要是在提高生活质量，以及降低可预防疾病与早死的发生率方面，提供以数据为导向的决策。这些报告为提高全球以及个人层面上的健康与幸福水平，提供了建立在科学基础之上的目标。《健康人2020年》和《健康人2030年》的主要目标在于，让人们能够做出可靠的健康决策，以及让人们在美国政府的支持下，利用社会资源去判断所做的预防措施的效果。

一家叫Healthways的私人公司，也为美国的各个州和公司设立了健康目标。在挑选一个地方作为工作场所时，了解工作地点的健康状况颇为重要。Gallup-Healthways建立了一套健康指数衡量体系，它不仅涵盖健康的主要组成部分，还囊括了社会、社区、生理和经济等生活的各个方面。每年，Gallup-Healthways都会通过电话，对美国50个州及华盛顿哥伦比亚特区超过10万人的民众展开调查。其2016年的调查结果显示，55.4%的美国人都很有活力，同时，吸烟率在持续下降。不过，糖尿病、肥胖症、抑郁症等慢性病的发病率，则处在2008年以来的最高位（根据Gallup-Healthways 2017年的调查数据）。

选择住在何处是影响健康状况的另一个重要因素。各大公司都曾利用Gallup-Healthways的调查信息，再结合犯罪率、通勤时长、失业率、生活成本等因素，来找出最幸福和最不幸福的州。根据豪泽尔（Hauser，2016）的研究结果，居住在夏威夷州的人最幸福，居住在西弗吉尼亚州的人最不幸福。哈立德（Khalid，2016）认同住在西弗吉尼亚州的人最不幸福，但他研究发现，住在犹他州的人才是最幸福的。

健康新视角

长辈往往将健康定义为不生病，但健康其实远不止于此。阿洛斯基（Arloski，2014）将健康描述为为了生存得更好而做出选择的过程。他用于保持健康的7个步骤如下。

1. 评估。
2. 独立做一些基础性的工作。
3. 设置重点。
4. 找出你在适应环境的过程中养成的习惯。
5. 初始的行为改变。
6. 独立做一些更深入的工作。
7. 持久的行为或生活方式的改变。

随着我们的引导，你可以开始自己的运动和健康之旅，你将在本书中看到许多这样的步骤。

杰克·特拉维斯（Jack Travis）博士是20世纪70年代中期创建了第1批健康调查清单的医学博士之一。他曾开展过一项任务，把医学文化的焦点，从医生的权威性和医生在医患关系中占据主导地位转化为医患的平等与合作关系。他的眼界在当时是超前的，而且符合在整个生命周期中保持健康这一观点。特拉维斯的疾病—健康连续体（Well People，2011；见图 1.4）描绘了一个中心点既非疾病也非健康的范式。根据个人选择的不同，我们会在这个健康框架模式内向右或向左移动。右移是高水平的健康以及健康和幸福感得到加强的表现；左移则代表着疾病或者残疾，甚至会在它们对我们的身心健康造成损害前，就导致我们早逝。特拉维斯博士使我们突破了传统的医疗和健康实践，是改变我们思维方式的先驱。

同时，特拉维斯博士相信，目前披露的健康状况只是冰山一角（Well People，2011）。他对健康的看法与当代关于衰老的研究一致，这一研究告诉我们，我们对健康的研究方兴未艾，因为我们对健康的研究时间还没有我们对疾病和病理学的研究时间长。如果把影响健康的因素用冰山的模型来表示，那么冰山的第 1 层是生活方式或行为。这一层包括吃什么、怎么运动、如何释放压力和防止事故发生。如果你在第 1 层

就做到了尽善尽美，并开始着手改善你的行为，然后进一步深化到心理或动机层面的话，你获得长寿的可能性就会提高。为了实现真正的健康，深入研究本书中讨论的健康的方方面面之间的联系是很重要的。特拉维斯建议，要潜到水下去，要去发现饮食与运动之间的联系，以及社交和享受假期之间的联系。所有这些选择会影响你生命周期中的健康和幸福程度。为了能够持续改变生活方式，我们必须要明白为什么要做出这种改变。这需要我们对健康的文化、心理、动机甚至精神层面进行深入的研究。总而言之，改变生活方式是很复杂的。你需要全心全意、集中精力才能保持平衡，才可能精心雕刻出一座健康的"冰山"，从而打造出一种专注于活得久、活得好的长久的健康生活方式。

当今健康观的一个重点是，鼓励人们去经营自己的健康，以延长寿命。除了特拉维斯博士的冰山模型之外，还有许多其他的方法可以将健康分解成几个可行的部分。请参阅图 1.5 描绘的健康模型的进展情况。健康饼图或拼图（模型）通常被用

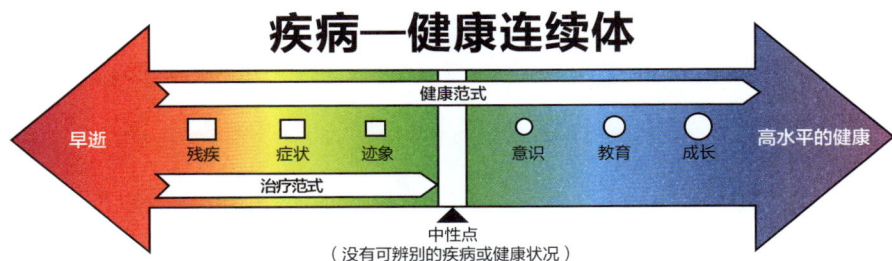

图 1.4　疾病—健康连续体
源自：© 1972,1988,2004. John W. Travis, MD。

于描述健康是如何组成的。这些模型是有限制性的，因为这些部分整齐地拼合在了一起，没有相互重叠或混合。然而现实生活中健康的组成部分并非如此整齐，各个部分之间会有一定的重叠。此外，在某一个特定的时刻，我们可能会更加侧重于打造健康的某一方面，而相对地忽略另一方面。例如，一个大学生应将健康的培养重

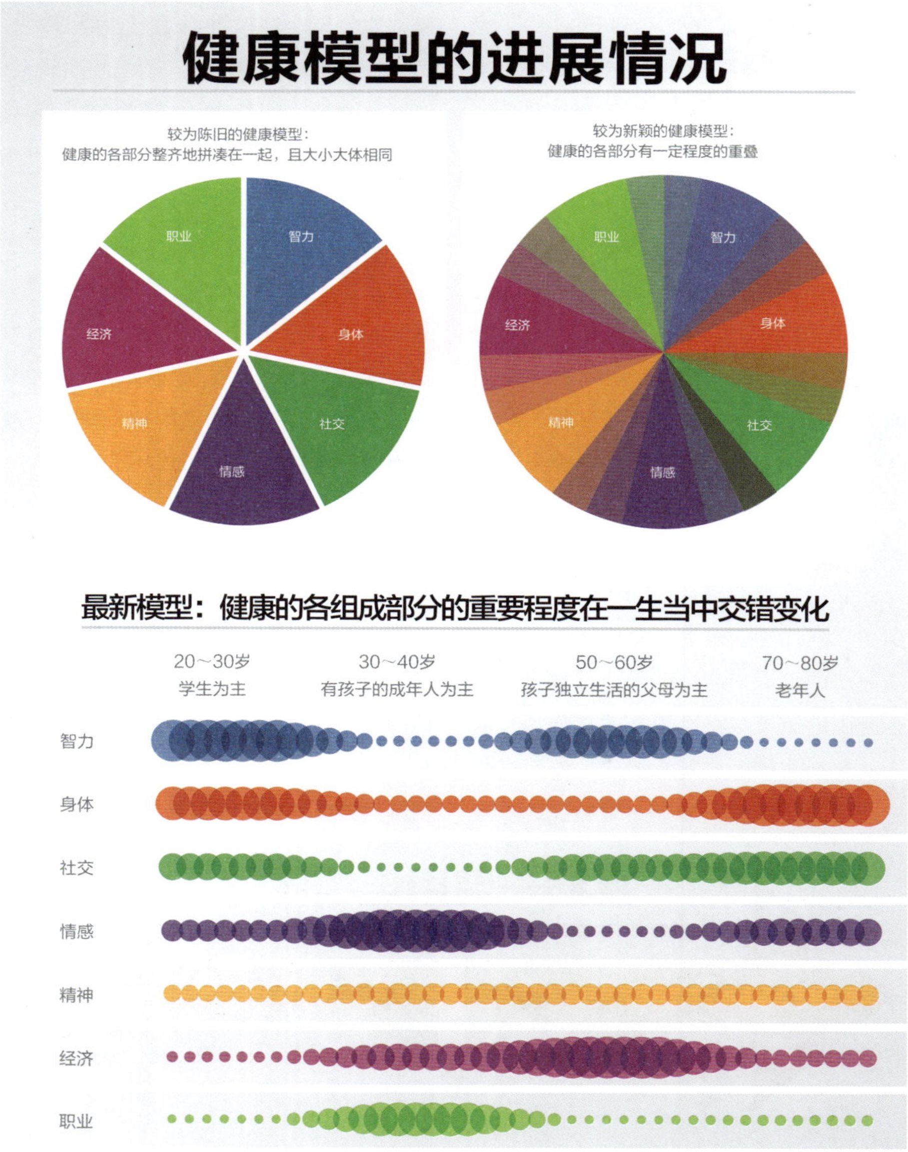

图1.5　随着时间的推移，我们对健康的理解发生了变化

点更多地放在饼图模型中的智力和社交方面，而职业和经济方面在毕业前应处于次要地位。在我们三四十岁的时候，我们关注的是情感和职业健康方面（婚姻、孩子和工作）。在我们五六十岁、子女已经离开家能够独立生活的时候，我们会有更多的时间用于探索自然环境（例如旅行和远足）。最后，在我们七八十岁时，在生命的最后阶段，维持合理的社交和智力水平会变得更为重要。在整个生命周期中，身体、精神方面的健康及经济方面的富足是最主要的。如果没有这三方面的保障，人的一生就很难过得幸福、稳定和美好。另一方面，我们都有自己的健康模型偏好——在生命的每个特定阶段，存在对自己而言相当重要的健康的某个组成部分。

生活方式的改变，发生在我们着力发展一个或多个健康领域的过渡阶段。最新的健康模型着眼于健康的各组成部分在整个生命过程中的变化，没有把健康描述成饼图或拼图模型，而是表达为在你的一生的各个阶段，你所重视的和想要给自己带来的东西。你自己的健康模式与你的实际生活方式高度一致，健康的不同方面在一生中的重要程度，会根据你的价值观（你重视什么）和你做出的生活选择而有所变化。健康实际上就是你如何处理所有这些在生活当中可能出现的选择，以便过上充实的生活，并预防一些疾病。20~30 岁的这 10 年，就是我们会做出很多影响自己日后生活的选择的时段。我们生命中的"个人资

⏱ 当下和以后

健康偏好

在本书中，你将会时不时地看到"当下和以后"专栏，它们将不断提醒你，为什么你在早年注重健康，就会在晚年得到回报。

当下

你现在重点关注的健康的组成部分主要包括哪几个？

以后

想想你的家人，包括你的父母、祖父母、兄弟姐妹、姑婶姨妈和叔伯舅舅等，以他们的例子作为指导，推测随着年龄的增长，你的健康重点将会是什么。如图 1.5 所示，绘制你一生中健康的各个组成部分。

回家思考

健康的组成部分和生活价值是密切相关的。

列出你一生中想要关注的主要的健康的组成部分，并解释一下为什么这些对你来说很重要。

产"包括：我们的结婚伴侣、我们的职业选择，以及我们受教育的程度。梅格·杰伊（Meg Jay）是一位心理学家，她写过一本关于人在 20~30 岁这一年龄段的书，她把我们的这种"个人资产"统称为"身份资本"（identity capital）（Meg，2012）。

健康的各组成部分

健康可分为 8 个主要的组成部分，即身体、情感、智力、社交、环境、职业、经济和精神的健康。在你阅读以下 8 个主要的健康的组成部分时，请考虑一下自己的优势和劣势。然后，写下一些你可能想要关注的，与改变个人习惯和生活方式有关的健康要素方面的想法。

身体健康

身体健康不仅是指一个人有活力且身体健壮，还意味着他能有效地运动，并且其身体的各项功能都运行良好。身体健康就是每天可以精力充沛地工作，或者是在享受各种爱好追求时，不易感到疲劳或肌肉酸痛。例如，一个身体健康的人可能在跑了 1~2 英里（1600~3200 米）后，不会在第 2 天感到肌肉酸痛。身体健康还包括，身体足够健壮，足以开展充分的功能性日常生活活动，这是因为你每天都吃得较好，而且一整天都有足够的运动量。身体健康还包括你能够为你的安全着想，做出有关健康的明智的决定。这包括保证充足的睡眠，在开车时不发短信，以及使用防晒霜等。最后，身体健康还可以包括做出正确且负责任的性行为的选择，以及通过采取良好的自我护理措施，来有效地处理伤害和疾病。本书的大部分内容都会讲述身体健康方面的内容。通常，身体足够健康会为你打开方便之门，让你能够精力充沛、充满热情地关注健康的其他方面。

情感健康

情感健康是指你在日常活动中保持自信和乐观的能力。情感健康意味着你有能力理解并接受你自己的感受，还意味着你不会受到情绪或精神疾病的影响，如抑郁症等。能与他人分享自己的感受以及更多的是开心地而非沮丧地走完人生的道路，这对拥有充实的人生来说是很重要的。情感非常健康的人，通常对生活会有积极的展望，并且很容易感到满足。他们情绪稳定，做事可靠、积极且坚持不懈。他们还能够独立地生活和工作，当别人有需要时也会伸出援助之手。要想实现这种健康，在必要时也可以寻求专业人士的帮助。

智力健康

通常智力健康的人都是终身学习者，他们终其一生都专注于成长。智力健康意味着需要不断地接受心智上的挑战。智力健康的表现包括逻辑思维和解决问题的能力强，可以用创造性的想法去应对生活中的挑战。智力健康意味着人是为了快乐和享受而读书，并乐于学习新的思考和工作方式。如果你对掌握新技能或学习新事物充满好奇和动力，就说明你的智力高度健康。最后，具备批判性思维和敢于质疑现状也是智力高度健康的表现。

有数据显示，拥有硕士、博士或专业学位的美国成年人的死亡率要低于仅拥有学士学位的人的死亡率（Rogers et al., 2010）。

社交健康

你知道疾病和健康之间的区别吗？疾病始于"我"，而健康始于"我们"。

人类总体上是社会性的。我们努力保持着积极和令人满意的人际关系，这需要具备有效的沟通技巧。社交健康表现在拥有以富有意义的方式与他人互动的能力，其能帮助你与他人建立起长久的关系。一个社交健康水平高的人的特征通常是融入生活，具备有效沟通的能力和发展亲密关系的能力。社交健康方面最关键的技能是建立起社交关系，给予他人支持，自信且果断，能够自我表露和表达情感，以及会处理冲突。最后，参与社区活动、帮助他人、聆听他人的倾诉、发表意见等，对形成积极的社交健康状况而言也十分重要。如果你认为有必要改善你的社交健康状况，可以考虑去加入一些和你有共同兴趣点的俱乐部和团体。

环境健康

你对周围环境的感觉包括你居住环境的舒适感。例如，进入大学时，你是否会随身带去一些让你觉得具有家的味道的东西？如果你这样做了，那么你就是在营造自己的主场感，这样你就能在新的环境中感到舒适了。不管你在哪里居住或工作，在这个地方安顿下来都十分重要。这个概念与你日常的环境健康密切相关。

社会学家和城市规划者研究了为什么某些场所对人们有着特殊的意义。他们称这为场所映射（place mapping）。

该术语被定义为观察人类行为的一种方式。比特讷的
"蓝区"（Blue Zones）(2015)就是一个场所映射的例子。
拥有强烈的场所感，会帮助你仔细选择居住的地方，因
为它会影响你的环境健康水平。还记得美国幸福感最强
的那些州吗？场所感还与你去一个特定的地方时，对这
个地方产生的一种情绪或认同感的深切感受有关。

　　想想当你从大学回到熟悉的家时，会有什么样的感
觉。你的一切东西还是摆放在原位，家里的狗也会跑来
迎接你，在这个空间里，你会感到舒适、安全、放松。
现在，再想想你大学毕业后将要居住的地方。你选择要
居住的地方是否发生过暴力事件？附近的环境是否适
合步行？你能否采取措施以确保你的生活方式对环境友
好，并帮助创建可持续的人类和生态社区？是否有垃圾
回收服务和可以开展园艺活动的空间？最为根本的是，
你周围环境的宜居性如何，它们是否满足你对良好、健
康的环境的期望？如果不是，那么你如何才能确保你生
活的环境符合你的期望呢？为了实现这一目标你打算
么做？

许多大学毕业生会
重访母校。当他们
再次回到校园时，
他们会回想起大学
往事。由此，他们
便经历了自己的场
所映射过程。

职业健康

职业健康指的是你从自己选择的工作中能获得足够的快乐与满足。考虑到工作的长久性，选择一份满意的工作对健康与福祉而言至关重要。你的健康与福祉，与拥有一份有意义且富有成就感、能给你带来个人满足感，并能让你运用自己的技能为所在公司做贡献的工作有关。拥有良好的职业健康水平不只意味着获得高薪。如果你不重视这份工作或没有从中获得个人满足感，工资再高也无济于事。理想的工作是，你的主管认可你的工作，你与同事们相处愉快，并且你的工作能够让你感到满足。工作是可以寻找到的，但事业是需要追求的。大学刚毕业就想找到一份令人满意的工作，通常是很难的，但如果你是在追求一份令人满意的事业，而不是在追逐金钱和名誉，那么你就是在朝着一

成就大事的唯一方法，就是热爱你所做的事情。寻找工作，追求事业。

个正确的方向前进，因为在未来若干年内你都将可能从事你喜欢的工作。

经济健康

财务管理（理财）通常是一项需要具备批判性思维、自律与理财规划才能完成的任务。它包括量入为出、努力工作以避免背上债务，以及养成现实的消费习惯。在涉及钱财交易时，控制住情绪也是十分重要的。使用数张信用卡，让朋友帮你做理财决定，有一些不切实际的奢望，都容易造成情绪上的压力。要制定较为现实的目标，以及可以使钱财支出处在可控范围内的预算。就像跟踪你的运动轨迹能让你知道自己一天走了多少步一样，跟踪你的支出情况也可以让你知道自己的钱都花到哪儿去了。我们一般认为，赚更多的钱会使我们更快乐。然而，研究显示，一旦你的收入达到 5 万 ~7.5 万美元，收入与幸福感的正相关性就会下降（Gilbert，2007）。我们来看看下面这 8 条有关花钱所能带来的最大幸福感的原则（Baer，2014）。

花钱所能带来的最大幸福感的 **8** 条原则

❶ 买体验而不是买东西。

❷ 花钱去帮助别人而不是只为了自己。

❸ 买多个能让人满意、愉悦的小玩意儿而不是几个大物件。

❹ 较少的保险费。

❺ 先付款，后消费。

❻ 想想拥有你想买的东西后会有怎样的感觉。

❼ 停止攀比式购物。

❽ 咨询朋友的意见。

精神健康

　　健康的关注重点通常是生活的物质方面，但是有时候，目标感和归属感对整体健康而言同样重要。一个在精神上健康的人知道如何充分利用逆境，并知道如何通过专注于积极的一面来抵御不利因素带来的伤害。精神健康还体现在拥有正确的价值观和生活原则等方面。精神健康的人能够从失去中恢复过来，还能带着感激和感恩之情去原谅他人和放下不美好的过去。沉思、和朋友一起在森林里散步、画画、听音乐、做瑜伽等，都能帮助你获得精神健康。

你不能向他人灌输任何东西，你只能教他人学会自己去发现。

小结

做出好的健康选择，这需要你在你 20 多岁的时候就着手去做，其中，你需要注意以下 4 点。

- **社交健康**。你也许会在一个健康的社交环境中（在一家环境健康的餐厅就餐时或在学生娱乐中心锻炼时）遇到一个重要的人或者你的另一半。
- **智力健康**。找一份兼职工作以帮助你找到你以后想要从事的工作。
- **精神健康**。找到那种你能够做得很好且能长时间做的工作或休闲活动，让它们成为你的身份标志，而不仅仅是你所做的事情。
- **身体健康**。在你 20 多岁的时候，让这一健康选择成为你容易做出的选择，并成为你的习惯，它会产生长远的影响，这些习惯最终会成为你的身份标志。

何为功能性运动与健康

我们把**功能性运动**与健康之间的关系等同于运动和饮食之间的关系，因为运动和饮食是所有人的日常活动。健康不仅仅是多运动和吃得好，我们之所以关注运动和饮食这两个方面，是因为它们涉及许多需要做出常规性选择的日常习惯。因此，我们就有必要简要概述一下与运动和饮食有关的功能性运动（Functional movement）、功能性运动训练（functional movement training），以及它们之间的差异。阿斯特朗德（Åstrand）在一篇具有里程碑意义的名为"为什么要锻炼"的文章中，创造了"功能性健身训练"（Functional fitness training）这个术语。他说，"如果动物是被合

🕐 当下和以后

你每天的选择很重要!

当下

要想终身保持健康,你在 20 多岁时所做的选择很重要。

以后

想象一下这样的悼词:"她在早上走完人生最后 1 英里(约 1600 米)的路程后,晚上在睡梦中安详地离开了人世,终年 97 岁。"

值得带回家收藏起来的信息

这关系到一辈子的美好生活。美好生活包括做出行为分析、坚持不懈,以及享受终身照顾自己的乐趣。只有先照顾好自己,你才能照顾好别人。超越身体美学和获取内在的归属感、幸福感,将使你在大多数日子里更加包容、更加愉快。

理构建出来的,那么它们应该建造和维护其合理的结构,但不应超过它们为满足功能性要求所需的结构"(1992,P153)。阿斯特朗德博士是走在时代前列的,他当时预测人们很快就会更多地关注为什么应该运动,而不是关注运动如何改变他们的体质。阿奇尔(Archer,2007)认为,人们需要具备关于他们为什么需要锻炼的目标感,并预测不久后会出现健身和健康融合的现象。明(Ming,1999)通过一份以哈佛校友为研究对象的研究结果发现,最长寿的人是那些上大学后增重最多、同时每周在身体活动中消耗 2000 千卡(1 千卡 ≈ 4.19 千焦)热量的男性。上大学后增重至少 15 磅(约 6.8 千克)但长时间久坐不动的男性的死亡率,要比那些增加了相似重量但身体活动较多的男性的死亡率高出 53%~96%。我们期望通过锻炼来改善我们的体质,为什么不采取行动来改善我们的生活呢?功能性运动这个术语经常用于解释这种从美学到对日常生活各项任务有重要意义的运动的关注点转变。

为了与本书的目标保持一致,我们

将把**功能性运动训练**定义为你在有组织的锻炼中所做的一切行为，其目的是改善你的日常功能性运动。本书第 6 章后安排了一个特别穿插章来讲述功能性运动训练的内容，以帮助你更好地理解如何在你的健身计划中融入功能性运动训练，从而改善你的功能性运动。在这个特别穿插章里，你会了解到各种利用自身体重、可调节的抗阻器械（resistance variable machines）、自由重量以及拉伸等开展的运动。

功能性运动关乎你在一个常规基础上做出的选择，这一常规基础即把运动融入你的日常生活。所谓功能性运动，就是选择步行去上课而不是搭乘朋友的车去上课，选择爬楼梯而不是乘坐电梯，或者是选择在步行去上课的时候，背着双肩背包来锻炼核心肌肉。无论是功能性运动训练还是功能性运动，都不存在哪个比哪个更好的问题，它们只是侧重点有所不同而已。两者结合有助于产生健康的身体活动。

健身不仅仅是去健身场所锻炼

观察身体活动的日常模式很有意义，也能帮助你更好地理解全天发生的功能性运动。让我们看看运动强度随时间变化的情况。请注意图 1.6 中忙碌的鲍勃（橙线），他整天都坐在办公桌前，几乎没怎么活动，代表他的运动强度的橙线很少会升到低运动强度之上。他甚至由于抵抗不住疲劳而在下午 5 点多的时候

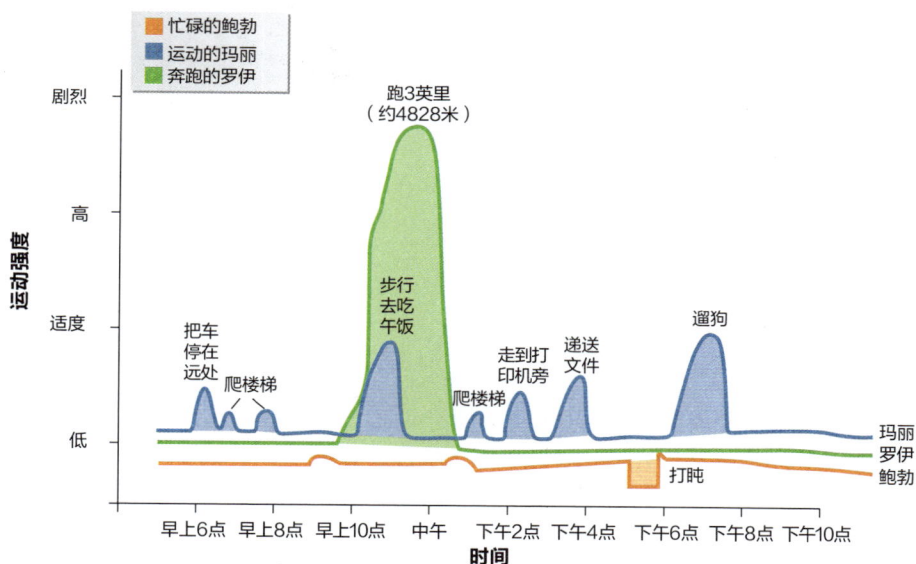

图 1.6　身体活动的基本模式：功能性运动（蓝线）、功能性运动训练（绿线）和久坐不动的生活方式（橙线）

源自：Blair, Kohl, and Gordon(1992)。

打了个盹。他抵抗不住的疲劳是精神上的疲劳还是身体上的疲劳？是否可以将打盹改为去散一会步，从而帮助他多动、少坐、有更多的精力投入工作呢？另一方面，运动的玛丽（蓝线）则把车停在距离她上班的那座大楼较远的地方，然后走路去上班，工作的时候走楼梯，步行去吃午饭，工作日会走到打印机前去打印材料，会亲自捎话或递送文件，从而频繁地脱离久坐状态以获得运动。最后，运动的玛丽在晚饭后还会遛狗。运动的玛丽比忙碌的鲍勃花费了更多的精力在她的日常活动中，但她只是随意地运动，并无任何有计划的运动体验。然后是奔跑的罗伊（绿线）。他的工作性质和忙碌的鲍勃很像，但他会在午饭时段抽空去锻炼。他会跑一会儿步后再回到工作岗位，然后整天坐在办公桌前。

理想的情况是，将奔跑的罗伊（功能性运动训练）和运动的玛丽（功能性运动）这两种情况结合起来，这是在一生中保持健康的一种运动的好方法。如果你不能去健身场所或者你不喜欢跑步，那就像运动的玛丽那样做吧。如果你知道你将整天坐在办公桌前，那么奔跑的罗伊的一天也许更适合你。这里想要传达的信息是，去健身场所锻炼或跑步，并不是将运动纳入你日常生活的唯一途径。你有很多可以开展日常运动的方法，正如你可以根据你的健康需求选择去看什么样的医生，或者是根据自己的口味选择每天吃什么样的食物。所有的运动（无论是在健身场所开展的还是在一整天的活动中进行的）都是好的运动，都可以改善你的健康状况、增加你的幸福感。

当你思考今天是否要去健身场所时，久坐不动的生活方式是否属于健康生活方式的另一个方面就成了有待分析的问题。在身体健康领域，当前的一个话题就是久坐，通常被称为"坐着的时间"。越来越多的公共卫生专家认为，坐着不动也许是新的"吸烟行为"（Levine，2014）。

久坐经常被认为是爱运动的对立面。不断有新的研究表明，越来越多的人一边到健身场所锻炼，一边深陷于各种久坐行为，这种生活和运动方式仍然会对他们的健康产生不良影响。一项关于久坐时间及其与成年人患病风险的关系的研究得出结论，无论一个人的身体活动水平如何，久坐都会给其身体健康造成不良的后果（Biswas，2015）。由于我们工作的时候坐着，上下班的路上也坐着，回家后还是坐着，所以我们的日常运动减少了。每天抽空活动一次，可能不足以抵消久坐带来的对生理和心理的有害影响。对此，你可以在第 2 章中了解更多相关的内容。

越来越多的人使用站立式办公桌就是一个证明，说明我们在努力保持对着计算机屏幕高效工作的同时，也在更多地摆脱对椅子的依赖。卡茨马齐克（Katzmarzyk，2014）主持的一项研究表明，站立可能会降低身体缺乏活动的人的死亡率，这表明站立可能是一种比久坐更健康的选择。在工作场所实施干预以减少坐着办公的时间逐渐成为常态。事实上，希利（Healy，2016）所做的一项研究发现，与对照组相比，干预员工坐着的时间，可以对员工全天的运动情况产生影响。关于在工作场所久坐的问题的辩论还将继续下去，而且，由于久坐不动会带来健康风险，我们可能会看到未来的工作场所将发生巨大的变化。

此外，我们想知道，为什么我们去健身场所锻炼了，体重仍然会增加。我们总是更愿意相信这是因为我们增长了更多的肌肉。在健身场所锻炼 60 分钟，会消耗能量，并可能会改善心脏的健康状况，毕竟心脏也是一块肌肉。不过，我们从针对久坐时间的研究中了解到，锻炼不是唯一的解决办法，一整天的功能性运动也很重要。因此，通过短时间的锻炼来抵消日常缺乏运动的这一方法，是不足以保持身体健康的。如今，我们需要开展更多的功能性运动，才能保持身体健康。

健康不仅仅是吃得健康

正如运动和健身一样，健康饮食也意味着让健康的选择成为容易的选择。

工作时站着可以消耗更多的能量，同时也会减少久坐带来的健康风险。

　　滋养身体对保持健康来说是十分重要的。我们吃什么，什么时候吃，和谁一起吃，这些都会影响我们每天的营养选择。消费者对某些特定食品在促进健康方面的作用越来越感兴趣，这些食品被某些专家称为功能性食品。简单来说，功能性食品就是让你吃了以后感觉良好的食物。当你吃完汉堡包、炸薯条和奶昔后，你的身体感觉如何？最有可能的是，你想打个盹，以让你的身体消化这顿富含脂肪和热量的食物。你可以把这等同于整天坐在桌子前，而不是站起来四处走动。互联网上充斥着关于功能性食品的讨论。一篇关于食品流行趋势的文章揭示，人们现在关注的不是少吃，而是在日常饮食中添加富含营养又安全可靠的食物（Pina，2016）。吃功能性食品，就和开展功能性运动一样，你能清醒地意识到你在吃什么，以及它会让你的身体感觉如何，然后再去选择吃什么，这样你就会感觉良好。后面各章中会有更多关于营养方面的信息，为你提供更多更具体的营养建议。

　　当然，偶尔我们也会庆祝一下，这时我们会吃得多一点或坐得久一点。

　　在 80% 的时间内做出正确的选择，对于你维持功能性运动和保持营养的摄入来说，不失为一个好的目标。本书无意于让你因为不运动或没有吃健康的食物而感到内疚，而是教你如何珍惜你的身体，并在 80% 的时间里善待它。这种生活实践将帮助你热情而快乐地去生活，还会让你朝动得更多、吃得更好的方向发展。

✓ 行 为 检 查

日常活动和你消耗的能量

为了帮助你把运动和保持健康这个想法付诸实践，让我们来设想一个 150 磅（约 68 千克）的人在做一些基本的家务活（例如用吸尘器打扫卫生）时的能量消耗情况（见表 1.1）。当然，你可以把此类家务都分包出去，然后去健身场所锻炼。但从健康的角度来看，这也许会影响你的经济健康，同时也会减少你做那些帮助你动得更多的日常活动的机会。当然，在健身场所办张会员卡，可能是你社交健康的一个体现，所以，这样做也许是可行的。当你在做日常健康和（总体）健康的选择时，需要考量很多因素。

表 1.1 体重 150 磅的人在各种日常活动中所消耗的能量

活动	能量（单位：千卡）
耙树叶	147
料理花园或除草	153
移动（打包和拆包装）	191
用吸尘器打扫卫生	119
用抹布打扫屋子	102
和孩子们一起玩耍（强度适中）	136
修剪草坪	205
散步	103
坐着看电视	40
骑自行车上班（在平坦的路面上）	220

源自：McCoy (2009)。

生活方式的选择

是什么妨碍了你的健康

花点时间，列出一些习惯和各种健康生活方式的选项。

开始思考你应做出的真正选择是什么。

▶ 爬楼梯，而不是坐电梯。

▶ 步行回家，而不是让朋友开车来接你。

▶ 去当地一家以自己种植食物而闻名的餐馆吃饭，而不是去一家当地的自助餐连锁餐馆吃饭。

▶ 去购物时把车停得远远的，而不是找最近的停车位。

▶ 铲雪或耙树叶，而不是用鼓风机打扫庭院。

▶ 跟朋友一起喝着饮品边散步边聊天，而不是和朋友一起坐着喝咖啡或喝茶。

▶ 和朋友一起去远足而不是一起出去吃饭。

▶ 到外面遛狗或者去健身场所锻炼，而不是玩电子游戏。

这些只是我们在日常生活中可以选择的各种功能性运动的典型例子，我们可以改变这些选择以改善我们的健康状况。我们经常会在生活中安排一些不健康的选项，这是因为我们觉得自己没有足够的时间去散步、远足，或者是找一个新的有益于健康的餐馆去吃饭。

在评估一种生活方式时，久而久之我们就会发现，往往那些微不足道的小事才是至关重要的。把生活想象成一场棒球或垒球比赛，然后问问自己，从长远来看应如何打赢这场比赛。幸福美满的生活，就是你最终滑进本垒板的生活。你是否被叫"出去"并不重要，你需要记住的是，你应该怎样赢得这场比赛。

生活，就要乐在其中！

1975 年，澳大利亚政府提出了"生活，就要乐在其中"这个口号，相应的活动则以爱动、贪玩、吃得好、基本上遵循良好健康习惯的卡通人物为吉祥物。澳大利亚政府这样做，是为了鼓励国民去享受和拥抱生活，而不是被动地接受生活。

戴维·帕金斯（David Perkins）在其 2009 年出版的《让学习成为一个整体：教学的七大原则如何改变教育》（ *Making Learning Whole: How Seven Principles of Teaching Can Transform Education* ）一书中，谈到如何在大学里学会挑选着上课——让各门课程相互增益，从而创造出一种通过日积月累、终有一天会成就一种职业的学习经验。你可能会很好奇，为什么上化学课会有助于你成为一名更好的医生，或者是上心理学课为何会有助于你成为一名更好的会计。这里的重点是，总有一天你会把学习的累积效应运用到工作中去，因此，这一切都很有意义。健康也是如此。你平时所做的各种微小的选择构成了你的健康生活。也许，每当你欣然选择爬楼梯而不是乘坐电梯时，可能并没有多大的意义，但在一生中，无数次这样的选择就可能对你的健康产生巨大的影响。

> 伟大的人生和做伟大的事没有什么必然联系，伟大的人生是通过做那些累积起来可以产生重大影响的小事来成就的。

本章总结

由于人们经常做出的选择是乘电梯，楼梯因而变得越来越罕见了。将来，甚至连你的孩子是否知道楼梯这种东西都说不准，或者他们在长大的过程中是否会认定，只有升降电梯和自动扶梯才是把我们从一层楼运送到另一层楼的唯一工具？本书将帮助你思考自己日常所做的功能性运动选择，以及它们将如何影响你的一生。让我们继续用棒球比赛做比喻，你的目标是滑入本垒板并确保安全，因为你在进行这场比赛时做出的所有选择都是正确的：听教练的话，努力成为团队中的一员，精力充沛、满含热情地进行这场比赛。

现在，为了了解你在保持健康这场比赛里的表现，你需要填写一份健康档案。这将帮助你罗列出你在健康选择方面的优势，并帮助你确定自己可能要将精力集中到哪些方面。

复习题

❶ 生命周期和健康周期的区别是什么？

❷ 说出健康的 8 个组成部分中的 6 个。其中，哪 3 个方面你做得较好？你是怎么知道你在这 3 个方面做得比较好的？制作一份显示你在这 3 个方面有所成就的表格，再做一份随着时间的推移，你需要开展的各项活动的列表。

❸ 描述由杰克·特拉维斯博士创立的疾病—健康连续体图的中性点。

❹ 解释功能性运动和功能性健身训练的区别。

❺ 列出在日常生活中开展功能性运动的 3 种方法。

❻ 在健身场所锻炼和跟朋友一起散步相比，在能量消耗上有区别吗？为什么有或为什么没有？

第 2 章

功能性健身与运动的诸多选择

本章目标

> 比较一下美国卫生与公众服务部(HHS)的身体活动指南(PAG)和美国运动医学会(ACSM)的运动指南。

> 说明久坐或久坐行为会带来的风险。

> 理解美国卫生与公众服务部身体活动指南和美国运动医学会运动指南是如何互补的。

> 利用三分法人类运动范式,设计出一种终身适用的功能性健身和运动计划。

> 分析环境选择和日常运动会如何影响你对生活的健康性投资。

> 为身体活动、运动和久坐的生活方式设置 SMART 目标。

关键术语

大家都已经深刻地认识到多进行身体活动的生活方式的益处。遗憾的是，在促进人口健康方面，美国没有跟上其他国家的步伐，美国投入了更多的资源去治疗疾病，而不是去预防慢性疾病和保持身体健康（US. Burden of Disease Collaborators，2013）。在第1章中，我们讨论了近年来美国人的预期寿命是如何自1993年以来出现首次下降的（Xu et al.，2016）。这一变化的背后有许多原因，就像生活本身一样，是很复杂的。

本章将探讨关于身体活动、运动和久坐的研究，并将其与身体活动和运动的历史描述联系起来，以说明有意识的健身运动是如何开始的。本章关注的是如何将日常运动和运动选择结合起来并使其有益于健康生活。你对身体活动和功能性运动所做的选择，会影响你的生活质量和寿命，还会影响你的外表和内心感受。功能性运动能锻炼身体、增强体质、改善健康状况和增强幸福感。选择走路而不是坐公交车去上课，就是选择功能性运动的一个例子（请参阅下面的专栏内容——什么是功能性运动？）。

什么是功能性运动？

正如第1章所述，把较为稳定的功能性运动融入你的日常生活，有助于让你的日常运动变得更轻松、更愉快。通过运动而不是靠锻炼单独的肌群来锻炼身体，才是我们要关注的重点。快步走而不是开车去看球赛，就是一种功能性运动。为了享有长久而健康的生命，我们需要的不仅是漂亮的外观。你体内正在发生的一切和你看上去的样子是同等重要的。在日常生活中进行功能性运动的成果可能是，你可以迅速地离开椅子站起身来，或是在远足旅行的第2天不会感觉到肌肉酸痛。

集体远足旅行是享受功能性运动的一种方式。

运动和**身体活动**的结合，会影响你的一生。我们希望你读完这本书后，下次在选择一个靠近大楼入口的停车位之前，会再考虑一下，因为你知道这个选择无益于你的健康和幸福。本章还会讨论健身场所中的一些传统运动项目。在本章的末尾，你会在综合考虑自己的身体活动、运动和久坐的生活习惯，以及你家族的疾病史和健康史的情况下，反省你当前的日常运动选择，并制定出一个运动计划。

理解针对身体活动提出的各种建议

本章还会讨论美国卫生与公众服务部身体活动指南、美国运动医学会运动指南，以及**久坐**或久坐行为会带来的风险（Matthews et al., 2015）。由身体活动、运动和减少久坐三者组成的**人类运动范式**（见图 2.1）跟健康和幸福有直接关联。据科尔等人（Kohl et al., 2012）报道，尽管从 20 世纪 50 年代以来，关于身体活动对健康有益的证明层出不穷，但美国人还是没有跟上不断更新的运动指南的步伐。专家建议，解决当前身体活动不足这一危机的一个更好的方法是，将眼光放得长远一点，超越各种指导方针和建议，转而更多地关注运动的行为方面。身体活动研究领域的其他人则提倡通过改变环境来帮助人们

- 现有准则（美国卫生与公众服务部身体活动指南）
- 把有规律的、强度为中等至剧烈的身体活动纳入你的日常活动
- 专注于全天动得更多

身体活动

人类运动范式

运动
- 现有准则（美国运动医学会运动指南）
- 心血管健康度、柔韧性、神经运动的各组成部分、肌肉力量和耐力
- 频率、强度、时间、类型、运动量、进度

减少久坐
- 没有既定准则（尽管属于美国运动医学会运动指南和身体活动指南需要解决的问题）
- 应尽量不要久坐
- 多动、少坐

图 2.1　人类运动范式，包括身体活动、运动和减少久坐的生活方式

做出更好的日常选择，例如选择步行以代替乘坐公交车（Trost et al., 2002）。把持续的运动纳入你的日常活动，专注于你的选择和行为以及你如何与周围环境进行互动。

人类运动的概念已经超越了运动的范畴，包括身体活动的不同组成部分，还包括久坐（也被称为久坐行为或坐着的时间）。为了增加当前坚持运动的成年人的占比，我们还有很多工作要做。只有20%的成年人会定期运动（Centers for Disease Control and Prevention, 2016）。此外，大多数美国成年人在大多数日子里，有大约55%的时间都是坐着的（Matthews et al., 2008）。这种生活方式是久而久之形成的，在某种程度上，这也归咎于大多数人把运动看作是解决整天坐着这个问题的一种主要方法。

有意识的运动实践的历史

"处方"这一术语通常被定义为内科医生或临床医生写下的对如何使用药物的指示。处方的定义很简单，它只是一则建议而已。数十年来，"运动建议"这个说法一直是许多健身和医学专业人员使用的主要字眼，读上去可能更像是"多动、少坐，就会健康"。

本章重点介绍人类运动范式，它包括了所有的运动类型（身体活动、运动及最大限度地减少久坐和各种行为）。它为运动建议提供了一个框架，把功能性运动、功能性运动训练（运动），以

及通过少坐来减少久坐时间这三者结合起来，它是在你一生中，可以提供提高健康水平和促进长寿所需能量的理想选择。

我们无须在有了建议后才开始运动。运动应成为一种习惯，因为它会让我们感觉更棒。我们的思路正在被拓宽，以接受历史上有意识的运动实践之外的运动习惯。过去，运动建议常常忽略了我们仅为了获得运动的乐趣而开展的身体活动。为什么我们当初会认为，在一个久坐的生活方式占据主导地位的社会里，每天去健身场所运动60分钟，就足以弥补因久坐而带来的运动不足呢？改变是困难的，尤其是要先了解有意识的健身解决方案所带来的健康后果。

早期历史

要想洞悉运动建议的历史，可以通过美国运动医学会发布的最新信息进行了解，尤其是他们颁布的《运动测试和建议指南》（*Guidelines for Exercise Testing and Prescription*）。《运动测试和建议指南》通常被认为是运动建议的最佳循证来源，其各修订版本为运动建议的各个具体方面的变化提供了一份按照时间顺序排列的记录和背景信息。例如缩写词FITT（频率、强度、时间和类型）第一次被证明对形成运动建议很有用。

虽然这些过往的观点和表态的细节并不是最重要的，但有几个关注点的变

✓ 行为检查

楼梯与自动扶梯

想想上次你遇到图中这样的情景时的表现。你是会选择中间那些宽阔的楼梯拾级而上，还是会选择乘坐楼梯旁边的自动扶梯呢？我们经常会看到成群的人乘坐自动扶梯，也许下一次，你会成为选择爬楼梯的那个人。记住，选择爬楼梯这样的小决定会有累积效应。一整天中做出的许多这样的小的运动决定，累积起来对全身健康大有益处。

化还是需要注意的。美国运动医学会的第 1 份观点和表态出版于 1978 年。当时，它的主要关注点是心肺有氧训练，因为在 20 世纪 70 年代和 20 世纪 80 年代，被诊断出患有心脏病的美国人的数量有所增加。该观点和表态还主张开展调动身体各大肌群的运动，并提倡每周进行 3~5 次，每次持续 15~60 分钟的中高强度的运动（ACSM，1978）。

20 世纪 90 年代至今

1990 年，美国运动医学会对其观点和表态做了一次重大修订，增加了肌肉力量和耐力训练的内容（针对所有主要肌群每周开展两次训练）。随着科学的不断进步，1998 年美国运动医学会推出的观点和表态，建议做出更具实质性的改变（ACSM，1998）。在心肺有氧运动的时长方面，既可以连续运动 20~60 分钟，也可以分为几组，每组运动 10 分钟，累计起来达到 20~60 分钟即可。肌肉力量和耐力训练方面的建议也有变化，美国运动医学会区分了年龄较小的或超过 50 岁的不同个体的训练强度。

柔韧性训练也作为一种新的运动方式被添加进了该观点和表态。2006

运动建议不仅仅
关乎运动！

年推出的美国运动医学会的观点和表态，对心肺、抗阻和柔韧性等各项训练的强度和持续时间提供了更详细的建议（ACSM，2006）。值得注意的是，最初的 FITT 框架被保留了下来，并且还增加了对肌肉骨骼训练方面的关注。

图 2.2 呈现了 2018 年美国运动医学会运动指南的总体情况。柔韧性和神经运动实践方面的科学文献的信息较少，这是因为它们相对而言是较新的运动研究领域，不像心肺训练和肌肉力量训练等已经有了比较深入的研究。

现实生活中健身的未来

出生在婴儿潮时期，即出生于 1946—1964 年的那一代美国人，对有

意识的健身实践产生过最为重要的影响。他们是健身场所运动活动的积极参与者，因为正是他们开创了这些健身场所。这一代人经常将健身作为走出家门以及改善自身体质和感受的工具。他们也是向我们展示随着年龄的增长，我们需要有意识地改变自己的运动选择的第 1 代人。

20 世纪 70 年代，出生于婴儿潮时期的那一代人中有很多都只有 20 多岁。他们参加高强度的有氧运动，成群结队地跑 10000 米。20 世纪 80 年代和 20 世纪 90 年代，出生于婴儿潮时期的那一代人转而参加低强度的有氧运动、跑 5000 米、参加上下台阶的运动课程、开展水上运动、练习室内自行车和瑜伽。接下来的 20 年里，当出生于婴儿潮时期

变得健康并保持健康

心肺训练

- 每周散步5天或跑步3天

- 尽量每天至少走7 000步

- 如果你愿意,你可以将运动分解成每10分钟一次或更长时间一次的多次练习

肌肉力量和耐力训练

- 每周腾出2~3天训练各主要肌肉群

- 根据你的目标,做2~4组、每组重复8~12次的练习

- 各肌肉群的锻炼之间,要休息48小时

柔韧性训练

- 每周至少有2~3天要做拉伸

- 每个拉伸动作重复2~4次

神经运动

- 每周至少有2~3天要做一些注重平衡、敏捷性和协调性的运动

- 目前尚无已知的关于此种运动的运动量和进度方面的指南

图 2.2 2018 年美国运动医学会运动指南给出的改善健康状况的最佳建议
源自:ACSM's Guidelines for Exercise Testing and Prescription(2018)。

的那一代人到了五六十岁时,他们便开始利用健身(稳定)球、平衡设备、核心肌肉力量训练和 TRX(悬垂训练)设备来进行锻炼,从而改善神经肌肉和本体感觉方面的健康状况。随着出生于婴儿潮时期的那一代人迈进 70 岁,他们将会走更多的路、开展矫正性运动,以及在游泳池中进行水中漫步。正如出生于婴儿潮时期的那一代人在其一生中渐次改变他们对健身活动的选择一样,你们这一代人也可以做到!

你可能在 20 多岁的时候是一位跑步锻炼者,但在生命的后期,你可能需要转而开展一些更为缓和的活动,例如骑自行车或步行。你的身体是一座宝库,它是在你的**生命周期**中,载着你的健康和幸福前行的工具。

聆听你的身体,并根据它告诉你的信息来改变你所偏好的运动,这就是长寿和健康生活的秘诀。如果你现在不爱运动,你可能会在生命的后期遇到各种问题。你的长辈中,有多少人已经做过了髋关节或膝关节的置换手术?这和如果你能照顾好"你的爱车",你就可以在不更换零件的情况下还能开着它行驶很多里程的道理相同。

将久坐、身体活动与运动融为一体

自 1978 年美国运动医学会首次就多少运动量才足够发布意见以来,相关方

你们这一代人，每隔 10 年会追求什么样的活动呢？

面更详细的研究已经得到了开展。现在，这一方面的运动建议是如此复杂，以至于即使使用我们简化后的版本（见图2.2），也可能会让人无所适从。许多锻炼者都曾经纠结于这个问题——该做什么运动，以及该用多大的强度和什么样的频率去开展这项运动。一些人在开始锻炼时先尝试了跑步，然后才懂得健步走才适合自己；一些人先尝试了 30 分钟连续跑，然后才发现 10 分钟渐进跑才是自己可以接受的。

佩特等人（Pate et al., 1995）代表美国卫生与公众服务部和美国运动医学会，发表了一项具有重大意义的运动建议。该建议主张，美国的每一个成年人在一周的大部分日子里——最好是每天，都要开展累计至少 30 分钟的中等强度的身体活动。在这份公开的运动建议中，并未提及运动持续时间、运动组数或动作的重复次数。该建议旨在提高公众对中等强度的身体活动所带来的与健康相关的益处的认识。1996 年，美国卫生局局长发表的关于身体活动与健康的报告（HHS，1996），与美国运动医学会的态度达成了一致，都强调适度的身体活动（每周活动约 150 分钟）对健康有益。

因此，首版身体活动指南（HHS，2008）给出一个简单的解释——无论你选择什么强度的运动，所有的运动都有它的益处。2018 年版的身体活动指南则建立在首版身体活动指南的基础之上，并为美国的身体活动和教育计划建言献策。当然最重要的还是每天要多动少坐。

美国运动医学会运动指南侧重于运

动，只有 20%~25% 的人能够真正地将运动纳入其忙碌的生活中。美国卫生与公众服务部 2008 年发布的身体活动指南则强调每周运动 150 分钟的生活方式，该理论颇为重视的是，如何把各种可供选择的休闲和娱乐活动纳入每周的身体活动计划当中。用于告知人们最新的身体活动指南动向的 2018 年的科学报告证实，除了可预防疾病之外，经常进行身体活动还能带来其他多种好处，例如帮助人们睡得更好、感觉更好、更加轻松地处理好日常事务（Office of Disease Prevention and Health Promotion，2018）。

最新的身体活动指南表示，仅仅通过提升活动水平和减少久坐行为，你就可以获得一些实质性的健康益处。简而言之，动起来，少坐为妙！

我们正在回到从运动中寻找乐趣，却无须提出任何详细建议的状态，如此方可令运动更多地成为生活的一部分，而不是"又一件我们必须想方设法安插进本已繁忙的日程安排中的事情"。坚持定期进行一种更高强度的运动，以及在一生中的每一天动个不停，哪一种方式对你的健康而言是更好的选择？想想看吧。

身体活动指南（PAG）和美国国家身体活动计划（NPAP）

由科学家撰写并打算由专业健身人员发布的美国运动医学会运动指南，是非常全面且准确详细的，但其可能会很难理解，并且其意思可能也很难传达给普通民众。美国卫生与公众服务部身体活动指南，则是由公共部门的健康专业人员和机构共同开发制定出来的，他们联手把身体活动作为预防疾病和提高生活质量的一种有力措施。美国卫生与公众服务部身体活动指南，可能更容易被公共健康部门的工作人员所接受，这些部门会优先考虑那些所有社会成员都能理解的建议。

除了明显缺乏细节和不够全面之外，当前的美国卫生与公共服务部身体活动指南与现行的美国运动医学会运动指南是高度契合的。美国卫生与公共服务部身体活动指南的一个主要目标是，为普通民众提供一种便于理解的方法，以便能多管齐下地将身体活动落实到日常实践中，这些选项可能包括有意为之的成体系的运动。重要的是，类似于美国卫生局局长最初的报告，美国运动医学会运动指南和美国卫生与公众服务部身体活动指南，都鼓励人们减少久坐行为。美国运动医学会运动指南鼓励人们在一天当中多次中断久坐状态，进行一些身体活动。

> 美国国家身体活动计划基于这样一个愿景：终有一天，所有的美国人都是爱动的，他们将在鼓励和支持身体活动的环境中生活、工作和玩耍（NPAP）。

美国卫生与公共服务部身体活动指南则为如何在一天的活动中更多地融入身体活动而出谋划策，例如，它建议人们在健身时使用最少的负重训练设备，利用快走来锻炼心肺系统，以及把自重运动与工作和休闲活动结合起来（如打理花园或干家务），以便对肌肉形成超负荷刺激。

美国国家身体活动计划是由一群专业的卫生与健康从业人员发起的，他们试图培养出一种有利于提高生活质量的身体活动方式的文化。这个计划是由美国的一些国家组织联合制定的，这些组织联合起来组成了国家身体活动计划联盟。该联盟由一个理事会管理，每个联盟成员都派出代表出任理事。美国国家身体活动计划于2007年启动。首轮计划于2010年发布，并于2016年更新。该计划包括了增加美国人身体活动的政策、计划和倡议。虽然该联盟是独立于政府的，但其总体计划仍然得益于同美国卫生与公众服务部的紧密合作。你可以看看美国国家身体活动计划的细则，并在网上申请查阅他们的免费资讯。

现在，在美国运动医学会运动指南、美国卫生与公众服务部身体活动指南以及

🕐 当下和以后

人人都走起来

当下

恺撒医疗集团（Kaiser Permanente）跟许多合作伙伴合作创制了一部长达30分钟的纪录片，名为《步行革命》(The Walking Revolution)。它概述了各种身体活动的循证实践行为，还告诉我们为什么考虑采取与过去不同的运动方式很重要。花半个小时看看这部重要的纪录片吧。当然，你也可以选择观看时长只有8分钟的精简版。

以后

现在，让我们来分析一下，当你到了五六十岁时，你认为你每天会走多少分钟的路呢。就运动体验的积累而言，你的父母或监护人目前正在做什么呢？你的祖父母呢？你会和你的父母、祖父母一样吗？还是你会比他们更爱运动或更不爱运动？

回家思考

现在，既然你已经看了视频，并思考了你的家族运动史，那么你在一天中致力于走路和动得更多的目标是什么呢？你将如何实现这个目标呢？如果你配备了能够跟踪步数的技术——例如你手机上的应用程序或活动追踪器，那么你每天的步数目标将会是多少呢？

美国国家身体活动计划的指导下，你可以开始培养自己的健康习惯以实现每天多运动少坐的目标，并鼓励他人选择多动少坐的生活方式啦！

坐得太久对健康的影响

久坐（或久坐行为）是人类运动范式中的最后一个部分。这一部分重要性的提升，与生活中日渐增多的盯着各种屏幕开展的久坐式工作和休闲方式有关。

尽管 2018 年版的美国运动医学会运动指南概述了运动建议的各个组成部分，但由于缺乏全面的研究，关于久坐行为的建议反而不及之前的版本那么详细。即使是不爱运动的人，也可以通过在久坐期间穿插频繁而短暂的站立和身体活动，来减少他们久坐不动的总时间。关于久坐的生理学研究（Young et al., 2016）告诉我们，不活动并不等同于缺乏身体活动（如不爱动）或不运动。

针对久坐行为的建议是基于以下内容提出的。

1. 长时间的久坐行为会增加患病风险。因此，久坐行为与缺乏身体活动和不运动截然不同。

2. 久坐会进一步增加那些已经缺乏身体活动的人的患病风险。

你可以从整天保持活动状态中收获可观的关于健康的益处。

3. 坐得太久引起的身体的分子和生理反应并不是相反的，但也不同于一系列身体活动或运动后的反应。

4. 身体活动和运动无法弥补久坐所造成的后果。从生理学上讲，这三者是不同的概念，而且它们会产生各自特有的健康结果。

汉密尔顿等人（Hamilton et al., 2008）认为，久坐不动对关键代谢酶会产生独立的影响，并且久坐不动的人患上代谢综合征的风险极大。卡茨马齐克等人（Katzmarzyk et al., 2009）一致认为，久坐会导致新陈代谢发生改变，并且这种改变无法仅仅通过一次运动来矫正。同样，莱文（Levine, 2014）在梅奥医学中心（Mayo Clinic）所做的研究也表明，久坐6小时造成的负面影响，足以抵消运动1小时产生的健康益处。关于久坐行为的研究层出不穷，这将为未来针对久坐行为提出建议提供更多的指导。

对于我们中的大多数人来说，花费在久坐行为上的时间在平日里是最多的。这种对运动的新思考，强调了不运动、缺乏身体活动，以及久坐行为造成的健康后果之间的区别（Young et al., 2016）。到目前为止，"久坐行为"这个词，一直被误导性地用作"不运动"的同义词。但这两个词并不是同义词。久坐行为造成的严重后果不同于不运动造成的严重后果。值得注意的是，美国医学会（American Medical Association)（Brown, 2013）通过了一项决议，该决议承认久坐会引发潜在的健康风险，并建议雇主为其员工提供可代替坐着办公的选项，例如提供站立式办公桌。现在许多学者正在对站立（而不是运动）的干预措施展开研究和调查。例如，普龙克（Pronk, 2012）研究发现，"站立项目"减少了224%的坐着的时间（每天66分钟），降低了54%的上背部和颈部疼痛，还舒缓了情绪。值得注意的是，叫停该项目后，所有能观察到的改进，基本上会在2周内消失。

使用坐立式办公桌的员工比那些没有使用这种办公桌的员工，报告无痛工作日的可能性要高出78%（Ognibene et al., 2016）。

把运动融入日常生活

经常运动可以帮助你保持健康，还可以让你在年龄越来越大时，维持健康的身体机能和独立生活的能力。大量的文献资料研究了运动和身体活动训练的生理适应现象，其中包括心肺训练、抗阻训练、柔韧性训练和神经运动。研究结果表明，运动对于人们在晚年能够独立生活十分重要

让我们骑车前行吧！
骑自行车不仅可以节省汽油、减少排放，还能让你一直运动下去！

工作时要站着或走着

成年人醒着的时间里，一半以上都被久坐或坐着的时间所占据。[a] 使用站立式办公桌，站着休息，或者走着开会，这既有利于产生创造性思维也兼顾了对运动的需求。[b]

爬楼梯

办公室职员是美国从业人数最多的一种职业，而办公室工作又被定义为致力于减少久坐时间的一个关键场景[c]。在某些情况下，爬楼梯实际上比乘坐电梯还快！[d]

将
运动融入
日常生活

散散步，闻闻玫瑰花香

美国城市里有许多适合步行的地方，这些地方可以覆盖全美国人口的46%。[e] 你目前居住的地方的步行环境如何？花时间亲近大自然，可以帮助你减轻压力和放松心情。

不正确

正确

用双肩正确地背包

用双肩正确地背包，可以增强你控制姿势的肌肉的力量。

图 2.3 就如何把运动融入日常生活中，你可以发挥创意

源自：[a] ~ [e] 依次为 Matthews 2008; Isaacson 2011; Healy 2012; Shah et al. 2011; Smart Growth America 2016。

（ACSM，2018）。慢性病更可能发生在那些平日不爱动并且久坐的中老年人身上。在应对中老年人经常发生的大多数毛病时，经常性的运动和身体活动发挥着关键作用。最后，理想的长寿生活的终极保障还是个人拥有独立生活和进行良好的社交的能力。

经常开展身体运动是必需的，开展身体活动不仅是为了外表更好看，也是为了让你在 80 多岁甚至 90 多岁的时候，仍然能享受休闲活动。实际上，有些人把运动称作一种神奇的"药物"（Carroll，2016）。按照图 2.3 所示的方法，你可以有目的地把运动融入日常生活中。

为健身和运动设置 SMART 目标

设置 SMART 目标（具体的——S、可衡量的——M、可实现的——A、相关的——R 和有时限的——T) 是开始任何新行为的有效方法（见图 2.4）。让我们简单概括一下如何设置 SMART 目标，以便你能根据你的运动现状和你想要达到的运动效果来设置适合你的身体活动的目标。

下面是一个人如何根据以上步骤设置身体活动目标的例子。

具体的（Specific）。我想增加我每天所走的步数，所以在这学期的最后 4 周里，我在每周内平均每天要走 10000 步。

可衡量的（Measurable）。我将使用活动追踪器来计算我每天走的步数，并得到一周内每天的平均步数。

可实现的（Attainable）。目前我每天走 7800 步，所以我认为，每天走 10000 步这个目标是可以实现的。

相关的（Relevant）。我一般乘坐离我最近的公交车去上学，当我没有早课时（每周 2 次）我将走路去上学。

有时限的（Time bound）。整个学期我都在全力以赴地完成我的步数目标。在这学期的最后 4 周内，我在每周内平均每天要走 10000 步。

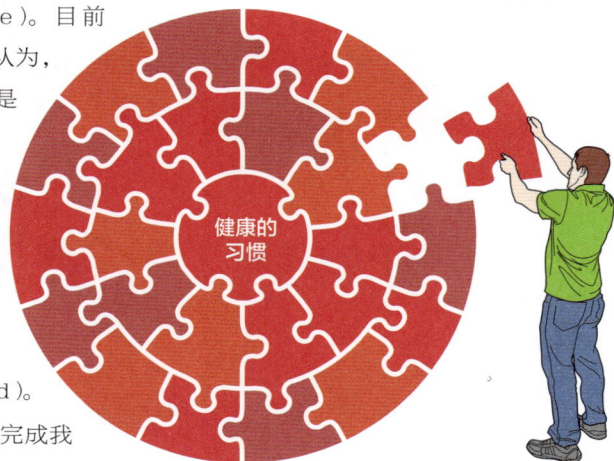

图 2.4　通过有意识地一次设定一个目标的方式来培养健康的习惯

⏱ 当下和以后

运动：你的终身储蓄！

当下

在你 20 多岁时，假设你开始走路去上课，并在空闲时经常开展一些运动来实现多动少坐，你应该也意识到自己坐着的时间太长了。你甚至会要求教授允许你在上课期间活动一下，比如站起来伸展一下身体。

以后

在你的中年阶段——30~50 岁时，你可以一直保持这些习惯，也许还会另外穿插一些运动作为保障。那么当你活到 55 岁左右时，身体仍然会很棒。

当你到了 60 多岁时，你将拥有更多的时间。在这段时间中，你可以自由安排，比如你可以去运动、去享受别人的陪伴或者去探望亲人等。你对运动的终身投入使你能拥有足够的精力来做这些事情。

回家思考

运动可不可以就像为退休攒钱那样，成为一种助你安度晚年的神奇"药物"？如果你的身体不允许你去旅行，你怎么能去看这个世界呢？构想一些既能攒钱又不影响你为获得良好体魄而在运动方面投资的计划——它们能相辅相成吗？当你一天走了7000 步时，你可能会在自己的账户中存放了 10 美元。如果你坚持运动并且以相同的速度存钱，那么，由此带来的累加效应，就会为你营造一个美好的退休生活了。

本章总结

虽然有明显的证据表明，身体运动对健康至关重要，但如果你不选择经常运动，就无法获得运动带来的好处。美国运动医学会和美国卫生与公众服务部都承认，保持运动颇具挑战性，因为当今社会已经在很大程度上，将运动系统从我们的日常生活中剥离了出来。目前，美国仅有 20%~25% 的成年人每周运动 150 分钟（Centers for Disease Control and Prevention，2016）。更有意思的是，超过 90% 的老年人过着完全久坐不动的生活（Matthews et al.，2008）。在过去的 50 年里，我们已经更进一步地解开多动少坐的行为密钥了。第 3 章对行为概念提出了更多的看法。为了经常开展身体活动，请接受这样一个概念，即健康的身体运动不必包括在健身场所中开展的有意为之的运动。事实上，正如本章的人类运动范式所清楚表明的，运动的机会和选项是众多的，你可以根据自己的选择去设计个人的周运动计划。

复习题

❶ 什么是功能性运动？它和在健身场所中开展的有意为之的运动有何不同？

❷ 美国运动医学会提出的可循证的运动指南，与美国卫生与公众服务部身体活动指南有何区别？

❸ 有意为之的运动实践（例如去健身场所锻炼）是一个提出较早的解决方案，它可以让你在一天中做更多的运动。但这种运动是否能够抵消白天坐得太久所带来的坏处？为什么能或为什么不能？

❹ 哪个年龄段的人率先注意到了有意为之的运动的焦点问题？在他们的一生当中，他们是如何改变自己的运动选择的？

❺ 把有意为之的运动实践融入日常生活中的方法有哪些？

❻ SMART 这一缩写词的含义是什么，我们为什么用它来设置目标？

第 3 章

成功驾驭健康行为的改变

本章目标

> 确定行为如何影响健康和幸福。

> 制定行为改变策略。

> 分析行为改变过程中遇到的障碍和挑战。

> 设定结合了运动与健康行为改变的目标和策略。

> 利用第 2 章中介绍的运动目标和本章的行为理论，选择和融合一种以健康为基础的
  行为改变方法。

> 将 SMART 目标与行为改变策略结合起来。

> 在启动你的计划之前，先进行个人筛选和安全清单的列举工作。

关键术语

为什么人们会改变行为，为什么改变行为会如此困难？任何形式的改变都是异常困难的。不管你是想要多动和改变不健康的饮食习惯，还是想在一段关系中做出改变，如果你没有立刻看到回报，或者，如果你将改变带来的结果看成是消极的，那么你就会自然而然地抵制当下的改变。结束一段不健康的关系，可能意味着你在周末晚上无事可做。也许你已经设定好了一个走路去上课的目标，但是今天外面下雨了，而且你找不到你的雨具。你会穿上你的雨靴，寻找你的雨伞或防水夹克，然后走路去上课吗？还是说，你因为没有雨靴、雨伞或防水夹克，便转而搭车去上课呢？

行为的改变通常需要合理的规划才能成功。你在每一分钟、每一小时、每一天所做的选择累积起来，会对你的总体健康和幸福产生巨大影响。你想要或是需要变得更爱动、吃得更健康、睡得更多或改掉一个坏习惯吗？培养健康行为是复杂的，需要进行规划、思考、行动和巩固，如此才能打造出可持续终身的健康实践行为。简单来说，改变习惯是很困难的。

培养健康的饮食习惯需要做好充分的准备。

改变行为的关键，在于理解习惯的运作方式。如果你想睡得更多，却苦于挤不出时间，那么，关注自己把时间用在了哪些方面，而不是总想着如何睡得更多，也许这才是开始改变这种行为时要做的事(Duhigg, 2014)。

本章介绍了几种行为改变理论，并提供了几个如何将这些理论运用到实践中的实例，以便让你理解行为改变的过程。本章会教你如何在参与身体活动或运动前快速开展自我身体检查，以帮助你避免受伤。本章还讨论了受伤后应如何处理。

精力充沛——身体、精神和社交方面的精力充足，对取得大学生活的成功非常重要。想想那些消耗你的精力和使你的精力增多的事情，你要开始关注那些能使你的精力增多的方法。你可以通过增加或改变什么行为，来使你的生活更有激情、更有魅力呢？

在本章的末尾，你将能够把行为改变理论运用到功能性运动目标的制定中，并制定出一个健康目标。我们希望行为改变理论会帮助你弄清楚自己是否准备好做出具体的改变，并决定从何处开始改变行为，从而启动你的运动和健康计划。

你准备好做出改变了吗

除了改变行为本身的复杂性外，我们也不应低估想要改变行为时所遇到的困难。幸运的是，健康行为学家们做了一些可以帮助指导行为改变，并向你示范如何开始改变的研究。普罗查斯卡(Prochaska)的转变理论模式(TTM)，以及基于社会心理学的自我效能理论、计划行为理论和社会生态模式，都是本章将要讨论的行为改变理论，它们就行为改变这一问题，提供了有据可依的见解和观点。当你学习这些理论时，请务必牢记没有一个理论是完美的，你可以从多个理论的结合中获益。

在我们深入了解这些理论之前，先花点时间回想一下一种对你有用的行为改变方式吧。闭上眼睛，想想过去你想养成的一个行为习惯，如用牙线清洁牙齿，或者是天天吃专业人士推荐的那几样蔬菜。不管你做出的是什么样的改变，都要想一下：你为什么成功改变了，或者为什么没有成功改变？哪些策略帮助你顺利实现了改变？哪些障碍令改变变得困难重重？当你学习下面的理论时，请记住你以往的经验，并开始酝酿一个计划，以便你在下次尝试改变行为时使用。

普罗查斯卡的转变理论模式

关于行为改变的**普罗查斯卡的转变理论模式**，可以帮助你将自己在改变过程中所处的位置概念化(Prochaska & DiClemente, 1984)。这一分阶段的改变模式，源于以戒烟为核心对象的研究，但这种模式已得到修改并被应用于其他行为了。由于本书所关注的主要健康行

改变一种行为

你可以使用这份计划表来帮助你改变任何行为。对于每个你想要改变的行为，都可以拟上一份这样的表格。

例如做出改变以做到每周有5天每天走8000步以上，每周花3天进行力量训练，每餐都吃1种蔬菜，每晚至少睡足7个小时。目标制定得尽可能具体些。

1. 列出一种此时你要重点关注的行为：_____。
2. 从图中的描述中，选择出最符合你目前所处状态的那个阶段。
3. 阅读描述内容，并圈出为了帮助你进入下一阶段，你可以做的事情。

改变的考虑前阶段
"我不想做出改变"

我需要做什么？
- 问问其他人是如何做出改变的
- 通过社交媒体读取消息
- 围绕某个动机参加一项活动

我害怕改变

我以前试过，但失败了

我没有信心再试一次

改变的考虑阶段
"我正在考虑做出改变"

我承认改变是必须的

我不确定该如何推进改变

我正在看关于如何改变的相关信息

我需要做什么？
- 权衡改变的利弊
- 获得关于如何推进改变的帮助
- 找到一个相关的能帮助你考虑改变的个人问题

图 3.1 普罗查斯卡的转变理论模式的各阶段的概览图

改变的坚持阶段
"我如何才能坚持改变"

让家人参与改变的过程

聘请专业人士来辅助你

得到朋友的支持

我需要做什么？
- 设定一个目标并监控该目标的完成情况
- 努力使该计划持续6个月
- 分析并归纳出每天的优先事项

改变的行动阶段
"我该如何执行该计划"

我需要做什么？
- 想想其他积极的变化以帮助自己继续坚持
- 定期实施这个计划并坚持下去
- 努力避免厌烦改变

学习新的应对技巧

评估时间管理技能以继续执行该计划

利用自我监控和规划性技能组合

改变的准备阶段
"我如何从思考转向行动"

我需要做什么？
- 制定一个计划来实现你的目标
- 根据你所要达到的效果来评估你目前所处的位置
- 从思考如何行动转向实际行动起来

开始打造计划和做好准备；找个人来帮助你

制定一个计划，并花几个月的时间将之细化

寻找信息并接受培训

为是身体活动，所以我们把普罗查斯卡的转变理论模式，用作概述着手启动一个身体活动或运动计划的一种方式。

图 3.1 总结了普罗查斯卡的转变理论模式的各个阶段。如果目前你还没有考虑要开展身体活动或经常运动，那么你就处于**改变的考虑前阶段**，此时，动得更多不是你即刻就要考虑的事情。如果你开始寻求动得更多的方法了，那么你可能已经处于**改变的考虑阶段**了，因为你正在考虑做出一个积极的改变。如果你正在确定如何将这种改变（例如，明天我可能会散一会儿步）落实，那么你就处于**改变的准备阶段**。如果你开始每周散步 3~4 次，每次散步 30 分钟的话，你就处于**改变的行动阶段**。如果你继续每周散步 3~4 次，每次 30 分钟，并持续 6 个月，那么，你就处于**改变的坚持阶段**。

图 3.1 简单总结了改变的各个阶段。值得注意的是，有时会发生一些事情，导致你从坚持阶段倒退到考虑前阶段。这些事情可能是，你的跑友转学去了另外一所学校，你支付不起昂贵的健身场所的会员费用，或者是你搬家了，需要时间去熟悉新环境。这些变化都很容易导致你从坚持阶段一路倒退到考虑前阶段。在倒退到考虑前阶段后，再度返回到坚持阶段将是一个相当漫长的过程。改变永远不是一蹴而就或一劳永逸的，它通常是一直处于过程中的一项持续不断的活动。在这种行为改变成为在你的日常生活中被完全接纳的习惯前，你很可能会在改变的各个阶段之间来回切换。

着手打造一种新的行为习惯，始于增长知识、关心你的健康对自己和他人所造成的影响，以及理解改变旧行为所能带来的益处。一旦你开始为这个改变做准备了，那么，选择可做之事、寻求社会支持，以及利用各种方法来促进改变就变得很重要了。普罗查斯卡的转变理论模式通过帮助你思考改变的各个阶段的各项行动，来指导你的改变过程。图 3.2 列出了一份改变的各个阶段的行动清单，这也许有助于你推进自己的改变进程，当然具体的行为选择要看你处在改变的哪个阶段。例如，如果你甚至都

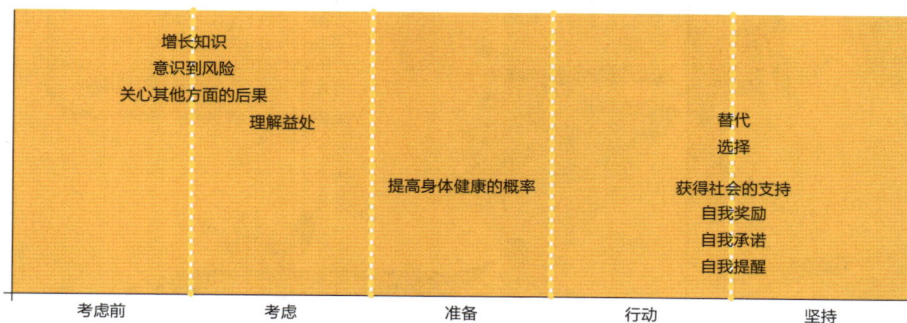

图 3.2 改变的各个阶段的各项行动

没有想要变得爱动一些的话，你就处于改变的考虑前阶段，此时，只要你能增长身体活动方面的知识，意识到长期不动造成的危害，再想想不爱运动对其他方面造成的后果，就有助于你改变自己的看法了。

利用转变理论模式为改变过程开发工具

为了帮助你着手制定你的身体活动和健康目标，我们把转变理论模式运用到了实践中。具体该如何将理论与实践结合在一起，就要看你如何看待基于研究的信息，并将其应用到你自己的生活中去了。让我们利用普罗查斯卡的转变理论模式，来帮助你理解自己正处于行为改变过程的哪个阶段。

如果你尚未考虑要做出改变，你就处于改变的考虑前阶段。为了鼓励自己开始考虑做出改变，你可能会用到这些流程：增长你的知识（例如，了解更多关于饮食健康或身体活动方面的知识），思考一下你想成为怎样的人，检查你的态度并开展自我对话，或者是了解一下这种改变所能带来的益处。

如果你进入了改变的考虑阶段，即你正在考虑要做出改变，但尚未付诸行动的阶段（见图 3.3），则你需要权衡这种行为改变所带来的利弊。你也可以记录下你的行为，想象一下这种改变对你一生的影响，并把改变带来的益处与你自己所想要的长期效果联系起来。

罗宾·夏尔马（Robin Sharma）说："改变的开端是困难的，过程是杂乱的，最后的结果却是华丽的。"事实上，改变从来都不是一蹴而就或一劳永逸的；它往往是一直处于过程中的一项需要不断精进的活动。

✓ 行为检查

迈开你的步伐！

研究表明，男性每天走 7900 步，女性每天走 8300 步，相当于每天进行大约 30 分钟中高强度的身体活动 (Tudor-Locke et al., 2011)。

大多数日子里，你会走多少步呢？

你每天的目标是走多少步呢？

不管你是一天中通过多动的方式运动了 30 分钟，还是在有组织的健身课堂或计划的指导下，每周运动 3~4 次、每次连续运动 30 分钟，你每周都能达到身体活动指南的标准。

一旦你进入到改变的准备阶段，就和你自己、你的朋友、你的家人签订一份关于你做出行为改变的承诺的协议，并寻找能帮助你做出改变的工具和信息。在改变的行动阶段和坚持阶段，找一个愿意和你一起行动的合作伙伴，让朋友和家人给你发出提醒或提示，来帮助你致力于行为改变，同时你还要找一个支援团队辅助你进行改变。

当你渐次进入改变的各个阶段时，你能够使用的另外一个工具，便是围绕着所遇到的困难或为打通障碍而展开的问题解决策略（见图3.4）。如果天气不允许你外出运动，或者是你负担不起健身场所的会员费时，你将如何保持运动状态呢？如果你的朋友不支持你做出改变，或者是你似乎没有足够的时间去运

动，那该怎么办呢？所以说，你应该为了克服障碍而提前规划各种策略，这对于你在生活中成功做出改变而言，是非常有效的。

基于社会心理学的行为理论

基于社会心理学的3种行为理论包括：自我效能理论（Bandura，1977；McAuley，1994）、计划行为理论（Ajzen，1992）及社会生态模式（Sallis et al.，2012），它们都有助于我们理解和做出改变。让我们花一点时间，分别梳理一下这3种社会心理学理论，然后我们就会注意到，这些行为理论其实是彼此重叠的。

自我效能理论

自我效能理论涵盖了某些被称为信心的品质。**自我效能**是什么呢？它是让你相信自己有能力完成特定的行为，从而产生你想要的结果的一种能力。普遍的自我效能就是，你对自己控制动机、行为和社会环境的能力充满信心。自我效能理论认为，人的自我效能（即信心）越高，就越有可能在习惯或行为上做出改变（Nigg，2014）。具体的自我效能是指，你相信自己有能力完成一项指定的任务，例如每周有3天可以走路去上课，而不是坐公交车。

比起自我效能，**自信**是一个应用得更普遍的术语。这两个术语在意思上略有不同。自信指的是，你相信你有能力能够成功地完成自己想做的事。自信是自尊和普遍的自我效能的结合。例如，

思考（要不要）改变

跟朋友外出　保证充足的睡眠

适应更多的运动　吃得好

图3.3　思考（要不要）改变是一个过程

图 3.4 阻碍你做出改变的障碍是什么？你将如何克服这些障碍

那些充满自信、因为周一有一场重要的考试而决定周六不外出参加聚会的人，不管他们的朋友如何力劝他们去参加聚会，他们都能坚持自己的决定。

相反，缺乏自信的人可能会认为，如果他们周末不外出与朋友一起玩耍，他们的朋友就不会再喜欢他们了。他们会外出，为了让朋友开心，并甘愿为此承受没有花足够的时间复习就去应对考试的风险。

计划行为理论

计划行为理论将信念和行为联系了起来，这一理论来自理性行为理论。理性行为理论指出，意图往往会预测实际的行为结果。一个把这两种理论应用于实践的综合分析表明，意图是行为的最主要决定因素，而态度会强烈地影响到意图（Downs & Hausenblas，2005）。有一种

✓ 行为检查

你对实现自身目标所持有的信心

现在暂停手头的事情，简要列出你对在阅读第 2 章后为自己设定的各个具体目标所持有的信心。

❶ 在这里写下其中一个目标：＿＿＿＿＿＿＿＿＿＿＿＿＿＿＿＿＿＿＿

＿＿＿＿＿＿＿＿＿＿＿＿＿＿＿＿＿＿＿＿＿＿＿＿＿＿＿＿＿＿＿＿＿＿

＿＿＿＿＿＿＿＿＿＿＿＿＿＿＿＿＿＿＿＿＿＿＿＿＿＿＿＿＿＿＿＿＿＿

❷ 这个目标你完成得怎么样了？本周你有没有实现这个目标？为什么实现了，或者为什么没有实现？如果你没有实现这个目标，那发生了什么事呢？阻碍你实现目标的障碍是什么？

＿＿＿＿＿＿＿＿＿＿＿＿＿＿＿＿＿＿＿＿＿＿＿＿＿＿＿＿＿＿＿＿＿＿

＿＿＿＿＿＿＿＿＿＿＿＿＿＿＿＿＿＿＿＿＿＿＿＿＿＿＿＿＿＿＿＿＿＿

❸ 现在，有一个 1~10 的信心评估体系，其中 1 代表没有信心，10 代表很有信心，到本学期末，你有多大的信心能实现这个目标？为什么你认为你会成功或者不会成功？你的想法是否与你的自我效能、自信有关，还是与两者都有关系？如果你上周没有实现你的目标，请用一句话说明原因。

＿＿＿＿＿＿＿＿＿＿＿＿＿＿＿＿＿＿＿＿＿＿＿＿＿＿＿＿＿＿＿＿＿＿

＿＿＿＿＿＿＿＿＿＿＿＿＿＿＿＿＿＿＿＿＿＿＿＿＿＿＿＿＿＿＿＿＿＿

观点是，为了得到健康方面的益处，不必下苦力、坚持不懈地运动，未必要运动至身体不能接受的程度，也不一定非得在健身场所运动，这种观点也许可以改变你对运动的态度。让我们通过以下 3 个概念来开启一段积极的意图之旅吧。

1. 行为态度。我喜欢运动，运动让我感觉更棒。

2. 主观规范。我的朋友们喜欢运动。我认识一些人，我可以让他们陪我一起跑步或散步。

3. 认知行为控制。我可以自己走路去上课，这算得上是一种运动。

这 3 个概念有助于我们预测自己的意图，并且，类似于自我效能理论，它们要求你要有信心，以便采取行动。计划行为理论适用于任何其他你决定关注的健康实践行为。例如，在大学里，学生们难以重视健康的睡眠模式。让我们用睡眠不足或睡眠质量差作为你想要改善或改变的行为来举个例子。

1. 行为态度。当我睡足 8 小时时，我会感觉更好，思维也会更活跃。

2. 主观规范。我会让我的室友们知

道，睡眠充足对我来说很重要，而且会
告诉他们，如果看到我正在睡觉，请安
静地进出房间。

3. 认知行为控制。周末，我会戴上耳
塞来防止我在睡眠时被室友们打扰。

社会生态模式

另一种被称为社会生态模式的行为理
论提醒我们，要想改变身体活动和其他行
为，我们需要考虑和处理很多因素（见图
3.5）。社会生态模式描述了行为受到多个
层面的因素的影响，从个人和社会因素，
到制度、社区、现有环境和政策等因素都

有涉及（Sallis et al., 2015）。社会生态
模式的一个关键原则是，只有当干预措施
能够改变人、社会环境、现实（现有）环
境或政策时，才是最有效的。

我们对所住城市和所交朋友的选择，
是否会让我们的健康风险更大呢？这个
观点是社会生态模式被作为一种行为理
论而得到介绍的一个理由。图 3.6 展示
了社会生态模式的几个概念（Sallis et
al., 2015）。该模式始于个人，之后会
波及人际关系、机构、组织和社区，甚
至会影响体系、政策和系统。谁又曾想
到，我们个人空间之外的波纹效应，可

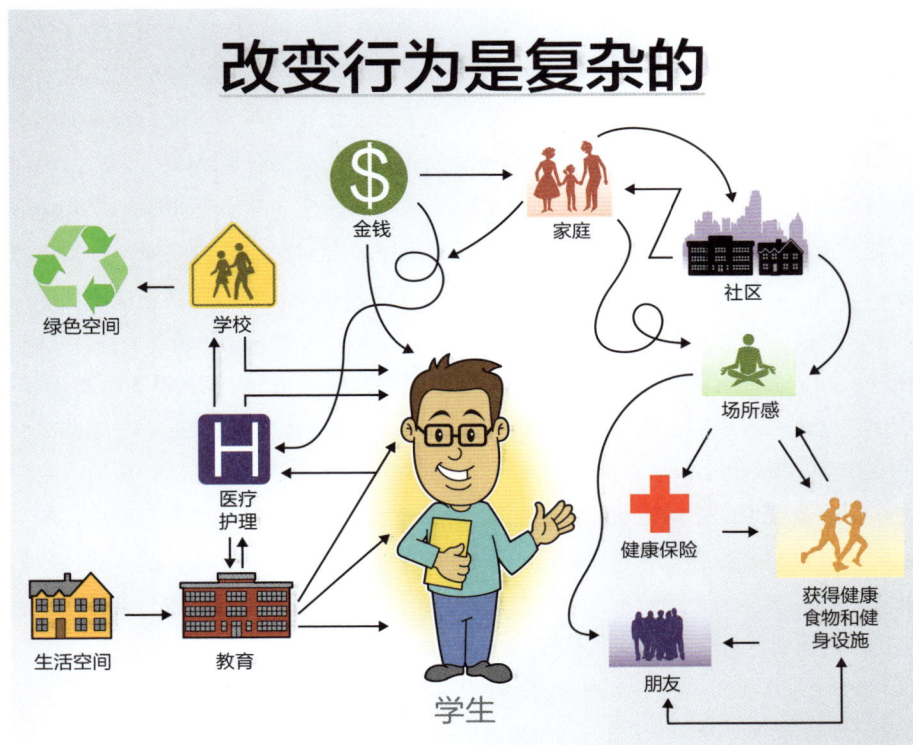

改变行为是复杂的

金钱　家庭　社区

绿色空间　学校　场所感

医疗护理　健康保险　获得健康食物和健身设施

生活空间　教育　朋友

学生

图 3.5　在改变的过程中，有很多因素需要考虑和处理

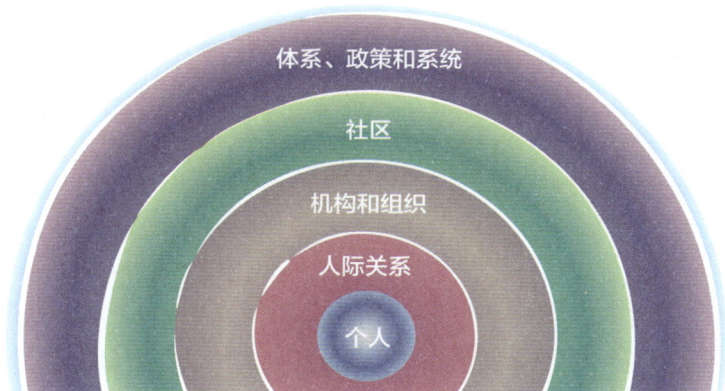

图 3.6　行为改变的社会生态模式之波纹效应示例

能会给我们的健康选择带来种种好处和影响呢？

　　当你决定你要在哪里生活、工作和玩要时，请仔细考虑一下你周围的环境。你会因为没有让你感觉安全的自行车道，而避免骑自行车去上学或上班吗？你会因为附近所有的餐馆都是快餐店，而觉得很难买到健康食品吗？社会生态模式超越了个人选择，有着更为广阔的物质环境视角，其中包括你的住所和你可以使用的设施（Deci&Ryan，1985）。该模式认为，包括运输系统、公园和步行小道在内的城市规划，是增加身体活动的关键因素（Bauman et al.，2012）。考虑到日益普遍的肥胖现状和久坐的生活方式，我们需要更多地关注自己所在社区和邻近区域的各种特征，以使健康的选择成为简单的选择。

　　在考察是什么决定了行为选择时，社会生态模式也会考虑社会环境。想想和你保持来往的伙伴们，尤其是那些亲密的朋友和浪漫的伴侣。如果你最好的朋友过着久坐不动的生活，你可能会过着更加严重的久坐不动的生活。让我们来看看哈佛大学的一项已经有 75 年历史的针对成人发展的研究。该研究跟踪调查了 2 个群体：50 岁时平均年收入为 10.5 万美元的哈佛大学毕业生群体，以及 50 岁时平均年收入为 3.5 万美元的居住在市中心贫民区的群体。该研究还对一群女性进行了跟踪调查，结果发现，获得社会幸福感比取得经济成功更重要。具体来说，良好的人际关系、亲密关系的质量（而不是数量）及稳定的相互支持的婚姻，会带来快乐的生活 [如果你对这项研究的细节感兴趣，可以搜索罗伯特·瓦尔丁格（Robert Waldinger）的 TED 演讲："是什么造就了美好的生活？从针对幸福的最长久的研究中取得的经验"。这项研究的最初发起人是乔治·瓦连特（George Valliant），他还根据研究结果写了一本书：《康乐晚年》（*Aging Well*）]。

当你喜欢自己选择的运动，并且认为你能做好这项运动时，你就更有可能坚持运动下去。

最后，社会生态模式是思考和强调环境和政策改变的概念的基础。如果消除了障碍并有方便的选项可选，健康行为的可持续性将会得到更广泛的普及（Sallis et al., 2012）。例如，美国的一些社区开始提供共享单车服务了，人们可以使用一个 APP，以设定好的价格租用一辆单车 30 分钟。人们可以把车停在目的地，而不必把它返还到停车场。在菲什曼（Fishman, 2016）看来，便利性是共享经济得以运作的主要激励因素。

对基于社会心理学的各理论的总结

社会生态模式、计划行为理论和自我效能理论，都是为了做出好的生活方式的选择而以个人为出发点的行为理论。

社会生态模式以个人选择为核心，但同时提醒我们，要想做出好的生活方式的选择，除了要考虑我们的动机以外，要考虑的因素还有很多。我们选择在哪里居住、工作和玩耍，会影响我们的幸福感，并且将成为我们健康生活方式的组成要素。

决策性平衡

本节讨论能够帮助我们做出好的个人决策的各种工具。例如，广告可以较大限度地影响我们的选择。贝里和豪（Berry & Howe, 2004）考查了某些类型的广告对运动者的态度、社会性体格焦虑和自我表现的影响。基于健康的广告对运动者的社会性体格焦虑和自我表现有着显著的积极作用，而基于外表的广告则会给不运动者对运动所持的态度带来消极影响。根据我们来自哪里、我们知道什么及我们如何看待世界，我们看待事物的方式也会有所不同。

决策性平衡是一种方法，据此方法，你在做出个人改变时会权衡利弊，旨在确定你是否准备好投入时间和精力去推动改变。一旦你确认做出改变将利大于弊，你就更有可能成功地做出改变。你可以完成 59 页"使用决策性平衡法帮助你设定目标"专栏的内容，以了解你是如何看待自身的运动目标的。

让我们使用另一套概念，看看你是否更喜欢用另一种方法来理解改变。仔细考虑你利用决策性平衡法所设立的目标。基尔帕特里克、赫伯特和雅各布森（Kilpatrick, Hebert & Jacobsen, 2002）提出了 5 条准则和问题，供你成功地设定某项运动或锻炼的目标。

1. 自主选择活动。你喜欢什么活动？实际上你会选择开展什么活动来实现你的运动或锻炼目标？

2. 为什么你会选择此类活动？你选择这些活动的主要目的是什么？根据决策性平衡模板评判你这样选择的利弊。

3. 谁会给你提供积极的反馈，从而

让你获得继续改变下去的动力？你能把你的目标告诉你的亲密朋友或家人，以便让他们监督你达成目标吗？

4. 设定一个难度适中的目标来挑战你自己。你的目标太容易实现了吗？要充分挑战你自己，这样你才会花 3~6 个月的时间去实现这个目标。

5. 找一个志同道合的朋友。你能和一个支持你并督促你（按照目标行事）的人分享你的目标吗？

仔细考虑一下这些问题和观点，并据此来判断，你是否真的准备好开始努力改变你的行为，以使你变得更健康和更幸福。该调查与你进行的决策性平衡审查对比起来怎么样？改变一种行为是过程性的，所以，当你面临时间方面的挑战时，你会更容易放弃你制定的目标。

共享单车公司正在一些大学校园和社区投放共享单车，以方便人们使用单车。这个解决方法有助于使健康的选择成为简单的选择。

✓ 行 为 检 查

使用决策性平衡法帮助你设定目标

回答下面的问题，看看你对你在阅读第 2 章后为自己设定的 SMART 目标中某一个目标的准备情况。

首先，从你设定的 SMART 目标中选择一个：

_____

在下面列出你的运动目标，并回答表 3.1 中的问题。我们给出了一些例子，以便让你了解从哪里开始。

目标：_____

例子：每周做 150 分钟的运动，并利用一天中的零散时间做这些运动。

表 3.1　决策性平衡模板

	不改变运动行为	改变运动行为
利：	不采取行动去达成你的目标，能给你带来什么好处呢？ _____ _____ 例子 ·不需要努力 ·可以在空闲时间看下载好的节目 ·有时间让自己放松和休息 ·不会让别人看到我为了健康而苦苦努力的样子	采取行动去达成你的目标，能为你带来哪些好处呢？ _____ _____ 例子 ·我会有更多的精力去完成课业 ·我可能会减去几千克 ·总体来说我会感觉更棒 ·当我看起来状态更好时，我会感到更自信 ·我会多出去走动，这样可以提高我的思维能力
弊：	不采取这一行动而带来的不良后果是什么呢？ _____ _____ 例子 ·我不会变得更健康 ·我可能获得"freshman 15"称号 ·我跟不上我室友的步伐（他们走得很快） ·最终我可能会年纪不大就出现健康问题	采取这一行动带来的不良后果是什么呢？ _____ _____ 例子 ·如果我开始运动的强度太大，我可能会出现肌肉酸痛 ·我不得不买一些舒适且时尚的鞋子 ·我会花更多的时间走路去上课，这可能会减少我的睡眠时间

填写这份决策性平衡模板，能帮助你明确自己是否选择了正确的目标。如果你在填写这份模板时觉得困难，那就改变你的目标再试一次吧。正如转变理论模式中所描述的那样，认识到你是否准备好做出改变是很重要的。设定目标是行为改变过程的一个环节；而分析这个目标以确保你已准备就绪，则是行为改变过程的下一个阶段了。

⏱ 当下和以后

美国国家身体活动计划

当下

美国国家身体活动计划基于这样一个愿景：总有一天，所有美国人都将变得爱动，并且都能在鼓励和支持经常开展身体活动的环境中生活、工作、娱乐。然而，美国人日常开展的身体活动正在减少。2016 年的一份报告给美国青少年和青年人打出的总体活动评分为 D。人们越来越关注的是，如果我们不增加运动量和减少久坐时间，我们的未来将会怎样。表 3.2 展示了上述报告上美国儿童和青少年的四项指标及得分等级。

表 3.2 2016 年的一份报告上美国儿童和青少年的四项指标及得分等级一览表

指标	评分依据	数据来源 *	普及率	得分等级
全身身体活动	美国儿童和青少年每周至少有 5 天参与 60 分钟甚至更长时间的中高强度运动的比例	2005—2006 年 NHANES	6 ~ 11 岁：43% 12 ~ 15 岁：8% 16 ~ 19 岁：5%	D-
久坐行为	美国青少年每天花在屏幕前的时间为 2 小时或更少的比例	2013—2014 年 NHANES	6 ~ 11 岁：47% 12 ~ 15 岁：39% 16 ~ 19 岁：31%	D-
运动式出行	美国儿童和青少年经常走路或骑车去上学的比例	2009 年 NHTS	5 ~ 14 岁：13%	F
有组织的体育活动参与情况	美国高中生加入至少一支学校或社团的体育团队的比例	2015 年 YRBSS	男生：62% 女生：53%	C-

* 可在 2016 年长表形式的报告中获取完整的参考信息。
NHANES：美国全国健康和营养检查调查。NHTS：美国全国家庭出行情况调查。YRBSS：美国青少年危险行为监视系统。
源自：National Physical Activity Plan (2016, p3)。

以后

在我们的生活变成粘在椅子上和盯着屏幕（见图 3.7）之前，我们一整天都在自然而然地运动，在那时没有必要为青少年和青年人的身体活动进行评级。现在，除了对着屏幕的时间变长了之外，在一些社区，户外活动也变得不再像以往那般安全了。

回家思考

当你在考虑自身的身体活动或运动目标时，记得要在整个运动计划中纳入减少久坐不动的时间这一目标。正如我们从针对坐着时间的累积性研究（Levine, 2014）中了解到的，只开展运动是不够的，你还得增加身体活动和减少久坐行为。在确定你的目标时务必要考虑这一点。

图 3.7　久坐不动的生活方式似乎已成为大势所趋

你可能会为自己找理由，解释说你马上就会去做，但是接着马上就变成了下周，下周变成了下个月，在你意识到要做这件事之前，下个月又变成了遥遥无期。要记住，关键在你自己！在行为改变过程中把你自己放在第 1 位，这是至关重要的。

将行为改变过程个性化

为了最好地把行为改变理论应用于设定 SMART 目标，让我们重新审视一下，习惯性运动和健康是如何有机结合并创造出完满人生的。关于人们如何看待健康的最新研究表明，开展让我们感觉良好的健康行为会正向影响我们，从而会让我们决定重复开展此类行为（Van Cappellen et al., 2017）。如果你喜欢开展这种行为，你就更有可能再次重复。如果你不喜欢跑步，那就考虑走路吧。无论你是走 2 英里（约 3200 米）还是跑 2 英里（约 3200 米），你的运动量都是一样的；只不过，其中一种会花费你更多的时间。你更喜欢哪一种？你选择的行为应该是你实际上打算去做的。请看下面的专栏"选择你喜欢做的事情"，将此概念付诸实践。

再次审视目标设定

在第 2 章中，你为身体活动、运动和久坐生活方式都设定了 SMART 目标。现在，根据你在本章所学到的知识，你将以具体的行为组成部分为参照，将你的目标进一步分解开来。以每周做 150

🕐 当下和以后

选择你喜欢做的事情

当下

一种新的方式，即专注做让人感觉良好的事情，而不是按照运动建议去完成任务，能帮助我们更好地享受运动吗？选择一种适合你的运动模式或运动类型，对你坚持运动会产生不同的影响吗？对运动的科学关注帮助了许多人，但尚未被证明的是，它对改变大众的运动趋势也同样有效。如果我们做的每件事都与健康有关，该怎么办呢？你宁愿一边跟你的朋友聊天，一边走或跑 2 英里（约 3200 米）吗？

以后

选择在未来几年内你仍将持续喜欢的运动，对于长期健康行为的养成而言至关重要。你该怎样选择有利于健康生活的运动方式呢？其实你只要选择你平常喜欢做的运动即可。

回家思考

如果你专注于你喜欢的健康行为，你就更有可能会坚持下去。健身行业还没有很好地融入运动重要性和感觉良好的运动方面的一些行为理念。大多数人还没有发现，健身场所的模式有助于他们在一生中对各身体活动模式进行优先排序并坚持下去。思考与运动和行为改变相关的"为什么"，并将"为什么"与让你感觉良好的运动结合起来，这对你长期坚持运动是至关重要的。健身时尚总是一波未平一波又起，但享受运动对致力于打造并维持身体和精神上的终身健康而言是如影随形的。

分钟运动为例。如果说你打算运动 5 天，每天都要做 30 分钟的身体活动，而且你计划通过每天步行 3 次、每次走 10 分钟来完成这个目标，那么，为此你必须要改变哪些行为呢？你怎样去衡量目标是否达成？你需要在你的日历 App 上输入这类间断性的 10 分钟走动总共花费的时间吗？你会买一个活动追踪器并用其来核实运动距离吗？也许你需要设计一条需步行 10 分钟才能走完的路线，以便你能每天沿着该路线

步行 3 次。务必要通过选择那些让你感觉良好的选项，来使你的计划个性化。

让我们从你在第 2 章设定的运动目标开始。和前面的例子一样，写下你认为你需要改变以实现这些运动目标的主要行为。

接下来，设定一个不以运动为基础的健康目标。这可能包括更多的睡眠、改变你的饮食习惯，或者是盘点你和你身边重要的人物的关系。选择一个你认为现在很重要、急需处理的目标。

另外，你还要选择那些你需要加以改变以实现健康目标的行为。如果你的健康目标是多吃蔬菜，那么有什么策略可以帮助你达成这个目标呢？也许你会把你喜欢吃的蔬菜添加到你的购物清

单中，或者是改变你在超市里常走的路线。

安全第一：从个人运动计划开始

本章主要讲解的是行为改变理论如何应用于你想要做出的任何类型的健康改变。你可以借助它们来使自己变得更爱动、吃得更健康、养成系安全带的习惯，或者是得到足够的睡眠。在你设计个人运动或锻炼计划之前，要确保你能安全地运动，避免受伤。受伤，尤其是那些会转变为慢性损伤的伤害，会削弱你坚持日常运动计划的能力。防止短期性受伤可实现终身运动。预防受伤的策略从筛查目标开始，可以通过良好的计划和实践得以加强，最后，如果你确实遭受了急性或慢性损伤，一定要及时处理。

筛查主要的威胁因素以实现安全运动

能够威胁到安全运动的主要因素跟心肺功能有关。大多数青年人都有着健

学会处理损伤

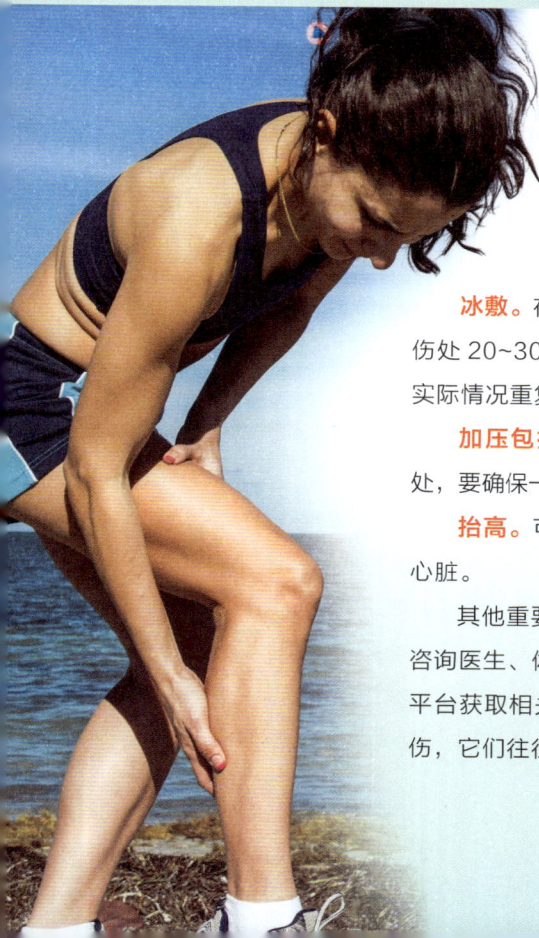

如果你需要处理因运动造成的软组织（如肌肉或肌腱）轻伤，可以使用 RICE 原则：休息（Rest）、冰敷（Ice）、加压包扎（Compression）和抬高（Elevation）。

休息。尽量让受伤的身体部位休息。如果你腿上的某个部位受伤了，就不要让脚着地。

冰敷。在受伤后的 24 小时内，使用冰敷法将冰敷在受伤处 20~30 分钟，然后停止冰敷再等 20~30 分钟。根据实际情况重复上述操作。不要热敷。

加压包扎。扭伤或拉伤后的头一两天用绷带包扎受伤处，要确保一定程度上血流畅通。

抬高。可能的话，尽量把受伤的部位抬高，使其高于心脏。

其他重要的策略包括：在需要时寻求专业帮助（例如，咨询医生、体育教练或理疗师），以及使用可信可靠的资源平台获取相关信息。最后，不要小看那些慢慢折磨你的损伤，它们往往会发展成更难对付的严重伤病。

康的心肺系统，但有些人会有心脏杂音或哮喘等问题，这些病症给安全运动造成了很大的威胁。你可以通过回答运动前的筛选问卷上的问题 (Warburton et al., 2011) 了解在开展运动或锻炼计划之前，是否需要咨询医生。你还可以通过回答身体活动就绪情况通用问卷（PAR-Q+）上的问题，评估自己是否足够健康，是否可以在不咨询医生的情况下开展运动或锻炼计划。如果你患有某种慢性疾病，或者必须定期服用某些药物，你应在开展运动前咨询医生，并就具体情形展开讨论。

你可能会有一些肌肉骨骼方面的局限，不会在此次筛查过程中得到较为全面的关注。如果你在运动时肌肉或关节出现疼痛，那么，在进行中高强度的运动或锻炼之前，要咨询医生以进行全面的评估。盲目坚持"没有付出就没有收获"的心态是行不通的。如果你感觉到疼痛了，那就要关注这些信号并寻求专业的医疗救护，这样你才可以免受损伤地开展运动。

预防受伤的策略

你如何规划和执行你的运动计划，对你受伤的风险会有很大的影响。当然，你想开展的活动类型将决定哪种策略最适合你。与全天的徒步旅行相比，密集的举重训练需要用不同的策略去应对。图 3.8 说明了安全运动的关键所在。

本章总结

第 1 章和第 2 章讨论了健康和功能性运动目标的重要性。第 3 章提醒我们，把行为改变的各方面纳入我们的健康目标和功能性运动中，要求我们深入研究自己过去为什么要开始和停止各种锻炼或其他运动。如果我们把基于研究的行为指示作为自己设定目标时的方法，我们可能会有更好的机会令自己在健康目标上取得持久的成功。在开始我们的改变旅程之前，运用一下个人行为改变方面的各种概念——例如自我效能、自信和意识到我们处在改变过程中的什么位置，将有助于我们获得全面的成功。此外，计划行为理论提醒我们，我们的态度、朋友和家人的支持以及我们对转变的感知控制，也是至关重要的。

研究表明，改变行为的想法的重点在于是你自己的想法，而不是你朋友的想法，也不是你和朋友一起探讨出来的想法 (Zenko et al., 2016)。一个好的私人教练会问，你想从运动计划中得到什么，并以此为依据来对你进行指导。医学专业知识指导我们去规范行为，但对于持续的行为改变而言，做出决策的人为因素才是至关重要的（Segar, 2015）。因此，如果你想去运动，那就下决心去运动，并选择一种你喜欢的运动，如此一来，你将有极大的可能会经常参加锻炼，并会体验到那些对你一生的健康生活方式都有重大影响的结果。

防止运动受伤的小策略

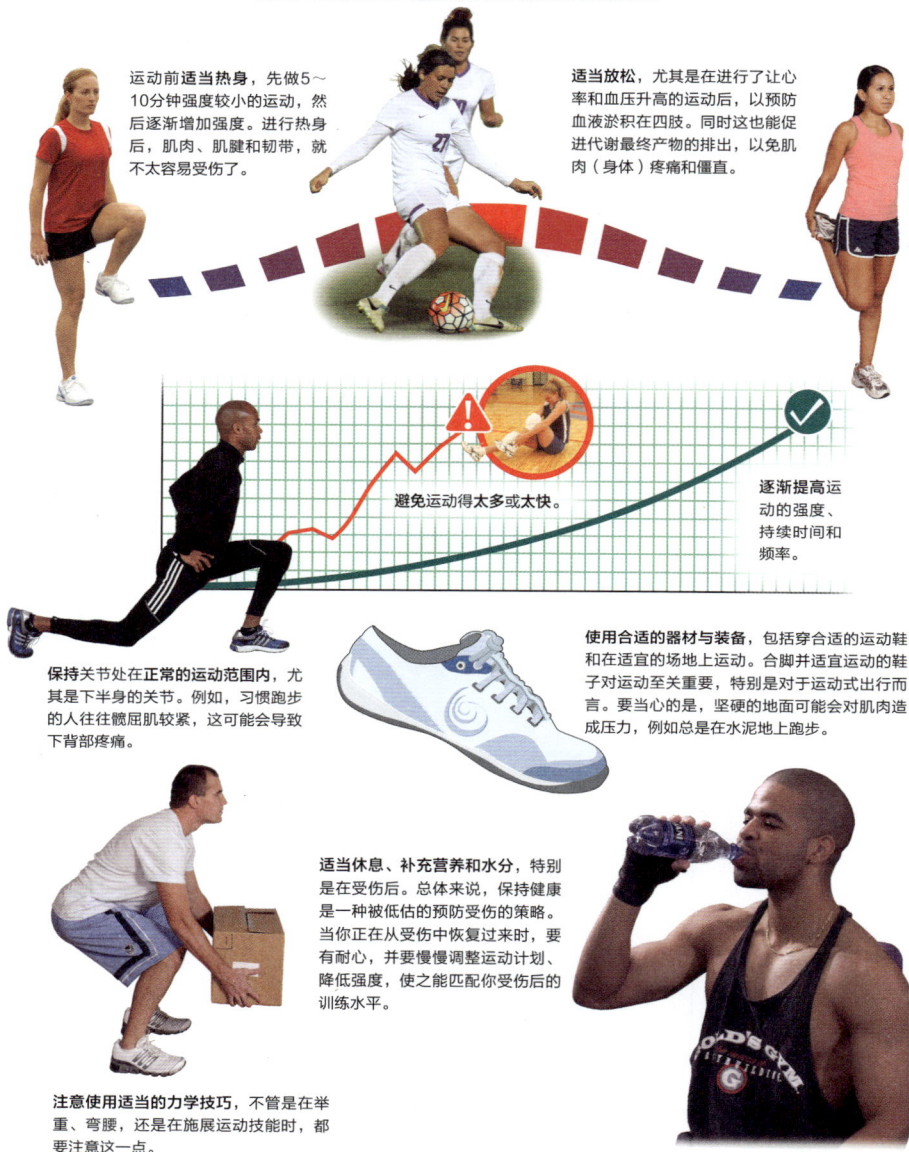

运动前**适当热身**，先做5～10分钟强度较小的运动，然后逐渐增加强度。进行热身后，肌肉、肌腱和韧带，就不太容易受伤了。

适当放松，尤其是在进行了让心率和血压升高的运动后，以预防血液淤积在四肢。同时这也能促进代谢最终产物的排出，以免肌肉（身体）疼痛和僵直。

避免运动得**太多**或**太快**。

逐渐提高运动的强度、持续时间和频率。

保持关节处在**正常的运动范围内**，尤其是下半身的关节。例如，习惯跑步的人往往髋屈肌较紧，这可能会导致下背部疼痛。

使用合适的器材与装备，包括穿合适的运动鞋和在适宜的场地上运动。合脚并适宜运动的鞋子对运动至关重要，特别是对于运动式出行而言。要当心的是，坚硬的地面可能会对肌肉造成压力，例如总是在水泥地上跑步。

适当休息、补充营养和水分，特别是在受伤后。总体来说，保持健康是一种被低估的预防受伤的策略。当你正在从受伤中恢复过来时，要有耐心，并要慢慢调整运动计划、降低强度，使之能匹配你受伤后的训练水平。

注意使用适当的力学技巧，不管是在举重、弯腰，还是在施展运动技能时，都要注意这一点。

图 3.8 当你变得更爱动时，要做好计划以避免在运动中受伤

复习题

❶ 普罗查斯卡的转变理论模式的 5 个行为改变阶段分别是什么?

❷ 就普罗查斯卡的转变理论模式的 5 个行为改变阶段中的每一个阶段，列举出 1~2 项行为举措。

❸ 比较自我效能理论和计划行为理论。

❹ 解释何为行为改变的社会生态模式，并将其应用到你个人的运动或锻炼目标的设定中。

❺ 决策性平衡工具在目标设定过程中是如何起到帮助作用的？

❻ 在为锻炼或运动设定具体的目标时，为什么考虑行为目标很重要？

❼ 在开启一个健康的运动或锻炼计划之前，有哪 6 种使用起来颇为有效的预防受伤的策略？

❽ 在运动或锻炼中受伤时，RICE 原则可以用于急救。该词的各个字母分别代表什么意思？

第**4**章

心肺健康

本章目标

> 了解你的身体如何为了运动而获取和使用能量。

> 描述评估心肺健康程度的各种方法。

> 认识到健康的心肺功能可以让你生活得更加健康和感觉更好。

> 打造一个个性化的计划，来改善你的心肺健康状况。

关键术语

心肺耐力（也称为心肺健康）是与健康相关的重要组成部分。要想实现心肺健康，你就必须要训练自己的心血管和呼吸系统。训练有素的心肺呼吸系统有助于你进行自己喜爱的运动，而且会让你能够更轻松地完成日常活动。毕竟，心脏也是一块肌肉。为了有效地向工作着的肌肉输送氧气，需要经常锻炼心脏和肺。心肺健康在预防慢性疾病方面发挥着重要的作用，并会帮助你过上充满活力和热情的生活。

你的能量需求：供给与需要

人体的适应能力是惊人的。能量系统为肌肉提供了收缩和运动所需的能量。心肺系统产生了大部分用于一般性日常运动的能量。本章将帮助你制定一个安全而有效的计划，以提升你的心肺健康水平，让你笑容满面、步履轻快地度过每一天。

心肺系统

心血管和呼吸系统通常统称为心肺系统，它负责许多关键功能。这些功能可分为以下几种主要类别。

1. 输送氧气、营养素、激素及其他化学物质。

2. 排出二氧化碳和代谢废物。

3. 保持体温和酸碱平衡。

4. 在免疫功能的辅助下预防感染。

心肺系统是由心脏、血管和肺部组成的。当然，流经心肺系统的血液也极其重要。拥有健康的心肺系统，不仅能让你在当下感觉良好，而且能降低早逝的风险。

你体内的泵——心脏

心脏是一大块肌肉，它位于胸骨后方略偏左的部位。心脏由 4 个腔（2 个心房、2 个心室）组成，有 2 套循环系统，这些组成部分奇迹般且近乎完美地和谐运作着。该系统向肺部输送大量的缺氧血液，使它们在那里携带上氧气。同时，它还向身体输送几乎等量的含氧血液，供包括肌肉在内的各种器官及组织使用。心脏的右侧肌肉进行肺循环，负责接收从身体各处回收的缺氧血液，并将其输送到肺部，以排出废物和为血液重新充氧。相对来说，心脏左侧肌肉进行的体循环的任务更加艰巨。它负责把含氧血液输送到身体的其他部位，心脏的正面剖面图如图 4.1 所示。

心脏可被视为一个强有力的肌肉泵。这样看来，一颗健康心脏的每一次跳动，都像是在展示一支编排完美的舞蹈。心肌内的细胞会经历动作电位去极化过程，这令心

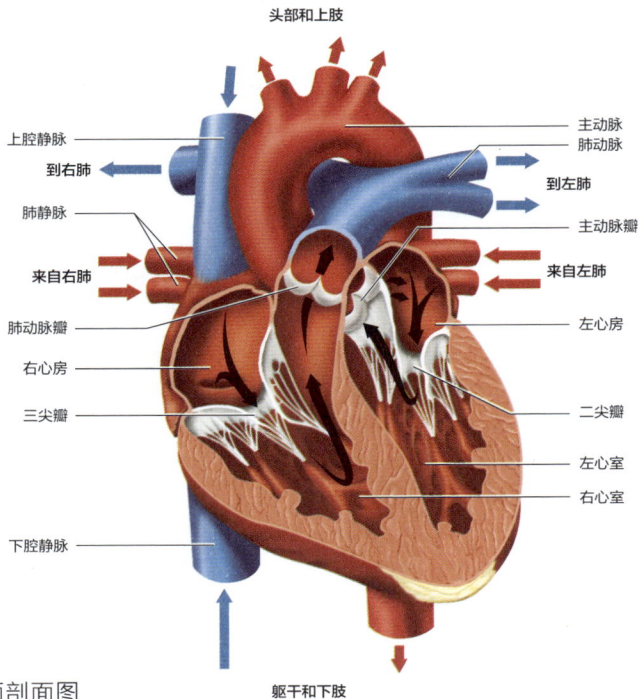

图 4.1　人体心脏的正面剖面图

肌的每个细胞都在收缩。这种完全同步的去极化—收缩过程，把几乎等量的血液输送到肺部以及身体的其他部位。这个收缩阶段被称为**心脏收缩期**。而在放松期或**心脏舒张期**，心房和心室则开始为下一次心搏周期或心跳做准备。因此，尽管心脏左侧的体循环和右侧的肺循环是完全分开的，但它们必须协同工作才能维持正常的心脏功能。

　　每个心室都必须要有能正常运作的瓣膜，来作为控制血液进出的门道。心肌也必须是强壮的。心脏的每一次收缩都必须产生足够的压力，好将血液从左心室中泵出，并输送到身体的其他部位。于是，健康的左心室在运动时尤为重要，因为此时肌肉对含氧血液的需求更大。

血管是用来输送血液的

　　血管系统为了输送血液，在人体内形成了惊人的布局。就像一个城市有各种各样的道路一样，人体也有功能和大小各异的血管。动脉把含氧血液带离心脏并运送到身体各处，紧挨着左心室离开心脏的主动脉，在循环系统中承受了最大的压力。

　　主动脉往下，会分支形成越来越小的血管，这种分支的末端，是位于身体所有组织中的毛细血管。动脉的特点是具有厚且富有弹性的血管壁，它可以扩张或收缩，从而把血液定向输送到需要它的组织中去。在这种血液输送方式下，动脉就像是体内血液输送的交通指挥员。毛细血管非常微小，它们是体内氧气、营养素、二氧化碳和代谢废物相互交换的场所。

　　在毛细血管层面上的单个肌细胞完成这种交换之后，血液会进入被称为微静脉的细小静脉中，然后流过更粗的静脉，直到血液到达心脏后，才会全部流入右心房。在右心房中，这一循环会再次开始。静脉有薄而富有弹性的血管壁，可以扩张开来容纳更多的血液。当我们从胳膊抽血时，静脉的薄壁使得针很容易刺穿它们。静脉也有瓣膜，以帮助血液始终沿着正确的方向流回心脏，把对整个循环系统造成的压力最小化。如果你曾经长时间站在温暖的环境中，你可能会注意到，由于瓣膜的作用，你腿部的静脉会变得更粗，有时还会变得凹凸不平。因此，血管系统，尤其是静脉，在人体的体温调节中起着至关重要的作用。

　　精心设计和管理得当的道路系统（即血管系统）当然是重要的，但如果没有交通工具，就不会发生血液输送行为。因此，血液可被视为血管道路上的汽车和货车。一个中等身材的人全身大约有 5 升的血液，在休息时，这些血液每分钟会在全身各处循环一次。想象一下，每分钟有能装满 2 瓶半 2 升容量的汽水瓶的血液，在你的血管系统中循环流动。在最剧烈的运动过程中，工作中的肌肉每分钟的血液需求量多达 25 升（见图 4.2）——也就是每分钟需要 12 瓶半的血液！

　　血压是指血液对动脉施加的压力，平均血压为 120 / 80，单位是毫米汞柱（mmHg）。收缩压（第 1 个数值 120）是心脏收缩时的血压。舒张压（第 2 个数值 80）是心脏舒张时的血压。当血液从左心室喷射进主动脉（身体的主要动脉）时，血压会升高。血压会随着血液在整个循环系统中的流动而降低。

血压管理是一个常见的健康话题，这是由于血压过高（又被称为高血压）会给健康带来不利影响。不过，低血压也是非常严重的健康问题。如果血压太低，人体内的血液就不会正常地流动，也不会朝正确的方向流动。"肌肉泵"（心脏）的一个主要功能就是产生足够的压力，使泵出的血液流经整个动脉系统。低血压的表现是人会产生一阵阵的眩晕——尤其是在炎热环境中站着或工作时，还有一个迹象是，快速站起来时会感到头晕眼花。往往健康的年轻人出现低血压现象是由脱水导致的，脱水的内容将在第 8 章中讨论。

每分钟参与循环的血液量

休息时：　2.5个2升的汽水瓶

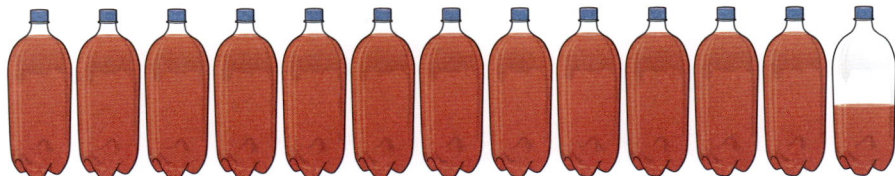

运动达到极限时：12.5个2升的汽水瓶

图 4.2　休息时和运动达到极限时，每分钟参与循环的血液量

呼吸系统

呼吸系统（见图 4.3）包括从口鼻到肺部的所有通道，它是配合心脏工作的一个不可或缺的部分，可用来输送氧气和排出二氧化碳，以及维持心肺系统的功能。隔膜和腹部肌肉仅在剧烈运动时会收缩和放松，从而改变胸腔内的压力。这种压力的改变，使得空气能够顺利地流入和流出身体。随着血液从右心室流进肺部的毛细血管，血液中的二氧化碳和肺部的氧气会进行交换。富含氧气的血液流回心脏，随后将被泵入体内各处。二氧化碳则通过毛细血管进入肺部，并在人体呼气时，通过口鼻排出体外。

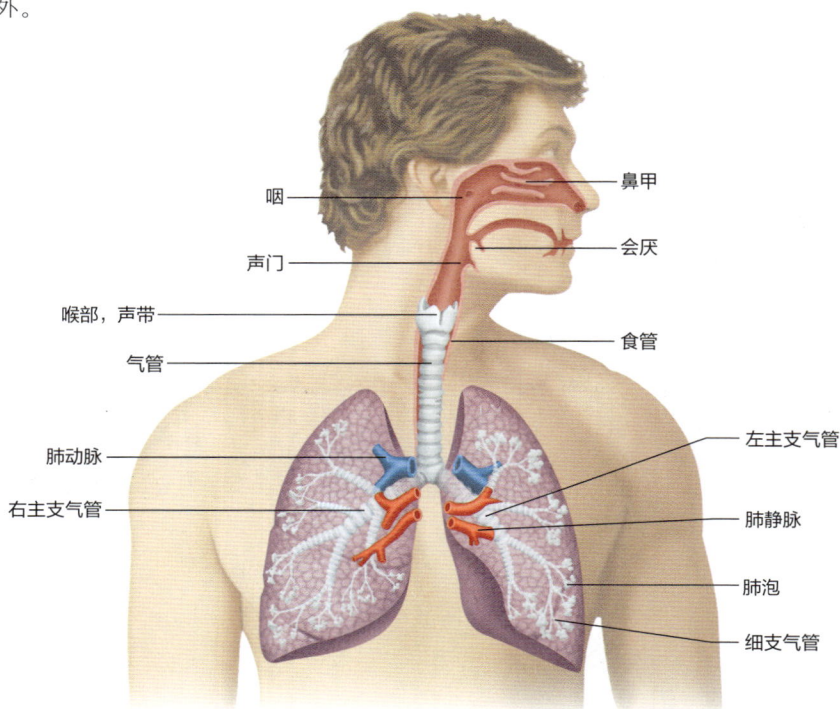

咽　鼻甲　声门　会厌　喉部，声带　食管　气管　肺动脉　左主支气管　右主支气管　肺静脉　肺泡　细支气管

图 4.3　呼吸系统解剖图

心肺系统会受到运动的考验

你在休息或轻度活动时，心肺系统能够轻松自如地发挥其功能。健康的人的静息心率相当平稳，为每分钟 60~100 次，呼吸速率为每分钟 12~20 次，血压达到或接近 120/80（收缩压 / 舒张压）毫米汞柱。然而，当你在运动或在进行中高强度的身体活动时，心肺系统必须要为工作中的肌肉提供氧气和能量，以帮助其完成工作。这需要由大脑控制的神经系统和激素系统协调作用，以加快呼吸和提高心率。流向工作中的肌肉的血液的供应量被重新分配。图 4.4 总结了从静止状态到达到运动极限时，由于心肺系统对运动做出反应，身体发生的许多变化。

能量生成系统

人们常常谈论涉及体重管理的新陈代谢。例如，人们认为经常热量摄入过量却不增重的人代谢水平偏高。这个词到底是什么意思？**新陈代谢**指的是身体对食物的分解及通过各种化学作用将食物转化为能量的过程。这种可利用的能量能为肌肉收缩提供能量，并在身体活动中使身体能够自由移动。

用于描述各种食物中可利用的或人体

心肺系统对运动做出反应

肺
• 呼吸深度增加，呼吸速率通常增加至50次/分，周身血液循环增至10升/分～120升/分。

血管系统
• 收缩压从120毫米汞柱增加到200毫米汞柱。
• 舒张压保持稳定或轻微降低。

腿部肌肉
• 流经腿部肌肉的血液量从占每分钟血液循环总量的15%～20%，增加至85%～90%。肌肉吸收了更多的氧气，并用于产生能量。

心脏
• 心率增加到平均每分钟约200次。
• 心脏每跳1次就能把更多的血液输送至全身，平均心跳从70次/分增加到120次/分。
• 心脏每分钟泵出并循环至全身的血液总量，从休息时的5升增加到约25升。

消化及泌尿系统
• 流向胃、肠道、肝脏和肾脏等的血液量减少了，消化变慢，排尿也减少了。

皮肤
• 流往皮肤的血液量增加了，同时会出汗——这有助于维持体温。

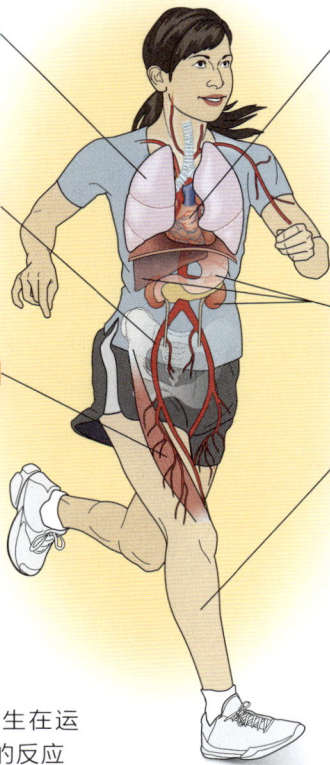

图 4.4 一个健康的大学生在运动至极限时，其心肺系统的反应

碳水化合物、脂肪和蛋白质，都会以其特有的方式来帮助你完成一系列身体活动。

所消耗的能量的单位是卡路里（1 卡路里约为 4.19 焦耳）。身体所需的总能量即为一个人的代谢率，以"卡路里／天"表示。如第 9 章所述，许多因素都会影响你的能量平衡等式两侧（即食物摄取一侧和能量消耗一侧）的对等情况。

食物：维系生命的能量

你消耗的食物经过复杂的生化过程后，会被转化成可供身体进行活动的物质，也可能作为能量被储存下来以备后用。能量转化总是不彻底的：在从化学能转化为生物能的这一过程中，许多热量就流失了。

而且，一天中的有些时候我们并没有在进食。如果我们体内没有一些能量储备供不进食的时候使用，我们将不得不持续进食以维持生命。

为运动提供能量的 3 种食物成分分别是碳水化合物、脂肪和蛋白质。它们作为能量"燃料"，在细胞的新陈代谢炉中被燃烧。这些成分被称为常量营养素，将在第 8 章中进行详细的介绍。

回想一下你的一天。你做了什么样的运动？例如，你可能在房间或者教室里坐了好几个小时，课间散步，或者慢悠悠地走路去吃午饭，然后轻快地从一栋楼走到另一栋楼，跑步去赶公交，又或者是做运动。每一种常量营养素和能量系统，都以其特有的方式来帮助你完成这些任务。当你在课间散步时，身体主要通过消耗脂肪来提供能量，但当你跑步去赶公交车时，身体则主要通过消耗碳水化合物来提供能量。

碳水化合物，无论是简单的还是复合的碳水化合物，都是现成的能量来源。碳水化合物容易被消化，尤其是单糖，被消化后会转化为葡萄糖并释放到血液中。葡萄糖可以以糖原的形式储存在肌肉和肝脏中，然后在身体需要时随时可以提供能量。如果满足了即时需求，并且糖原储存需求超过了最大容量，则多余的碳水化合物将以体脂的形式储存下来。

在今天这个人人都在为管理好体重而努力的时代，

虽然"卡路里"一词经常有负面的含义，但它只是一个能让身体运动起来的能量单位而已！

膳食脂肪被认为是管理好体重路上的绊脚石，但它们却是极好的能量来源。此外，膳食脂肪还提供了使食物味道变好的营养成分。

当身体需要为长时间、低强度的运动供应能量时，膳食脂肪就是一个很好的选择。例如，旅途中食用的混合食品中通常含有坚果，这是因为坚果含有大量的能量（这要归因于它们所含的脂肪），而且在几小时的徒步旅行中很容易携带。然而，与碳水化合物相似，一旦满足了即时的能量需求，任何多余的膳食脂肪都会被储存为体脂。

蛋白质提供氨基酸，氨基酸是身体组织新生和修复的基本结构。它也可用于产生能量，尽管这通常是在消耗完碳水化合物和脂肪时为产生能量所使用的最后一招。与碳水化合物和脂肪一样，任何过量摄入的蛋白质都会被储存为体脂。

> 如果我们把体脂视为储存起来的能量，它就是积极的含义了。但如果我们储存了太多的能量，就会增重。

✓ 行为检查

出汗有必要吗？

在当今，大汗淋漓通常是无法被接受的，锻炼时除外。因为人类并不是运转得十分高效的机器。当我们运动时，身体要释放（挥发）热量。实际上，我们的身体大概能达到 22% 的能量利用效率，跟现代的冰箱或燃木炉相比，这个效率并不是很高。这意味着，我们有将近 3/4 的能量是以热量的形式释放出来的。

我们的身体有适合的方法——出汗，来排出这部分多余的热量。如果你试图避免出汗，你就会错失运动的机会，你需要计划在一天当中出点汗。为了防止出汗过多，你还可以提前采取一些措施。例如，早上放一个小的盥洗包和一些多余的内衣在你的背包里。或者，你也可以在步行穿过校园时从开着空调的大楼经过，以此保持凉爽。

三磷酸腺苷

所有细胞都需要能量才能开展生理工作，肌肉细胞通过**三磷酸腺苷**（ATP）的键的断裂来获得用于生理工作的能量。细胞必须直接使用三磷酸腺苷来获得所需能量，因此，人体不断使用三磷酸腺苷来获得能量，以用于生理性功能（如肌肉收缩）的实现。同时三磷酸腺苷通过食物——碳水化合物、脂肪和蛋白质——的新陈代谢过程重获能量。如图 4.5 所示，类似于你的银行账户，三磷酸腺苷会不断被存入（被生成）细胞，然后再被提取出来（利用）用于产生能量。如果我们存下了太多的能量，它就会变成多余的体脂，或者成为被储存起来的能量。

三大能量系统

人体内的肌肉细胞由 3 个相互协调生成三磷酸腺苷的能量系统提供能量。这 3 个系统在代谢机制、所利用的能量，以及使用它们的身体活动类型（根据时间和强度而有所不同，如表 4.1 所示）等方面各不相同。能量来源的灵活性和能量产生范围的可选择性，对我们日常生理功能的发挥至关重要。

在人类的进化过程中，一个人可能一直漫无目的地走着，然后突然发现某一个动物正打算吃掉他。那么，这个人要么飞奔逃命，要么转身反抗，这两者都需要他快速获得大量三磷酸腺苷来令肌肉收缩。

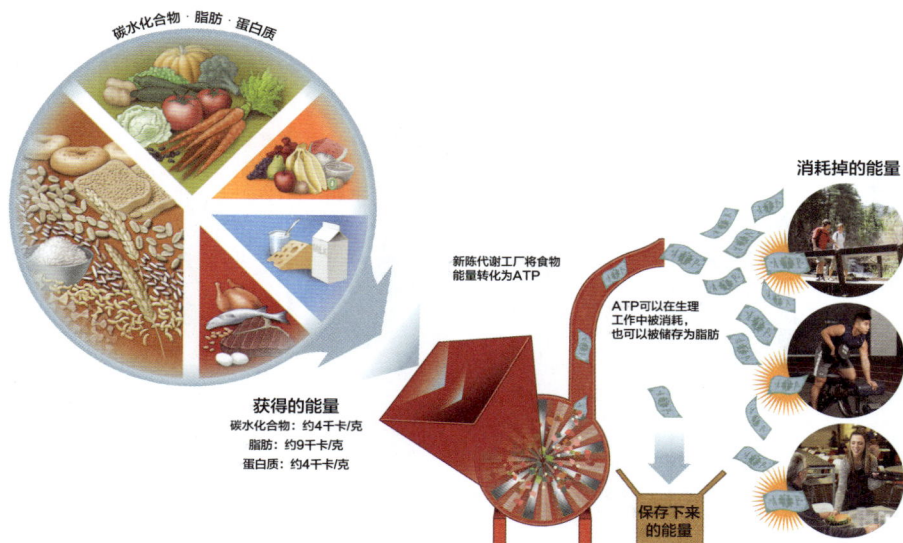

图 4.5　人体从细胞中储存的三磷酸腺苷中生成和利用能量，就像我们在银行账户中存钱和从银行账户中取钱一样

表 4.1　运动能量系统的汇总和比较

特征	能量系统		
	磷酸原系统	无氧能量系统	有氧能量系统
三磷酸腺苷的生产速率	立即	快速	缓慢
利用（能量）系统最多的活动的持续时间 *	≤ 10 秒	10 秒 ~2 分钟	>2 分钟
利用（能量）系统最多的活动的强度 *	高	高	中低
能量来源	三磷酸腺苷和磷酸肌酸	葡萄糖和糖原	肝脏储存的糖原（葡萄糖）、脂肪和蛋白质
运动举例	高尔夫挥杆、举重	200 米跨栏、50 米游泳	马拉松、长距离自行车比赛
休闲活动举例	使用足球或棒球玩接球游戏	繁重的园艺打理和庭院打扫工作	以中速徒步旅行
日常活动举例	拎购物袋	奔跑着穿过机场赶飞机	在校园里散步

* 几乎所有的活动都有这 3 个能量系统参与，但通常只有其中的一两个能量系统是最常用到的。

　　这些相互协作的能量系统让我们得以开展日常生活中的各项活动，并为许多运动提供能量，特别是那些要求爆发性运动与低强度活动相间进行的运动，如足球、篮球等。

磷酸原（ATP-PC）系统，是由储存在细胞中的少量三磷酸腺苷来提供能量的。该系统的优点是，它能非常快速地提供能量。同时，该系统的缺点是，三磷酸腺苷的供应量十分有限，因此，由该系统驱动的活动只能持续几秒钟（最多10秒）。此后，除非有其他系统协同提供能量，否则就会出现肌肉疲劳和力量衰竭等现象，运动就将停止。

　　无氧能量系统在活动开始时，以及对持续10秒~2分钟的高强度运动而言，是至关重要的。该系统的能量来源是糖——**葡萄糖**或糖原。因为该系统不需要用到氧气，所以通常被称为无氧能量系统（有时也被称为糖酵解系统，因为它使用了糖原）。该系统的优点是，在糖的供应量相对充足的情况下，能量的供应量也十分充足。该系统的缺点是，身体不会储存大量的葡萄糖或糖原，因此能量供应是有限的；该能量产生途径的生物产物会导致代谢酸（例如乳酸）的产生，从而会降低肌肉的收缩能力，并会导致肌肉疲劳和不适。这种生理现象在行动上的一个真实例子是高强度间歇性训练（High-intensity Interval Training，HIIT）。虽然这种训练活动卓有成效，但其并不总是令人感到舒适，因为乳酸会导致人在训练期间感到不适。

最后，最常使用的系统是**有氧能量系统**，之所以叫这个名字，是因为需要用到氧气。该系统用于持续时间超过 2 分钟的中低强度活（运）动。该系统具有许多优点，如有多种能量来源（碳水化合物、脂肪和蛋白质），还能提供大量三磷酸腺苷。这个能量系统的主要缺点是，它不能很快地提供三磷酸腺苷。因此，这个系统为我们日常生活中的大部分活动提供了动力，包括坐着和站着时肌肉用于维持姿势的力量。记住，该系统不会为运动的最初几分钟或任何高强度的活动（例如飞奔着赶校车）供应能量。

人类运动的能量消耗：连续过程

虽然这 3 种能量系统在产生能量时似乎有不同的时间期限（例如，少于 10 秒，10 秒~2 分钟，超过 2 分钟），但它们却不一定是严格遵守时间渐次启动和关闭的。这些能量系统会紧密合作以提供三磷酸腺苷。我们在日常生活中会使用所有这 3 种能量系统，尤其是当我们运动时。因此，在确定用于某一次特定的活动或运动所用的能量系统时，我们有必要考虑有一种系统的相对贡献程度。事实上，很少有活动是从单个能量系统中获得全部所需的三磷酸腺苷的。符合这种情况的一个例子是某一次举重运动中的举重运动员，另一个例子可能是 100 米短跑运动员，他们都是从单个能量系统中获得运动所需的全部三磷酸腺苷。但即使如此，能量的供应还是要

同时依赖有氧能量系统和无氧能量系统。在考虑一次运动中主要利用了哪一种能量系统时，要同时考虑此次运动的时间和强度。

如果你的能量系统运行良好，你就可能不需要过多地担心它们会出状况。不过，如果你想就某一特定的运动进行训练，以提高你的运动表现呢？运动科学领域的一个主要概念是**训练的特殊性**，特殊性可以应用于训练和健身的许多方面，它对能量系统来说尤其重要。如果你想在一个特定的运动中提高运动表现，那就去训练支持该运动的能量系统吧。此外，你还需要在意的是训练一个能量系统会降低另一个能量系统的性能。例如，把长跑添加进训练计划的短跑运动员，会出现短跑成绩下降的情况；在训练中加入短跑的长跑运动员，其长跑成绩也会下降。

短跑运动员依赖的是训练有素的无氧能量系统，而长跑运动员则要使用训练有素的有氧能量系统。通过训练提高你所有能量系统的性能，对达到理想的健康状况而言非常重要。不过，训练有氧能量系统是最重要的，因为这既可以提高心肺系统的健康程度，还能预防慢性疾病。

> 如果你想提高某种特定运动的表现，那就去训练支持该运动的肌肉和能量系统。例如，如果你想跑得更好，那就经常跑吧！

评估你的心肺健康

经常参加一些能对心肺系统产生压力的身体活动是很重要的。如果你久坐不动，那么，无论你处于什么年龄段，你的心肺健康水平都比较低，哪怕你的其他方面都很健康。评估心肺健康你需要设立一个基准，从而激励你去改善它，并帮助你跟踪改善的进展情况。开展一项改善心肺健康的计划，会让你与一种能让你感觉更好、活得更久的健康生活方式更加接近。但首先，心肺健康到底是什么呢？

心肺健康的定义

心肺健康是指在较长一段时间内开展肌肉运动的能力。这种能力也被称为**心肺耐力**。你的心肺健康程度越高，你在指定强度下运动的时间就越长（ACSM，2018）。心肺健康程度表现为为活动中的肌肉提供氧气，从而为收缩中的肌肉提供三磷酸腺苷的能力。在现实生活中，如果你走完一段楼梯后气喘吁吁的，你就需要训练你的心血管系统了。强体力活动需要心血管、呼吸和肌肉系统的协调工作。

你用的力越大，你消耗的氧气就越多，直到你不得不停止运动为止。你不得不停止运动的那个时刻称为**最大摄氧量**。这是一个人能吸入和使用的、以供肌群进行动态运动的最大氧气量。最大摄氧量被认为是衡量心肺健康程度的一项客观指标。运动强度与心率之间的关系类似于运动强度（或者相关运动能力）与耗氧量之间的关系。两者都是线性的（见图 4.6）。这种线性关系可以帮助我们利用心肺健康的现场评测法——通过测量心率，我们可以准确判断出一个人的耗氧量和整体的心肺健康状况（ACSM，2018）。

实验室评估法

最大摄氧量是运动科学领域广为接受的衡量心肺健康与否的黄金标准。最常见的实验室评估法通常使用一种被称为代谢分析仪的系统来测量，该系统可以测量一个人吸入的空气量、从吸入空气中获取的氧气量以及随后呼出的二氧化碳量。通常，被测者在跑步机上跑步或步行，会以 2 分钟为 1 个轮次，逐渐

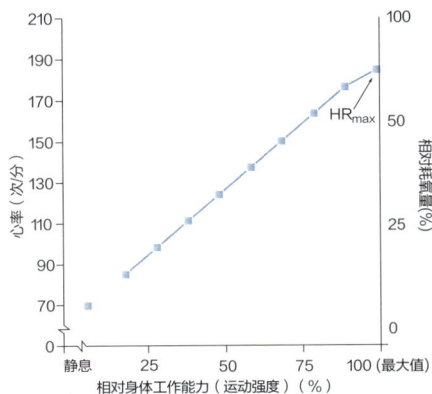

增加强度地练习共计 8~12 分钟。虽然参与测试的人员是从测试房间里吸入空气的，但他们却是朝一个与代谢分析仪相连的口罩装置中呼气的，该代谢分析仪随后会分析测试者所呼吸的空气量。测试需要由运动科学领域训练有素的专业人员指导，如果被测试的人患有慢性病症的话，开展测试时更要注意。由于此种方法存在着一些不便之处，人们便开发了许多更简单的评估程序，这些程序基于耗氧量与心率之间的关系来评估，而心率要容易测量得多。这些测试被称作现场实测法（ACSM，2018）。

现场实测法

现场实测法不需要在实验室进行和配备特殊的设备，在家里、健身场所或露天赛道上就可以进行。谈到对心肺健康的评估，主要有以下两种现场实测法（ACSM，2018）。

- **跑 / 走测试**。在规定时间内（如 12 分钟）跑 / 走完最长的距离，

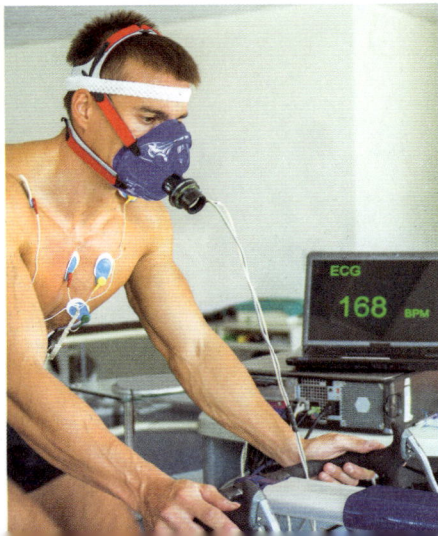

图 4.6 运动强度与心率或身体工作能力与耗氧量的关系
源自：W.L. Kenney, J.H. Wilmore, and D.L. Costill, Physiology of Sport and Exercise, 6th ed. (Champaign, IL: Human Kinetics, 2015), 197。

或者在最短的时间内跑／走完规定的距离（如 1.5 英里，大约 2400 米）。然后，使用一个方程式根据时间或距离估算出最大摄氧量。

- **登阶测试**。在这些测试中，你要么以固定的速度，要么以固定的高度，或者两者兼而有之地登阶。你在运动期间或运动后的心率反应越不强烈，你的心肺就越健康。

心肺健康带给你的益处

保持心肺健康，不仅能帮助你预防今后在生活中可能会出现的慢性疾病，还能为你完成日常生活中的各项任务提供更多的能量。以下总结了理想的心肺健康状态是如何帮助你在短期和长期内都感觉更好的。

降低三大代谢类疾病的发病风险

有 3 种主要疾病会影响大多数人，有时会影响到患者个人，有时会影响到照顾他们的所爱之人。这些疾病分别是心血管疾病、Ⅱ型糖尿病和癌症。尽管遗传因素会发挥作用，但这 3 种疾病共同的发病原因都与人们对生活方式的选择有关。运动是人与生俱来的能力。不运动是不正常的状态，且会导致身体中不健康地使用代谢能量。虽然这些似乎主要是老年人才会得的疾病，但许多时候，三大代谢疾病的发病过程都是从青年时期开始的。

- **心血管疾病**。久坐不动是许多心血管疾病的主要致病风险因素，而此病是导致死亡的第一诱因。习惯性的耐力活动，尤其是中高强度的，可提高心血管系统的健康程度，对心脏本身、血管以及循环系统中血液的质量，都会有积极的影响。

- **Ⅱ型糖尿病**。因为心血管疾病和Ⅱ型糖尿病有许多共同的致病风险因素，人们便经常把它们一并归入心脏代谢类疾病。经常肌肉收缩更容易把葡萄糖从血液输送到细胞中，血液中的葡萄糖过多

> 心血管疾病、Ⅱ型糖尿病和癌症的发病过程始于青年时期。现在就采取行动来预防这些疾病吧！

是 Ⅱ 型糖尿病的诊断依据，而运动是预防和控制该疾病的关键疗法。

- **癌症**。尽管跟心血管疾病和 Ⅱ 型糖尿病相比，关于身体活动对预防癌症的益处方面的文献记述不太明确。但是，运动对某些类型的癌症具有一定程度的防护作用。

体重管理

你会把运动和身体活动与体重管理等同起来吗？多数人会这么做。事实上，运动计划的一个共同目标是，让你变得苗条并保持下去。如第 9 章所述，经常运动、特别是开展中高强度的运动，对于控制你的身体构成极为重要。所谓身体构成，就是你体内脂肪、肌肉和骨骼的比例。

通过运动消耗能量，你可以放心享用你喜爱的食物和饮料，在多摄取一些能量的同时，仍然能够让你保持能量平衡。

日常的体力活动变得更轻松

当你的心肺健康程度处于较高水平时，你每天要做的体力活动，例如走路和上下楼梯，将会变得更加轻松。心肺健康会使你获得以下好处。

- 在应对任何特定的体能方面的挑战时，你的心率和呼吸频率将更低、更慢。
- 你的肌肉会产生更少的乳酸盐和乳酸，这意味着你在应对体能挑

战时会觉得更轻松，它们对你的身体造成的压力也会更小。

- 你从体力活动中恢复所需的时间会更短。例如，在给定的时间内把一个装满东西的背包从 A 点背到 B 点，你会恢复得比之前快。

提高工作、玩耍或运动的表现

你的心肺越健康，你的身体从体力工作、玩耍和运动中感受到的压力就越小。

- 如果你从事服务性的工作，需要站数个小时，同时要做轻度到中等强度的体力活，那么在你换岗下班时，你所感受到的体力压力和疲劳程度会更小、更低。
- 在徒步旅行时，你可以享受户外运动的乐趣，而不用担心会感到疲劳或力不从心。
- 在你能跟得上团队或班级成员的情况下，你可以更投入地享受娱乐性体育活动和团体健身课程。

更好的免疫功能

经常运动和开展身体活动，往往对免疫系统有积极作用。但也有例外情况，例如过度训练时，或者是在应对如马拉松等激烈的挑战时。

增强免疫功能对于应对长期的免疫方面的挑战如癌症，以及短期的日常挑战如细菌感染、感冒和流感病毒而言，都是很重要的。如果你身体健康，那么与久坐不动的人相比，你患感冒和上呼

吸道感染的概率都会较小（Martin et al., 2009）。在校园里，上呼吸道疾病是经常发生的。一项研究发现，美国中西部一所大学中，有91%的学生在某个学期中都出现了上呼吸道感染或流感的症状（Nichol et al., 2005）。这项研究提醒我们，提高免疫功能的其他关键行为，如选择健康的饮食、睡眠好、管理好压力和养成良好的卫生习惯（如洗手），对于提高免疫功能尤为重要。

更好的大脑功能和更高的学术成就

心肺健康与认知能力以及大脑结构和功能的增强呈正相关的关系，尤其是对于儿童和青少年而言（Donnelly et al., 2016）。换句话说，心肺健康可帮助你的大脑更好地工作。人们已经发现，心肺健康与更好的学术表现有关（Ratey, 2008）。大学时代必定在认知上要遭遇重重挑战——你必须花长达数个小时的时间认真思考和学习！为了获得最佳的个人表现，经常开展身体活动，特别是开展强度足以提高心肺健康程度的活动，将非常有益于你的学术生活。

感觉更好：改善睡眠并促进心理健康

如第10章所述。经常开展锻炼心肺功能的运动有许多优点，包括能让你管理好压力、提高睡眠质量和预防抑郁症。具体而言，可以改善日常生活的以下几个方面。

- 你会睡得更好。良好的恢复性睡眠对于许多对日常生活很重要的生理和心理过程而言，是至关重要的。疲劳是所有年龄段学生最经常出现的情况——更好的睡眠质量会让你感觉更好。

- 你将更少受到日常压力的影响，焦虑程度也会减轻。

- 遗憾的是，大学校园里焦虑和抑郁的现象越来越普遍，而心肺健康能帮助你预防抑郁症。

- 良好的运动习惯能够为你每天的生活提供活力与能量。作为学生，要想在学业方面取得成功，有充沛的精力去完成你的日常学习任务是极其重要的。

总之，我们钦佩处于各个年龄段的精力充沛而且对生活高度投入的人。通过对健康进行投资，你会有更多的精力去做必须要做的事，还会有多余的精力去做你想做的事。拥有健康的心肺会帮你过上最好的生活。

> 心肺健康状况良好不仅使你更健康，还能让你感觉更好！

你的心肺健康改善计划

现在，既然你已经知道你的心肺系统和肌肉是如何协作的，并且也了解了改善心肺健康所能带来的益处，那么下一步就是制定个人计划，以便你能在一

心肺健康有助于提高你的学习成绩。

生中保持心肺健康。

计划取决于目标

你的心肺健康改善计划，很大程度上取决于你的目标。你的个人目标可能会受到你的兴趣的影响。例如，也许你想达到一种运动训练水平，这种水平允许你在附近山区享受运动强度较大的踏青活动；你可能想和朋友或家人一起参与趣味跑步活动；或者也许你会加入一个娱乐性的篮球联队，良好的训练基础可以让你具有更佳的表现；又或者你可能想控制体重并变得苗条，因为这样不仅可以让自己看起来更精神，而且还能提升自信；再或者你想通过心肺健康改善计划来缓解你对学习成绩的焦虑并且拥有更好的睡眠。你的目标可能会跨越几个领域，包括提高运动水平、保持健康、维持身材、提升形象，以及提升学习成绩。

无论你有什么样的目标，至少你要先努力达到由各权威机构发布的运动指南里的准则，例如"2008 年美国卫生与公众服务部身体活动指南"（HHS，2008）和美国运动医学会的立场声明（Garber et al.,2011）。以上都概括在图

4.7 中。如果你希望达到其他目标，例如提升运动表现或控制体重，那你还需要运用略微不同的运动策略。

FITT 原则

你的训练计划的基本框架将遵循 FITT 原则 [频率（Frequency，F）、强度（Intensity，I）、时间（Time，T）和类型（Type，T）]，这是组织你的训练计划，并以此来获得并保持心肺健康的一种方式。FITT 原则的 4 个组成成分是相互补充的。此外，最适合你的方案

🕐 当下和以后

401(k) 退休储蓄计划与 401(H) 退休健康计划

大多数大学生都想努力学习，从而取得较高的平均学分绩点（Grade Point Average，GPA）；希望能写份漂亮的简历，从而可以找到一份好工作，过上好日子。然而，在获得经济成功和生活保障的路上，你最好还要明智地考虑一下你的退休健康计划。人们通常在经济成功方面——他们的退休储蓄计划，投入很多，但在健康方面的投资却不够。经济健康与生理和情感健康往往是密不可分的。

当下

把运动添加到你的日常生活中后，可能会出现这样的场景：更高的健康水平跟更好的认知能力和更好的学习成绩正相关。较低的焦虑和抑郁水平以及更好的睡眠质量，有助于你集中注意力。

以后

你若是一心多用的专业人士，那么还是会出现这些相同的益处。大多数大学生都没有因选择了不良的生活方式，而引起心血管疾病、Ⅱ型糖尿病或癌症。事实上这些慢性疾病——三大代谢类疾病，通常在中年时发病。但是，潜伏在这些疾病背后的生理过程，通常始于青年时期。例如，许多心脏病的诱因——冠状动脉中的斑块堆积，就是在青年时期开始出现的。

回家思考

在你的一生中经常参与中高强度的锻炼，会让你感觉更好、表现更好，还能预防许多慢性疾病的发生。你的健康很可能会让你拥有很棒的退休储蓄计划与退休健康计划！

具体是什么取决于你的目标和兴趣，选择你喜
欢的活动是非常重要的。因为如果你不
能坚持执行你的计划，你将无法实
现和保持心肺健康。

频率

　　美国卫生与公共服务部
（2008）和美国运动医学会
（Garber et al.,2011）均认
为，大多数人需要每周腾出
3~5 天来开展中高强度的耐力
活动。

　　专业指南指出，频率是受运动强
度影响的。例如，每周进行 5 次中等强度
运动给心肺健康带来的益处，与每周开展 3
次高强度运动给心肺健康带来的益处类似。但每周运动
超过 5 次，尤其是反复地开展对同一个关节施加压力的
运动，则有可能增加肌肉骨骼损伤的风险。交叉训练会
用到几个不同的运动模式（例如，跑步 3 天与骑车 2 天
穿插进行），这可以降低受伤的风险。通过把一个较长
的锻炼周期划分成几段更短的运动轮次，并在一天当中
重复进行，一些根本没受过多少训练的人也可能会从中
获益。

强度

　　运动强度是影响心肺健康的主要因素。心肺系统和
肌肉会对重复出现的压力做出反应并去适应它。因此，
训练的强度越大，带来的益处就越大。然而，受伤的风
险也随之增加，对于那些心肺系统或者肌肉骨骼系统不
健康的人而言尤其如此。改善心肺健康程度所需的实际
强度，是受年龄、健康状况、消遣性活动和其他因素影
响的。要根据环境压力（例如湿热条件）或是否正从伤
病中恢复等情况来调整强度。你可以使用复杂程度不一

本周要做的事

1. 带墨菲去兽医诊所。
2. 给妈妈习生日礼物——双新跑鞋?
3. 去图书馆归还快过期的图书!
4. **遵循心肺健康改善训练的FITT原则。**
   - **频率:** 每周至少5天进行中等强度运动或至
     少3天进行高强度运动，或者两者结合。
   - **强度:** 根据心率或感觉到的劳累等级，中
     等或高强度。
   - **时间:** 每天进行30~60分钟的中等强度活动，
     或者每天进行20~60分钟的大肌群活动。
   - **类型:** 有节奏和连续的大肌群活动。
5. 比上周睡得更早一点。

图 4.7　制作一份
每周待办事项列
表，其中要包含根
据 FITT 原则提出
的各项建议，以提
高心肺健康程度

的多种方法来监控耐力运动的强度。你可能需要根据你进行的活动和感受，来考虑混合搭配不同强度的运动。

有一种用于监测运动强度的方法称为**心率储备**（Heart rate reserve, HRR）**法**，它是静息心率和最高心率的差值。心率可用于估算运动强度，而且通常会使用一个目标心率范围对其进行界定。根据美国运动医学会（2018）给出的定义，中等强度运动时的心率是静息心率加上心率储备的40%~60%，剧烈运动时的心率是静息心率加上心率储备的60%~90%。我们可以用220减去年龄来计算出最大心率。例如，通常情况下，对一个20岁的人而言：最大心率约为200次/分，静息心率约为70次/分，心率储备约为140次/分。

中等强度耐力运动的目标心率范围为126~154次/分，可通过如下方法进行估算：

（140次/分×40%）+70次/分=126次/分

（140次/分×60%）+70次/分=154次/分

测量运动强度的第2种方法是使用**代谢当量**（METs）。代谢当量可表达为活动（运动）期间的能量消耗速度与静息时的能量消耗速度的比值。因此，代谢当量为2的活动，其能量消耗速度是静息代谢速度的2倍。一般来说，代谢当量小于3的活动被认为是低强度的，代谢当量为3~5的活动属于中等强度，代谢当量等于甚至大于6的活动是剧烈运动（ACSM，2018）。例如，对大多数人来说，慢跑或跑步是剧烈运动，其代谢当量为8~12；徒步旅行是中高强度的活动，其代谢当量为3~7。

监测运动强度的第3种方法是使用**主观用力程度分级**（RPE）或你对用力程度的感知（ACSM，2018）。当你习惯了锻炼身体时，特别是习惯了总是进行慢跑或徒步旅行这类一成不变的活动时，你会开始感觉到你在主观上是以怎样的努力程度在开展这些活动。此外，监测心率可能会不太方便，尤其是在一些活动中，或者没有可穿戴的监测器的情况下。表4.2描述了一个等级范围为1（接近不用力）到10（最用力）的普通的主观用力程度分级。为了学会这一技术，你要把主观用力程度等级与你的目标心率范围内的运动联系起来。假以时日，这会成为监测运动强度的一种简单方法。

一个简单的心肺健康程度测试是，背着装满东西的背包快速爬上一座小山丘，然后看看你是怎么精疲力竭的。

最后，在所有评估运动强度的方法中，最简单的方法是**说话测试**。因为越是费力越是需要更多的氧气，呼吸速度会随着运动强度的增加而加快。

在较高的运动强度下，你的呼吸会变得更加急促。在开展中等强度的运动时，一个人通常可以说话；然而在做剧

✓ 行为检查

身体活动和运动都很重要：动起来就行！

你上一次锻炼到流汗是什么时候的事了？具体地说，不算在健身场所锻炼或是参加体育运动，你上一次因体力劳动而出一身汗是什么时候的事？我们这个技术型社会已经成功地把几乎所有的强体力活动从我们的生活中系统地剥离出来了，因此我们必须有意识、有计划地去锻炼或运动，以获得健康。

除了搬进、搬出大学宿舍外，许多学生回想不起任何因体力劳动而出汗的情况了。大多数人无法通过少量的运动或身体活动，来弥补他们久坐（即坐着的时间很长）对身体造成的伤害。为了保持身心健康，我们必须经常运动。

把身体活动分为以下 4 类是很有用的：职业类、家务类、交通类和休闲类。挑战一下你自己，在这 4 类身体活动中想方设法地增加你的运动量，以取代久坐。作为一名教授，我的改变可能是这样的。

- 通过使用站立式办公桌改变久坐的工作方式。
- 用手推割草机而不是用骑式割草机来修剪院子里的草坪。
- 步行穿过校园去开会，而不是开车去开会。（花的时间也一样！）
- 选择徒步旅行而不是去看电影。

轮到你了！你如何在你生活的各个方面增加运动量？

烈运动时，大多数人只能时不时地蹦出几个词。因此，说话测试可以帮助你量化你的运动强度，以防止自己运动过度。

时间

运动持续时间要受到运动强度的影响。各种身体活动指南表明，一个人每周应累计开展至少 150 分钟的中等强度的运动或 75 分钟的剧烈运动（HHS，2008）。大多数成年人应该努力达到这样的活动水平：每天进行 30~60 分钟中等强度的运动，每天进行 20~60 分钟的剧烈运动，或者是把中等强度运动和剧烈运动结合起来进行（ACSM，2018）。然而，如果一个人严重缺乏锻炼，那么每天活动不到 10 分钟可能就足以让他获得益处了，这个运动量也是一个安全的初始运动量。运动中的时间模式也可能不同。例如，一项运动可以连续进行，也可以分多次进行、每次进行 10 分钟或更久，以达到某一天中所需的持续运动时间或运动量（ACSM，2018）。正如第 9 章所阐释的，为了控制体重，可能需要更长时间的锻炼（每天 60~90 分钟），尤其是如果你一天中的其余时间里都是坐着的，你就需要锻炼更长时间。

表 4.2 主观用力程度分级（RPE）的各等级

等级	对用力程度的描述
1	毫不用力（躺下）
2	小事一桩
3	很简单
4	简单（能一整天都做这个）
5	中等的
6	有点难（开始感到用力了）
7	用力
8	非常用力（要用力才能跟上）
9	非常非常用力
10	最用力（不能再用力了）

源自：NSCA, Aerobic Endurance Training Program Design, by P. Hagerman. In NSCA's Essentials of Personal Training, 2nd ed., edited by J.W. Coburn and M.H. Malek (Champaign, IL: Human Kinetics, 2012), 395。

类型

你可以使用多种类型的运动方式来增强心肺功能。几乎不需要技巧且会调动各大肌群（尤其是腿部肌群）的有节奏的有氧运动，适合所有的成年人用于提高健康水平。对技巧或身体条件要求更高的运动，只有那些有训练和锻炼基础、能够安全地参与这些活动的人才能选择（ACSM，2018 年）。

最受欢迎的运动是走路，因为几乎每个人都能很轻松地走路，而且只需要一双合脚的鞋就能走。其他常见的选择是跑步、骑自

你可以通过监测自己的心率来估算你的运动强度。

有很多运动方式都能让人获得心肺健康。关键是，你需要几乎每天都开展运动强度至少是中等强度的运动！

行车、游泳和使用运动器材来运动。进行交叉训练和寻找多种方法来运动，会增加运动的多样性，并会让你保持对运动的兴趣和动力。图4.8描述了一些常见的促进青年人心肺健康的活动，这些活动对技巧和身体条件等方面的要求各不相同。

运动量和进展（VP）

FITT 原则提供了一个很好的方法，可用来开发心肺健康改善计划。当你在制定你的每周运动计划，以及当它们与各种活动相结合时，频率、强度和时间可以相互作用。没有哪个人的计划是一成不变的。在确定了适合你并和你的兴趣、日程限制等情况相匹配的计划后，你下一步要做的就是考虑运动量和进展（volume and progression，VP）了。如前所述，你运动的模式也可能会影响到其他要素。

运动量

运动量是频率、强度和时间相结合的产物。例如，如果你运动得剧烈，你就可以让运动时间变短，同时却能获得与进行更长时间中等强度的运动类似的

图 4.8　促进青年人心肺健康的常见活动

健康益处。这个概念被称为**剂量—反应关联**。你的运动量越大，你获得的健康和健身益处就越大；然而，是否存在最小运动量或最大运动量，目前还不太清楚。

每周约 1000 千卡的总能量消耗量有助于预防心血管疾病，因此，这是大多数成年人要想获得心肺健康的合理能量消耗目标。这种能量消耗水平大约等同于每周进行 150 分钟中等强度的运动（ACSM，2018 年）。

活动追踪器和计步器可用于记录每天以步数来估计的运动量。尽管人们认为每天走 10000 步是健康的目标，但如果以中等强度步行，每天走 5400~7900 步，就能够达到推荐的身体活动目标了（Tudor-Locke et al.，2011）。这种计算方式大概是这样的。

- 一分钟步行 100 步一般是中等强度的运动。
- 步行 1 英里（约 1600 米）大约要走 2000 步。
- 每天以中等强度步行 30 分钟，会带来每天走 3000~4000 步的结果。

在设计运动或身体活动计划时，你最好采取将步数计算与运动的频率、强度和时间等要素相结合的方法。

进展

心肺健康改善计划的进度的快慢，很大程度上取决于一个人的健康状况、现阶段的健身水平以及运动计划的目标。通过推进 FITT 要素中的任何一个，你都可以完成计划进度。首先，增加运动时间通常是最好的选择：建议每隔几周，每次运动时就多进行 5~10 分钟。然后，你可以在 4~8 个月的时间内逐步提高其他要素（ACSM，2018 年）。最重要的是，进度应当要缓慢推进，而且要按计划进行，以避免造成肌肉酸痛、受伤和过度（不必要的）疲劳。因进度推进得过猛、过快、过早而带来的风险，不仅仅是训练效果不理想，还会因为你经历过很严重的肌肉酸痛和疲劳，你将不会有动力去坚持你的健身计划。

因此，慢慢推进进度，倾听自己身体的声音，把这段健身的冒险经历视为你要坚持一生的事情，若有需要，你可以对其做出修改。

模式：间歇性训练

虽然它不是美国运动医学会运动指南的正式组成部分，但运动模式可以以周、天，甚至是锻炼期为单位做出改变。每天用在中等强度活动上的累计时间与大学生生活中典型的一天非常契合，由于大学生的课程安排经常发生变动，运动也有机会被融入每天的日程表中。就每周而言，由于时间安排和其他生活需求通常每天都会发生变化，你可以据此规划你在一周之内的身体活动。例如，有几天你可以进行时间更长、强度更大的活动，而其他几天可能只适合进行间歇性的适量散步。

将间歇性训练纳入锻炼，给我们带来了一种叫作**高强度间歇性训练**的训

✓ 行为检查

将运动融入你的生活

以下这些把运动融入日常生活的想法，哪一个吸引了你？

- 尽可能主动出行。练习一周不乘坐公交车或电梯，看看如果把这作为长期选择是否可行。
- 如果你住在校外，那就走路而不是开车去学校。
- 选择在一天的校园生活结束时步行回家，在背包里放一套可供更换的衣服和一双舒服的适合步行的鞋。
- 选择上坡路最多的那条路线，以便给步行增加一些强度。
- 通过有计划的运动，如团体健身课、跑步、骑自行车或游泳，为你的主动出行补充一些剧烈活动。

提高心肺健康程度的最好的计划，要能让你达到建议标准和个人目标，为你带来快乐和动力，还能帮助你终身保持运动并改善心率！

选择主动出行而不是搭乘公共交通工具，对你的健康更有好处。如果距离不太远，路径也是安全的，请选择步行而不要乘坐公交车！

练技巧，这是运动研究实验室里的一个热门话题（Milanovic, Sporis & Weston, 2015）。高强度间歇性训练是短期内改善心肺健康的最有效的方法之一。从本质上说，这种方法就是在短时间、高强度的运动期结束后，穿插时间更长的低强度运动期或休息期。对于这类训练，你进行何种类型的运动并不重要，但最常见的运动是跑步、骑自行车、划船和游泳。相关调查研究记录下了高强度间歇性训练的有效性，所使用的方案是，在30秒接近极限的运动之后，穿插1个3~5分钟低强度运动的休息期。例如，1个跑步者可以非常有力地冲刺30秒，然后慢跑或快走4分钟来恢复体力，然后在1个给定的锻炼期间重复这个循环4~7次。

研究表明，与传统的耐力训练方案相比，健康的青年人使用高强度间歇性训练锻炼超过两周，可以更好地改善心肺健康（Milanovic et al, 2015）。因此，高强度间歇性训练是一种非常具有时效性的改善心肺健康的训练技巧。它对增加运动的多样性也十分有用。高强度间歇性训练的潜在缺点是有受伤的风险。

对那些心肺系统有问题的人来说，密集地进行此类训练是很危险的。即使是健康的人，也可能因为这种性质的剧烈运动而导致心律异常。剧烈运动也会使关节、肌腱和肌肉严重拉伤，因此，高强度间歇性训练损伤肌肉骨骼的风险很高。最后，

高强度间歇性训练可能会令人非常疲劳。因此，这种类型的训练最适宜已经有非常好的训练基础的人开展。如果你决定要尝试这种类型的训练，那就慢起步、循序渐进，根据你的身体情况做出相应调整。

你的计划 + 现代生活 = 所需的创造力

本章概述的心肺训练的 FITT-VP 原则，为设计个人运动计划提供了一个很好的参考框架。频率、强度、时间、类型、运动量和进展这些要素可以相互混合和搭配起来，以设计出既有效又有趣的生活运动计划。找到那些能激励你不断运动的目标来改善你的心率，并努力锻炼以达到并保持健康水平。如果你能弄清楚如何将这些计划融入你每天、每周的生活，你就会体验到训练的益处。在当今这个高度久坐不动的世界里，上下班的交通耗时很长，而且每天都有好几个小时盯着屏幕，你需要富有创造性，才能获得提高心肺健康程度和积极打造你的健康生活所需的运动量。

安全第一：心肺健康改善计划启动须知

回顾一下第3章讲过的关于安全运动和筛选表格重要性的两大主题。除了使用身体活动就绪情况通用问卷进行充分的预筛选外，安全运动的其他关键因素还包括适当地热身和放松。当心率、

血压和呼吸频率在中高强度的运动中升高时，请始终留意一些其他的考虑因素。

- 检查你周围的空气质量。注意你居住的地方周围的空气质量，空气质量差会妨碍你的运动表现，还会影响你享受有氧运动。如果你有慢性肺部疾病，例如哮喘，那就更要注意检查空气质量了。在空气质量不好的日子里，你可能需要在室内锻炼。

- 炎热的天气。因为身体是一个效率较低的"机器"，当你运动时，你会散发热量，这会导致你的血液向身体表面流动，并产生出汗现象。如果你在高温天气下进行剧烈或长时间的运动，身体也许会出现不良反应，如热痉挛、疲劳或中风。适当补水和穿着适宜是预防在高温天气下出现不良反应的关键。

- 寒冷的天气。低温和冻伤是在严寒环境下进行户外锻炼的两大常见挑战。穿着合适的衣服是极其重要的。这包括穿上利于排汗的有夹层的衣服。此外，要避免在寒冷的天气里长时间穿着湿衣服。

本章总结

心肺健康是与健康相关的人体健康的重要组成部分。你身体内的能量系统与你的心肺系统共同作用，为各种类型的肌肉收缩提供能量。当你锻炼这些系统时，它们就会适应挑战，让你能以更小的压力成功应对身体上的挑战。心肺健康不仅对提高运动表现十分重要，对日常生活中的各种活动也很重要。心肺健康在预防一些重要的、通常在晚年出现的慢性病方面，也发挥着关键作用。

一个你喜欢并能每周都积极去执行的定期运动计划，会使你感觉状态良好，并能帮助你更好地完成学业以及避免在当下生病。它也会增加你健康长寿的机会。

复习题

❶ 列出并描述心肺系统在人体中所起的 4 种关键作用。

❷ 比较 3 种运动能量系统对以下这些方面的影响：(a) 三磷酸腺苷的生产速率，(b) 由系统主导的活动的持续时间和强度，(c) 主要依靠该系统的典型的运动、休闲活动和日常生活活动。

❸ 解释一下为什么当根据登阶试验的结果进行测量时，测得的心率可用于心肺健康的衡量参考。

❹ 拥有健康的心肺功能有助于预防三大代谢类疾病。说出这 3 种疾病，并描述通过健身预防这 3 种疾病的主要方法。

❺ 说出心肺健康对普通大学生有益的方面。

❻ 描述一下美国卫生与公众服务部身体活动指南和美国运动医学会运动指南在调整身体运动的频率、强度、时间和类型，以增强心肺健康方面，有哪些相似之处。

第 5 章

肌肉健康

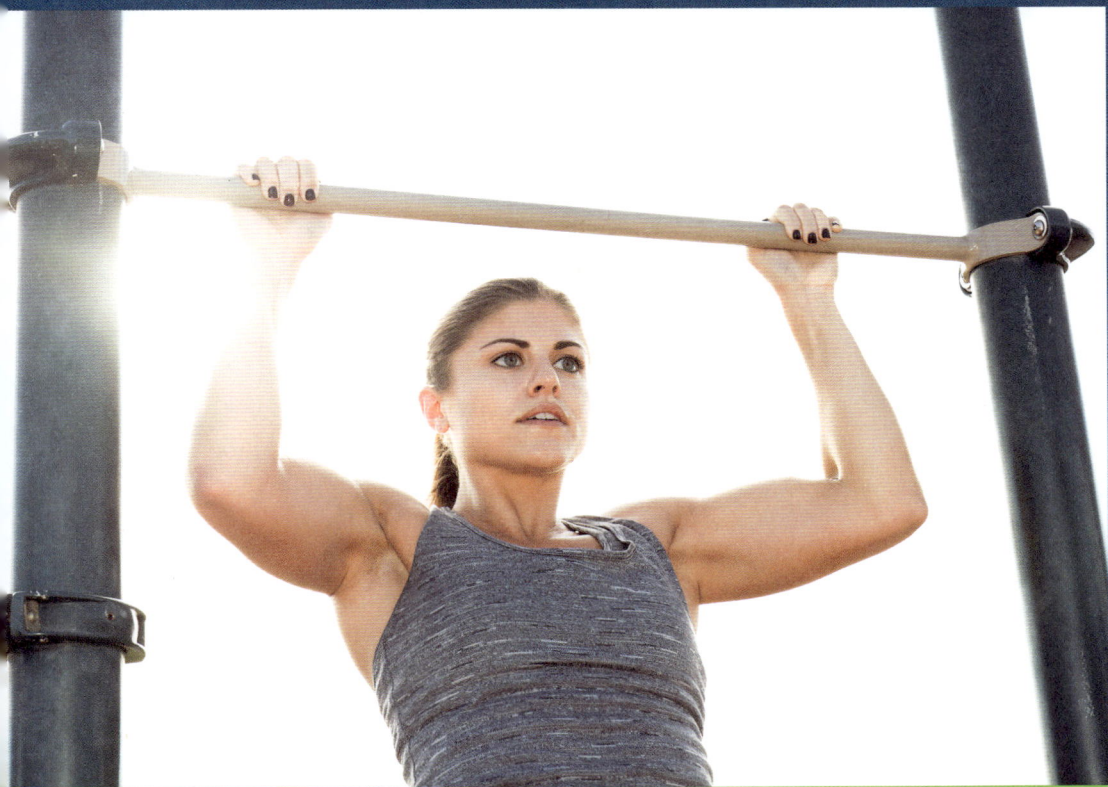

本章目标

> 了解肌肉是如何工作的。

> 知道主要的肌群。

> 针对肌肉力量、肌肉耐力、神经运动和肌肉爆发力打造渐进式训练计划。

> 认识到肌肉健康对保持良好外形和优雅老去的重要性。

> 设计个性化的目标，以根据你的健康和健身目标来改善肌肉健康状况。

关键术语

肌肉力量   等长（的）

肌肉耐力   等张向心（的）

肌肉爆发力   等张离心（的）

肌纤维   肌肉能力

慢肌纤维   合成代谢雄激素类固醇

快肌纤维   增进机能的

肌肉力量和**肌肉耐力**是身体健康的两个相关组成部分。你可能也想培养**肌肉爆发力**，这是速度和力量的产物。本章会专注于肌肉健康的这 3 个方面进行讲解，这 3 个方面对你的运动表现、功能性健康（有助于你的日常活动），以及一生的幸福都很重要。你需要强壮的肌肉来抬起你宿舍楼或公寓里的沉重的家具，你需要有耐力的肌肉来搬动沉重的书籍并走上一段距离，你还需要有爆发力的肌肉以便骑着自行车快速上山。根据埃格德及其同事（Aagaard et al., 2010）的研究，力量训练会增加老年人的肌肉体积并增强其神经运动功能，即使在 80 岁以后也是如此。肌肉只是在等着我们去理解它们，其实它们也需要更多的运动才能保持终身健康。

此外，柔韧性、神经运动健康（其中包括平衡性、敏捷性、姿势）和本体感觉训练，对运动表现和日常活动都很重要。柔韧性和神经运动健康这两点会在第 6 章加以讨论。

所有这些与健康相关的组成部分，对不受伤地生活而言都尤为重要。你肯定不想在搬动你宿舍楼里的家具时扭伤背部，让你不得不在校园里蹒跚而行！关节疼痛想必是现在你最不会想到的事情，然而，随着人们年龄的增长，关节置换将在你的同龄人中变得越来越普遍。如果你仍然心存疑虑，那就跟你的父母或祖（或外祖）父母谈谈，听听他们对自己当下的关节的看法。记住，现在照顾好你的肌肉，可能会帮助你在今后的生活中避免做置换骨骼和关节的手术。此外，拥有强壮和长条形的肌肉可以让你的身体更健康，这是一个额外的好处（见图 5.1）。

你的身体天生就是用来动的

和我们的祖先相比，我们出于生存目的所进行的运动更少了，但我们仍然需要为了健康和更高的生活质量去运动。肌肉、骨骼和关节为我们提供了一种惊人的能力，使我们能够以规模不等的方式朝不同的方向运动。身体中的肌肉大小不一。例如，走路是一种几乎不需要技巧的大动作运动，而眼球转动则只需要肌肉做精细的小动作运动。人体有许多不同的骨骼，肌肉收缩时会拉动它们。本章旨在帮助你理解基本的肌肉生理学，这样你就可以为自己制定一个有效的锻炼肌肉的健身计划了。

肌肉解剖学和收缩生理学

虽然身体结构是复杂的，但运动的基本原理却是相当简单的。肌肉通过肌腱附着在骨头上，当它们收缩并产生力时，杠杆系统会引发运动。肌肉一般会拉动与骨头相连的肌腱，但它们不能做出推动的动作。因此，肌肉通常是成对排列的，以便能够朝两个方向运动。不同肌肉产生力量的能力是不同的，这是由于肌肉根据其生理机能的特点，产生力量的速度快慢和时间长短不同。

肌纤维

单个的肌肉细胞是肌肉的基本组成单元，这些细胞被称为**肌纤维**，它们聚集成束状，称为肌束（见图 5.2）。一块肌肉，无论大小，都是由许多成束的肌纤维组成的，而这些肌纤维是由肌原纤维组成的。肌原纤维是由肌节排列形成的。从分子学的角度来讲，肌节几乎完全由肌动蛋白和肌球蛋白组成。

当肌肉收缩和拉伸肌腱时，肌肉就会缩短。在这个过程中，肌动蛋白会以

一种爆发性的运动附着在肌球蛋白分子上，这是肌丝滑动理论的基本依据。肌肉缩短是由许多共同作用的肌肉细胞协同努力的结果。

并不是所有的肌纤维都是完全相同、没有差异的。根据肌纤维的收缩速度、力量输出和收缩所利用的主要能量来源，它们通常可分为**慢肌纤维**和**快肌纤维**。慢肌纤维收缩得更慢，抗疲劳能力更好。同时，它们主要利用有氧能量系统来获取三磷酸腺苷。三磷酸腺苷以较慢的速度提供大量能量。由于肌纤维中储存着可快速提供氧气的肌红蛋白，慢肌纤维通常是红色的（颜色更深）。相比之下，快肌纤维收缩得更有力且更快，但会比慢肌纤维更快地达到疲劳状态。快肌纤维的主要能量供应系统是无氧能量系统。快肌纤维在颜色上通常呈白色。每种纤维在力量生成及其速率方面都有一个首选的工作输出模式，这通常与其工作要求相匹配。

2005—2030 年，髋关节和膝关节的翻修和置换手术例数，预计将大幅地增长——髋关节的翻修和置换手术例数将增长 137%，膝关节的翻修和置换手术例数将增长 601%（Kurtz et al., 2007）。你会采取什么措施来预防这种事情发生在你身上呢？答案是，锻炼你的肌肉力量、耐力和柔韧性！

火鸡和鸭子是适用于和人类作类比的例子。几乎所有的肌肉都既包含慢肌纤维也包含快肌纤维，两者之间的相对平衡会因肌肉和个人，以及个人日常运动的需要和欲望的不同而各异。肌纤维类型的分布情况基本上是天生的，但随着运动或身体活动的改变，以及逐渐老去，这种分布情况也会发生变化。从本质上说，当给定的肌纤维及与其相关的能量系统超负荷运作时，它们将会适应对其提出的过高要求。这通常被称为训练原则的特殊性。

我们日常对肌肉在力量生成方面的需求量是可变的，因而每种肌纤维在工作上的这种差异，就使得肌肉在满足我们的运动需求方面具有更大的灵活性。例如，我们可以把慢肌纤维当作一辆车，如丰田普锐斯混合动力车，它的里程油耗很低，但加速不快。相比之下，快肌纤维能够用跑车来表示，它加速非常快，但油耗非常高。大多数汽车将这些因素综合在一起，以获得良好的油耗比。不过，如果你需要快速提速（例如在超车时），倒是可以安全地加速。在校园里学习的一个普通日子里，你也许需要利用慢肌纤维来穿过校园，以及保持你的坐姿和站姿；你可能还需要利用快肌纤维迅速背起沉重的书包跑去赶公交车。

运动单元

肌肉要收缩，就必须受到神经系统的刺激。这种神经刺激是由运动单元完成的，运动单元是一种与多根肌纤维相

图 5.1　肌肉力量、耐力和柔韧性训练，让你的关节和肌肉保持健康

连接的神经。运动单元可以非常小也可以非常大，有时一条运动神经与两根肌纤维相连，有时与数百根肌纤维相连。慢肌纤维通常是较小的运动单元，而快肌纤维通常是较大的运动单元。所有的运动单元不论大小，都遵循全有或全无的原则。这意味着如果它们从神经系统接收到足够的刺激，所有与该运动神经和单元相关的肌纤维都会收缩。如此，产生的力的大小，都是由被调动起来的运动单元的数目和类型所决定的。例如，与拿起一大箱书相比，你提起一支铅笔时，会用到更小、更少的运动单元。当我们在随后各章中谈到神经运动时，请记住，是神经系统决定着我们如何、何时以及是否运动。

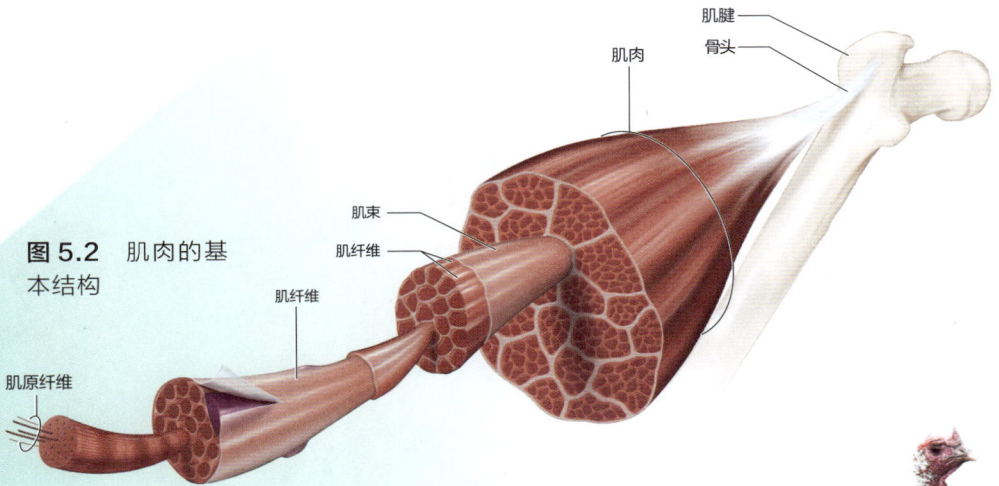

图 5.2　肌肉的基本结构

火鸡常走路而飞得不多，主要使用腿上的慢肌纤维（见图 5.3）。因此，它们的腿上有红色肉，胸部有白肉。相反，鸭子常飞而走得不多，因此，它们的胸部有红色肉——这是它们反复扑打翅膀的结果，而腿部有白肉。

图 5.3　火鸡走路主要使用慢肌纤维

几个关键定义

为保持肌肉健康设计一个有效的训练计划，需要彻底理解肌肉术语才行。理解这些术语和与之相关的典型运动非常重要，这样你就有可用来构建自己的计划的工具了。

肌肉收缩

肌肉收缩的 3 种主要类型，根据肌肉长度和关节运动的不同可分为等长（的）、等张向心（的）和等张离心（的）。

当你悠闲地走路时，你是在使用慢肌纤维，而当你跑步去赶公交车或为了能准时上课时，你是在使用快肌纤维。

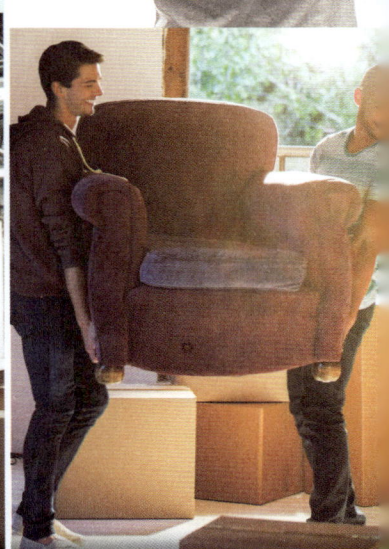

保持平板支撑动作和以一种固定姿势拿着一堆书，都是肌肉等长收缩的例子。

肱二头肌弯举的抬臂阶段和将盒子举起到架子上，都是肌肉等张向心动收缩例子。

肱二头肌弯举的放臂运动和挪移家具，都是用到肌肉等张离心收缩的典型活动。

- **等长（的）**。肌肉长度或关节角度保持不变的收缩。此类收缩对核心肌肉的锻炼至关重要。核心肌肉包括躯干和臀部的肌肉，它们在日常运动中发挥着重要的稳定功能。

- **等张向心（的）**。此类肌肉收缩是用于发挥肌肉能力的。非姿势性肌肉是最常见的一类要用到等张向心收缩的肌肉。以手持哑铃为基础的肱二头肌弯举的抬臂阶段，以及将盒子放在架子上的功能性运动，都要用到肌肉等张向心收缩。在这两个例子中，肌肉在收缩时会缩短，同时关节角度也会变小。

- **等张离心（的）**。此类肌肉收缩是等张向心收缩的反向动作。肌肉在收缩时会变长，同时关节角度也会增大。在力量与体能训练室里，此类收缩通常被称为负向的。大多数自由重量类抗阻训练计划都有一个离心训练组成部分，此时，举重器械会以一种可控的方式逆着重力被下放到地上。剧烈的离心训练可以迅速增加力量，但如果训练不当，也会导致肌肉酸痛。

肌肉能力

肌肉能力是指你的肌肉以不同的速度和力量，开展不同类型运动的能力。它由肌肉力量、肌肉耐力、肌肉爆发力和柔韧性组成。关于这些术语的具体定义，参见下面"肌肉能力的定义"专栏。

哪种肌肉能力指标对你的健康和幸福最重要呢？想想你每天需要做什么样的运动。像摔跤这样的运动，需要同时具备肌肉力量、肌肉耐力、肌肉爆发力和柔韧性，才能在比赛中表现出色。如果你背着背包徒步走上几个小时，你就会在旅途中的不同阶段发挥出所有种类的肌肉能力。当你整天在校园里活动时，你的姿势性肌肉需要运用肌肉耐力才能坐立自如。你也许需要运用肌肉力量来搬箱子和家具，但在搬东西进出公寓时，则需要用到肌肉耐力。你可能需要发挥肌肉爆发力，以避开一个沿着街道飞奔而过的骑自行车的人。最后，你可能需要柔韧性来弯腰捡起掉在地上的东西。

与心肺健康类似，你的肌肉能力的重要性，同样取决于你的运动目标，而运动目标又会受到你的生活方式的影响。例如，如果你是一名餐厅服务员，经常要端着大盘的食物，那么你的手臂和上半身就需要具备良好的肌肉力量和肌肉耐力。随着你年龄的增长，肌肉能力会变得越来越重要，对老年人来说尤其如此，因为肌肉健康对开展日常生活中的各种活动和在年龄持续增长时依然能够进行独立生活是必不可少的。

对肌肉超负荷的适应

如果你开始了一项肌肉训练计划，那么，肌肉力量、肌肉耐力和肌肉爆发力都会得到改善，而相对改善的程度则取决于你如何使你的肌肉得到超负荷训练。例如，如果你主要是通过快速举重来使肌肉超负荷，那么，你可以通过训练来增强肌肉的爆发力。你在日常生活中需要用到肌肉爆发力吗？肌肉爆发力

肌肉能力的定义

肌肉能力被分为以下 4 个与健康和技能相关的组成部分。

- **肌肉力量**——单次最大用力所能产生的力量。
- **肌肉耐力**——肌肉在不疲劳的情况下保持一个动作或重复收缩的能力。
- **肌肉爆发力**——肌肉力量见效的速度；或者以时间为参照表达出来的肌肉所产生的力（力量）。
- **柔韧性**——足以引发一个动作的一个关节或一组关节的活动范围，以及跨过相关关节的肌肉长度。

能够帮助你快速地举起物体，这对你的生活重要吗？在制定一个从总体上增强肌肉能力的计划时，把你的需求和肌肉运动结合起来是很重要的。

肌肉学习

肌肉学习是肌肉对训练的反应，尤其是在训练计划开始的时候这种学习非常重要。即使不改变肌纤维的大小，抗阻和柔韧性训练也能改善神经控制。还记得你的第 1 次举重吗？你必须得考虑如何正确地举重。一旦你的肌肉学会了如何举重或做特定的拉伸动作，对你来说做这个运动就容易多了。随着你年龄的增长，在力量训练下增强的大多数肌肉能力，都是由于神经控制发生了改变。在晚年时期开展的肌肉力量和柔韧性训练，也许不会令已是老年人的你拥有更大的肌肉或更好的柔韧性，但它肯定会帮助你避免跌倒。

肌肉肥大（过度生长）

以较大的重量和低重复次数对肌肉施加超负荷的抗阻训练，会增加肌原纤维的尺寸和数量，这会令肌肉长得更大。

当你的肌肉变大时，其肌纤维的增大被称为肥大。当你第 1 次开始进行抗阻训练时，你可能不会注意到你的肌肉增大了，但随着时间的推移，根据你训练方式的不同，你肌肉的大小和长度可能会增加。

> 暂时性肥大，或者在一次运动期间或运动过后肌肉块头的增大，主要是由细胞外体液空间和肌肉细胞之间的积液引起的。

评估肌肉能力

与心肺健康的评估相似，肌肉能力的不同组成部分，都可以通过实验室设备和不太复杂的实测方法来评估。然而，肌肉能力的评估通常是针对一种运动模式（如深蹲）或关节动作（如膝关节伸展）完成的，而不是全身测量。评估结果可能不能代表其他肌群的肌肉能力。在临床环境中，先进的测力计被用于评估肌肉能力的所有组成部分，尤其是肌肉力量和肌肉耐力。这一信息为所有年龄段和各健康水平的人制定训练方案和康复计划提供了参考信息。

肥大是指肌肉体积的增大，这通常是由肌纤维体积的增大所致。并非所有力量增加的情况都会导致肌肉肥大。

肌肉力量

　　肌肉力量是通过测量一个人在一次用力过程中能够举起或移动的最大重量来评估的，这通常被称为单次最大力量（1RM）。你可以使用自由重量或运动器械来评估你所有肌群的单次最大力量。然而，评估单次最大力量也许会让你的肌肉、肌腱和关节吃不消，你可能会有受伤的风险。因此，一种可替代它的力量测试是使用次最大用力法，通过多次重复来帮助预测你的肌肉力量。

无论是在力量与体能训练室进行蹲举，还是举起一捆干草，都需要调动肌肉力量。

肌肉耐力

　　肌肉耐力是肌肉保持一个动作或重复收缩（两者的用力程度都不是最大）的能力。肌肉能力的这个组成部分，是通过一口气能够进行的动作（如俯卧撑）的最大重复次数或保持一个姿势（如平板支撑）的时间长短来评估的。与肌肉力量类似，良好的肌肉耐力对运动表现和日常生活都很重要。这方面的一个例子就是，搬运物品时一次少搬点，多搬几趟，因为物品很重。肌肉耐力是保持良好姿势的关键。

无论是在体操（吊环）运动中保持十字平衡姿势，还是搬着箱子走动，都需要肌肉耐力。

肌肉爆发力

肌肉爆发力不像肌肉力量和肌肉耐力那样，会经常因为健康和健身的目的而得到评估；然而，由于它在日常的功能运动中发挥着作用，所以它还是值得一提的。肌肉爆发力是肌肉或肌群快速生成一股力量的能力。肌肉爆发力的计算方式是，力乘以距离后除以时间。对青年人来说，它对每天实现理想功能性运动的意义并不那么大；然而，肌肉爆发力在老年人的日常运动中的作用却是非常突出的。我们可以通过对运动员进行跳远测试，或者通过测试老年人从椅子上起身的速度，来评估他们的肌肉爆发力。

跳远以及从一块岩石跳到另一块岩石，都是肌肉爆发力运动的例子。

肌肉的大小和结实程度

许多人出于审美或体格的原因，对抗阻训练颇有兴趣。有些人想要拥有大块的肌肉，有些人想变得苗条，有些人想让他们的肌肉结实起来。一个定期的力量和抗阻训练计划可以增大肌肉并强化肌肉，帮助你看起来和自己感觉更好。尽管令肌肉结实和看起来苗条是定性的评估，但肌肉和脂肪量倒是可以在研究实验室里测量出来。

健美运动员通过举重训练来锻炼肌肉的大小和长度，而舞蹈演员则通过反复腾空的舞蹈训练来获得合适的肌肉线条和美感。

肌肉健康有益于你的日常生活

我们大多数人都不是竞技运动员，不需要具备很强的肌肉能力用于谋生或在日常生活中发挥作用。事实上，在我们这个知识型社会，坐在屏幕前敲击键盘并不会产生很多肌肉运动，也许只需要用到一些肌肉耐力来保持良好的坐姿或站姿。然而，与心肺健康相似，良好的肌肉健康在你的日常生活中，能够带来比你可能意识到的更多的益处。在约翰·霍普金斯大学（John Hopkins University）发表的一项研究中，研究人员使用活动追踪器来测量不同年龄段的人的日常活动，结果发现，19 岁的人的活动水平与 60 岁的人的活动水平差不多（即非常低）。研究者们总结说，青少年的身体活动水平低于他们的预期（Varma et al., 2017）。这项研究指出，就像前面有关人类运动范式的部分所讨论的那样，人们需要重视健身环境以外的活动水平。这个道理也适用于肌肉健康方面的益处。正如舞蹈演员从舞蹈训练中锻炼出肌肉耐力，以及徒步旅行者从岩石间的跳跃中培养出肌肉爆发力一样，你也可以把对肌肉的训练融入日常活动。使用力量与体能训练室是一个选择，但如果你无法使用这样的设施，你也可以找到其他方法，把肌肉训练融入你的日常生活。

🕐 当下和以后

抗阻训练的益处

当下

除了已经提到的许多益处，常规的抗阻训练方案可以帮助你减掉一些赘肉，并会大大增强你的肌肉的结实程度。再加上姿态良好和自信带来的益处，抗阻训练会让你看上去状态很好并且你自己也会感觉良好！

以后

肌肉健康是让你能够优雅老去的关键要素之一，尤其是在你 70 岁及以上的时候。年轻时就开展常规的肌肉锻炼计划，坚持下去可以促进你的骨骼健康和提高身体机能。任何时候开始一个计划并意识到它的益处都不算晚。

回家思考

女性和老年人尤其需要保持常规的力量训练，因为他们更容易患上骨质疏松症，而且总体上女性比男性的寿命更长，接受辅助护理的女性比男性更多。帮助你生活中的女性找到参加力量训练的动力，"让我为你做那件事"的日子将一去不复返。相反，你可以说："奶奶，我希望你能更健康，我知道你喜欢住在自己的房子里，所以把它当成健身房吧，试着每天举起一些东西来保持身体健康。"

打造你的肌肉锻炼计划

现在，既然你已经知道肌肉是如何运作和适应超负荷的，你就可以准备好打造自己的力量锻炼计划了。接下来就是制定一个计划来帮助你认识到肌肉健康的益处。

计划取决于目标

类似于心肺健康，你的肌肉锻炼计划也取决于你的目标。例如，你的肌肉锻炼计划可能主要是针对美观的——你想要更大块的肌肉或更结实的肌肉，为了使它看上去好看。或者，你需要一个常规计划来帮助你保持正确的姿势，这样你就不会因为长时间看计算机屏幕而感到背部和颈部疼痛了。又或者，你的校内运动表现会得益于你有针对性的方案，你可能会在周末徒步旅行时背起一个又大又重的背包。为了与时俱进地提高你的健康和幸福程度，你要努力锻炼，以达到美国疾病控制中心和美国运动医学会的建议标准，来让你的各项日常活动给你造成的生理压力更小，同时有效预防慢性疾病。本节内容不是针对运动员的力量训练方案，也不是具体的运动表现目标，也不包含分阶段的高等级的力量训练技术。如果你对超越一般准则感兴趣，我们建议你去咨询一位在你的运动或目标方面有专业知识的力量教练。

超负荷选项：各种抗阻器械、自由重量、自重运动

提高肌肉健康程度需要你以一种持续、渐进的方式使肌肉超负荷。不管造成刺激的是什么东西，肌肉都会对超负荷做出反应。最受欢迎的选择是各种抗阻器械、传统的自由重量以及自重运动。表 5.1 列出了这些选项的主要优缺点和注意事项。你可以用多种方式使肌肉超负荷，并进行混合搭配，从而产生富有创造性的锻炼组合。

请注意，你不用去力量与体能训练室就可以锻炼你的肌肉。

FITT 原则

你的肌肉锻炼计划的基本框架应该遵循 FITT 原则，这是使你的肌肉超负荷，以获得和保持肌肉健康的一个简单方法。FITT 代表频率（frequency）、强度（intensity）、时间（time）和类型（type）。图 5.4 教你如何把有关组织的训练建议融入你的每周计划中。这些计划包括美国疾病控制中心和美国运动医学会提出的训练建议。对你来说，最好的计划取决于你的目标和兴趣。选择那些你喜欢的活动，关键是要找到一种能达成、保持肌肉健康并且对你奏效的方法。除非你喜欢使用力量与体能训练室或是参加集体健身班，否则不要依赖健身设施。依靠设施达成运动目标，可能会阻碍你坚持下去，你的运动需要坚持一生。

表 5.1　主要超负荷选项的优缺点和注意事项

超负荷选项	优点	缺点	注意事项
各种抗阻器械	●安全 ●不需要保护者 ●容易使用 ●便于分开锻炼肌群 ●器械上贴有说明指示标牌 ●几乎无须具备专业知识	●昂贵 ●通常需要具备健身场所的会员资格 ●分开锻炼肌群，这不适用于现实生活中的功能性运动	●训练的是肌群而不是动作 ●一台机器通常能锻炼到1~2个肌群 ●大多数运动都是坐着开展的 ●需要保养器械
自由重量	●动作适用于现实生活 ●各种自由重量器械可被用于开展许多不同的运动	●潜在受伤概率更大 ●想要在家使用而购买器械，相对会昂贵一些 ●在开展一些运动时可能需要人看护	●易于制定个性化方案 ●便于在家使用，但需要空间
（利用）自重（开展的）运动	●好用不贵 ●随时随地都能开展 ●运动设备是便携式的	●根据目标和基线水平的不同，力量方面的超负荷训练可能会受到限制	●阻力带价格便宜，而且非常便于出行时携带 ●瑞士球价格便宜，而且能很好地锻炼核心肌肉

频率：我需要开展多少天的力量训练

当前的建议是，就某个肌群而言，每周进行2~3天中高强度的力量训练，每2次训练之间至少间隔48小时（ACSM，2018；Garber et al.,2011）。如果你在周一训练了股四头肌，那么至少在周三之前都不要再锻炼它了。根据你的时间表和偏好，你可以在一次训练过程中训练所有主要的肌群，也可以通过将身体分成不同的区域并使用交替训练法来分开训练它们。例如，许多常规的力量训练者每周共有4天来交替训练上半身和下半身（如周一和周四训练下半身，周二和周五训练上半身）。只要每个肌群每周都被训练2~3天，无论是全身训练还是区分身体区域的训练模式，都同样有效。你也可以选择更多要求平衡、稳定、力量和耐力的功能性运动，它们不要求将各部位分开锻炼；相反，你将开展全身的功能性运动，可同时锻炼多个肌群。

强度：我要锻炼到什么程度

你的目标会影响到抗阻训练的强度。与其他系统相似，训练的强度越大（即超负荷），益处就越大。但是，受伤的风险也会随之加大，老年人或肌肉骨骼系统较为脆弱的人尤其如此。

所需的运动强度还受年龄、健康状况、娱乐活动和健康基准的影响。对于初学者或达到中级训练程度的人群而言，单次最大力量的60%~70%，被认为是中高强度(ACSM，2018年)。当你有了训练基础后，你可以增加到单次最大力量的80%或更高以继续促进力量训练。未受训练或身体条件不好的人可能要从单次最大力量的40%~50%开始。增强肌肉耐力需要在达到更大运动量的情况下进行较低强度的运动（如低于单次最大力量的50%，被认为属于中低强度的运动）。而增强爆发力则需要快速完成较低强度的运动。

图 5.4　制定每周待办事项列表，其中包括所建议的肌肉训练水平

时间：我要花多长时间在力量和耐力训练上

你的运动时间取决于你在 1 个力量训练期内想要达到的目标。你可以每次花上长达 1 个小时的时间来运动，你也可以开展时间最短的运动来保持健康，也就是对所有的主要肌群开展 1 组将 1 个动作重复 10~15 次的运动。综合调动各肌群的功能性运动也会节省你的时间。根据美国运动协会 (American Council on Exercise, 2014) 的说法，运动量才是最重要的。累计完成的运动量称为训练量，运动量等于练习组数乘以每组动作的重复次数。如果你手里拿着 2 个 25 磅（约 11 千克）重的哑铃重复做了 10 次深蹲动作，你的运动量就相当于举起

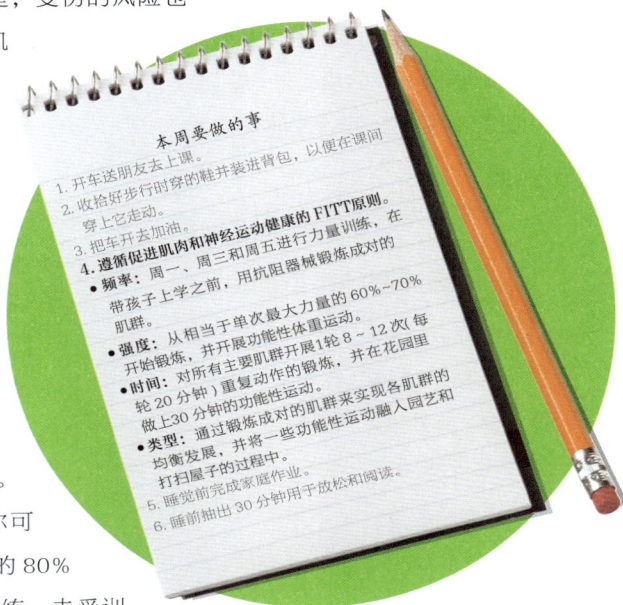

了 500 磅（约 227 千克）的物品的运动量。如果你在减少重复次数的同时增加重量，你就可以做更少的重复动作，这将花费你更少的时间。因此，你花在 1 次训练上的时间，取决于你如何开展你的常规力量训练，以及你的目标是什么。

类型：我应该选择哪种类型的运动

很多运动选择（在你自己的家里就有很多运动选择）都可以有效地对你的肌肉产生超负荷作用。库克（Cook，2010）建议更多地关注日常的功能性运动，而不是仅关注锻炼单一肌群的运动。美国运动协会（2014）也建议，教练应将学员的运动效率和进行日常活动的能力，作为一切常规锻炼的主要内容。

针对力量训练的建议包括以下几点（ACSM，2018）。

- 影响多个肌群的多关节或复合运动。如深蹲、胸部推举。
- 以主要肌群为目标的单关节运动。例如，屈腿、肱二头肌弯举。
- 核心肌肉训练。例如，平板支撑和臀桥动作。这些主要肌肉在预防下背部疼痛方面起着关键作用。
- 平衡成对的肌群。例如，如果你锻炼了肱二头肌，那你也要锻炼肱三头肌；成对的肌群如图 5.5 所示。

你在日常生活中融入多种运动时，要注意运动选择的顺序。一般情况下，

✓ 行为检查

你为什么要进行力量训练？

你认为你的哪些肌肉需要变强壮和被拉长？为什么？你的哪些肌肉已经既强壮又具有柔韧性了？这又是为什么呢？想想那类你想要有效开展的运动。你是想能够在 18 分钟内跑完 2 英里（约 3200 千米），还是要享受瑜伽课以消除背痛，或者是想小腿无痛地步行穿过校园？为了避免疼痛和提高生活质量，你需要增强或拉长哪些肌肉？这些与你要举起多少重量才能练出强壮的手臂，或者你要如何做才能练出 6 块腹肌相比都有哪些不同呢？

三角肌前束、三角肌内束	背阔肌
胸大肌	三角肌后束、斜方肌中束和菱形肌
肱二头肌	肱三头肌
肩部内旋肌	肩部外旋肌
腹直肌、斜肌	竖脊肌
髂腰肌、股直肌	臀大肌、腘绳肌
股四头肌	腘绳肌
髋外展肌	髋内收肌
腓肠肌、比目鱼肌	胫骨前肌

图 5.5　成对的肌群

源自：C. Kennedy-Armbruster and M.M. Yoke, *Methods of Group Exercise Instruction*, 3rd ed. (Champaign, IL: Human Kinetics, 2014), 44.

你要计划好在做小肌群或单关节运动前，首先进行大肌群或多关节运动。先令小肌群疲劳，会限制你使大肌群超负荷运作或完成复合运动的能力。因此，你应该先做几组深蹲练习，然后进行腿部伸展（多关节运动对单关节运动），接着踮脚尖（大肌群对小肌群）。

运动量、模式和进展（VPP）

FITT 原则为肌肉锻炼提供了一个框架，而运动量、模式和进展 [volume, pattern and progression（VPP）] 会

告诉你如何做和为什么要这样做——你将如何开始以及你的动机是什么。通过观察由日常生活习惯引起的一些常见的肌肉发展失衡情况（见表 5.2），花一点时间思考一下，你想从力量训练中得到什么。

运动量 = 重复次数 × 组数

大多数肌肉锻炼计划项目主要是通过每组中动作的重复次数和（练习）组数确定下来的，它们的乘积就是你的运动量。根据韦斯科特（Westcott，1996）的说法，对于大多数人来说，每周开展 2~3 次力量训练就可以产生非常好的效果。美国运动医学会建议每周进行 2~3 次训练，针对同一肌群的 2 次运动训练至少间隔 48 小时（ACSM，2018；Garber et al.,2011）。每个肌群可以得到共计 1~4 组的训练。一两组练习就可以增强肌肉耐力，建议使用 2~4 组练习来增强力量和爆发力（ACSM，2018）。你可以做几组同样的运动，也可以做几组不同的运动。例如，如果你在同一天里，做了 2 组深蹲练习后再在器械上做 2 组伸腿练习，你就对你的股四头肌施加了 4 组超负荷的训练。不同的运动可以产生程度各异的超负荷，从而为那些厌倦一成不变的人提供精神刺激方面的动力。

在抗阻训练中，运动强度与重复次数是成反比的，它们会影响肌肉能力方面的锻炼效果，尤其是肌肉力量和肌肉耐力。强度（即要抵抗的阻力）越大，

表 5.2 常见的肌肉发展失衡情况

肌肉	问题	典型起因	纠正方法
胸大肌	紧绷	坐立姿势不良	拉伸
三角肌后束、斜方肌中束、菱形肌	虚弱、过度拉伸	坐立姿势不良	加强力量
肩部内旋肌	紧绷	姿势不良、贴着身体携带和拿着东西	拉伸
肩部外旋肌	虚弱	不良的姿势	加强力量
腹肌	虚弱	不良的姿势，肥胖	加强力量
竖脊肌	紧绷（且往往虚弱）	不良的姿势，肥胖	拉伸（并加强力量）
髋屈肌	紧绷	不良的姿势，久坐不动的生活方式	拉伸
腘绳肌	紧绷	久坐不动的生活方式	拉伸
腓肠肌、比目鱼肌	紧绷	穿高跟鞋	拉伸
胫骨前肌	虚弱	在日常活动中使用不足	加强力量

源自：C. Kennedy-Armbruster and M.M. Yoke, *Methods of Group Exercise Instruction*, 3rd ed. (Champaign, IL: Human Kinetics, 2014), 45。

你需要完成的重复次数就越少。

为了使肌肉的力量和大小增大，同时令肌肉耐力获得一定程度的增长，你可以进行适当的抗阻训练，每组完成8~12次重复动作的训练，这样既能达到锻炼效果，又能让肌肉疲劳处在可以控制的范围内。把这一理念与各种运动强度指南结合起来看，这就相当于一个人单次最大力量的60%~80%。肌肉疲劳通常会在做到后面几个重复动作时出现——在做最后1组12次的重复动作时，肌肉疲劳通常会在做第8个重复动作前后出现。初学者可以使用1组练习来改善肌肉健康状况，随着运动的不断进行，

会得到更多的收获。SAID（Specific adaptation to imposed demands，身体对所施加要求的具体适应）原则提醒我们，只要相关方案能逐步使正在接受训练的肌肉系统超负荷运作，身体就会适应所施加的具体挑战（American Council on Exercise，2011）。

通过调整各组练习之间的重复次数、练习组数和休息间隔时长，你可以分别以提高肌肉力量、肌肉耐力或实现肌肉肥大为目标。让你的计划为你的目标服务！

如果提高肌肉耐力是你的目标，那你在做每组练习时就要做更多的重复动

作（15~25 次），休息间隔时间更短，练习组数更少（针对每个肌群做 1~2 组练习）。当然，这同时需要改变运动强度，通常是调整至单次最大力量的 50% 或更少。未受训练的或入门阶段的抗阻训练者，如果可以用良好的技术来驾驭该训练的话，应该以一个非常小的强度（在 1~10 的范围内取 5 或 6），从重复 10~15 次动作开始练习。

模式

48 小时恢复规则对恢复体能和防止受伤很重要。记住，并不总是训练量越大就越好的。对于任何单一的肌群，你应该在 2 次训练之间休息至少 48 小时（Garber et al.,2011）。事实上，舍恩菲尔德及其同事（Schoenfeld et al.,

2016）的研究表明，开展力量训练的年轻男性，若是在 2 组练习之间休息更长的时间，即使是在开展常规的举重练习中，受益也会更大。当你在进行力量训练时，你实际上是在释放肌肉的力量。当你休息时，你的肌肉就会重新积聚起力量，以便能够应对下一次的力量爆发。当人们休息时间不够长、身体无法恢复时，就会容易受伤。此外，在给定的训练时间段内，每组重复练习之间休息 2~3 分钟是最有效的。若是进行肌肉耐力训练，则可以缩短休息时长。

进展与保持

为了持续地使肌肉适应，你需要采

取渐进式超负荷的训练方法。只要你能轻松地举重 12 次以上，你就需要增加举重重量了。通过增加重量，你自然会回落到重复举起 8~12 次的范围。实现渐进式超负荷其他的选择是，增加每次运动的组数或每周训练的天数，但时间有限是人们放弃运动的主要原因。

如果你已经达到了锻炼肌肉的目标，而且现在想集中精力保持现状，你就不需要逐渐增加训练的强度。你只需保持相同的重复次数、练习组数和每周的训练时长即可。如果你的训练强度或抗阻保持不变，你就可以通过每周训练一天来维持肌肉力量 (Garber et al., 2011)。

最后，本章介绍的 FITT-VPP 指导原则，针对的是一个相对健康的成年人的一般性肌肉锻炼。如果你正在为一项运动或赛事（如马拉松）进行训练，你应该找一个能帮助你实现这项目标的教练。

分析你的健身选择

"你的股四头肌在你爬了几层楼梯去上课后会疼吗？"如果疼，那你就需要去锻炼你的股四头肌了。"你搬重物或一堆书时有困难吗？"如果有，加强肱二头肌和三角肌的力量，会有助于你做此类事情。"你想把衬衫塞进裤子里去，并且满意于自己的外表吗？"如果想，那么锻炼腹肌和腹斜肌可能是你的首要任务。想想在你的日常生活中，有哪些活动是你想要有更多的力量去做的，什么对你来说是重要的。然后，确定你想加强哪一组肌肉的力量。

换句话说，不要只是"锻炼"，你还可以为你正在做的事情设定一个目标。刚开始开展力量训练的人，可以找到那种令肌肉锻炼过程多样化并保持多样化的 FITT-VPP 框架。在你设计自己的训练计划之前，让我们先来让你对力量训练方式的看法变得合乎逻辑。了解你的选择将帮助你坚持执行一个常规的计划，并一步步达到前面概述的科学指导的要求。

参见第 6 章后的功能性运动训练那一特别穿插章。在那一特别穿插章中，你将找到一种实用的方法，来选择将哪些练习纳入你的计划中。首先，你要考虑在日常生活中你会更多地使用哪些肌肉。然后，你将使用一个渐进模式——从功能性运动到抗阻运动再到相关的拉伸运动，如果你刚刚接触力量和耐力训练，这对你来说将特别有用。

功能性运动训练那一章中介绍的主要肌群包括：小腿后侧肌肉、股四头肌、腘绳肌与臀大肌、腹肌、下背部肌肉、髋外展肌、髋内收肌、胸部与肩前部肌肉、上背部与肩部肌肉、背阔肌与中背部肌肉、上臂正面肌肉和上臂背面肌肉。

安全举重训练的一般规则如下：如果你不能控制它，就不要举起它！

✓ 行为检查

将肌肉锻炼融入日常生活

除了设计一个正式的肌肉锻炼计划外，还可以通过下面这些想法把肌肉力量和耐力运动添加到你的日常生活中：

- 当你运动出行时，选择一个较大的背包（双肩！），把它塞得满满的并且自己背着；
- 当你把食品、杂货和各种供应物品搬进你的房子或公寓时，尽量每次多搬一些东西，以便以尽可能少的次数搬完你的物品；
- 试着找一份能锻炼肌肉的兼职工作，例如护理草坪、搬家或在农场工作；
- 在你在房间里盯着屏幕看时，时不时停下来做几组平板支撑或俯卧撑；
- 只要不赶时间，尽可能走楼梯而不是乘电梯。

把你的主要肌群看作是几乎以相当和相反的动作成对出现的肌群，这一点非常有用。举个例子，腿部的股四头肌有伸展膝关节的作用，腘绳肌则有屈曲膝关节的作用。几乎所有体育运动或校园日常生活中会用到肌肉的动作，都要将各主要肌群结合使用。功能性运动训练这一特别穿插章，将帮助你在日常生活活动中正确理解这一概念，并兼容了对肌肉力量、肌肉耐力和柔韧性等各方面的实用建议。

安全问题

锻炼肌肉力量、肌肉耐力和肌肉爆发力的抗阻训练可以带来很多益处。但是，你应该安全地开展身体训练活动，以避免受伤和出现适得其反的结果。在本节中，我们将讲解你在开展训练时要采取的安全预防措施，并简要讨论添加剂和药物的问题。

你在训练时要注意的安全事项

以下是开展抗阻训练时，为了避免受伤特别要注意的事项。

- **不要跳过热身环节**。没有进行热身的肌肉和肌腱对压力的反应不是很好。热身可以减少受伤的风险，而且会让你感觉更好。
- **注意关节**。合适的姿势和技术对避免受伤非常重要。例如转身时要避免屈身。
- **注意运动范围**。除非你是在做静态运动，如平板支撑，否则就某个关节而言，要完成能实现其完整运动范围的所有运动。
- **别忘了呼吸**。屏住呼吸会让你的血压升高，让你头晕。当你在运动的向心或上升阶段（抬起）时要吸气，在离心或下降阶段（放下）时要呼气。

- **避免离心训练**。避免高强度的离心训练（除非你是在适当的监督下进行训练的训练有素的运动员），因为这样做很可能会造成肌肉酸痛、关节损伤和肌肉损伤。
- **身边要有保护的人并使用握圈**。使用自由重量器械健身时，记住要使用合适的握圈并找靠谱的人看护，以防止你自己和一起运动的同伴受伤。
- **缓慢推进**。训练过猛和操之过急是受伤的主要原因。缓慢地开始并适训练当地推进，这样你才可以终身保持肌肉健康。

注意：膳食蛋白质、添加剂和药物

膳食蛋白质和添加剂将在第 8 章中讨论，不过在这里，先简要地介绍一下添加剂。在不考虑潜在健康风险的情况下就采取极端的蛋白质摄入策略，可能是危险的。例如，在美国，虽然有些添加剂可以提高运动表现，但绝大多数此类物质是不受美国食品药品监督管理局（Food and Drug Administration，FDA）监管的。它们是无效和非法的，而且可能非常危险。

其中特别重要的是，**合成代谢雄激素类固醇**(anabolic-androgenic steroids，AAS) 是**增进机能的**，但使用和滥用这种激素可能极其危险，并会对健康产生长期影响。在美国它们很少被开给健康的年轻人使用，而且 AAS 不受美国食品药品监督管理局的监管。这些药物以类固醇的名义销售，被认为是非法的。从医生那里拿到处方但用药不当，也

朋友之间是不会放任对方使用类固醇的！如果你怀疑有认识的人使用或滥用了此类药物，要做一个真正的朋友——面对现实，并帮助你的朋友得到专业的帮助。

对你的身体而言，通过力量训练来锻炼肌肉，总比试图用药物来增长肌肉要好。

被视为是非法使用。美国国家运动防护师 协 会（National Athletic Training Association）提供了一份关于合成代谢雄激素类固醇的详细科学立场声明。

正如你不希望朋友们因为使用和滥用其他类型的药物而伤害自己一样，你也要留心观察他们使用类固醇的迹象和症状。除了精心设计好一个常规的抗阻训练计划外，良好的健康行为还包括充足的营养、水分和睡眠，这都是使你终生享有肌肉健康的关键策略。

本章总结

肌肉健康包括肌肉力量、肌肉耐力、肌肉爆发力和神经运动等几个方面，是与健康相关的关键组成部分。你身体中的能量系统为你的肌肉收缩提供能量，这些肌肉会拉扯你的骨头，就像一个杠杆系统那样。这些收缩运动让人类能够做出不同类型的大大小小的动作。当你通过使用各种抗阻器械、自由重量器械或自重运动来以渐进式超负荷方式刺激肌肉时，肌肉就会因神经和肌纤维产生了适应性而得到锻炼（获得了健康）。肌肉健康对许多运动和娱乐活动来说都是非常重要的。它还有助于你的校园生活，特别是如果你要背着一个大背包，还要保持良好的坐姿和站姿的时候。良好的肌肉健康状况，对于避免肌肉和关节在工作和娱乐活动中受伤也很重要。阅读第 6 章后的功能性运动训练特别穿插章，设计一个能让你终身都有动力坚持下去的常规性肌肉健身计划吧。这个计划将帮助你感觉更好、看起来更漂亮，还会降低你受伤和疼痛的风险，并增加你长寿和长久独立生活的概率。

复习题

❶ 我们的肌肉含有不同类型的肌纤维，以便让我们能够在一天中自由运动。什么类型的肌纤维能帮助我们跑较长的距离而不感到疲劳呢？什么类型的肌纤维可以让我们进行短距离疾跑呢？你认为你一天中会更多地使用哪种类型的肌纤维，为什么呢？

❷ 列出使用各种抗阻器械、自由重量器械及自重运动来实现肌肉力量和肌肉耐力超负荷训练的两个积极成果和两个消极后果。

❸ 了解日常活动造成的肌肉的不平衡发展，可以帮助你选择一种可以改善日常活动的常规抗阻训练计划。下列肌肉的相对肌群分别是什么：腓肠肌与比目鱼肌、股四头肌、腹部肌肉、肱二头肌、背阔肌和菱形肌？

❹ 你会如何使用 FITT 原则来大致勾勒出一个肌肉力量和体能训练计划？

❺ 肌肉力量和耐力训练的每一阶段都要采取一定量的训练重量（负荷）。考虑一下你的锻炼计划。根据你当前锻炼的练习组数和每组的重复次数，计算你的总举重重量。你会如何使用这个总重量，来帮助你训练和衡量你的进展？

❻ 列出 5 种可以将肌肉力量和耐力训练融入你日常生活的方法。

❼ 概述一下当使用力量和训练设施时，需要考虑的 3~4 个重要的安全问题。

第 6 章

柔韧性、神经运动健康和姿势

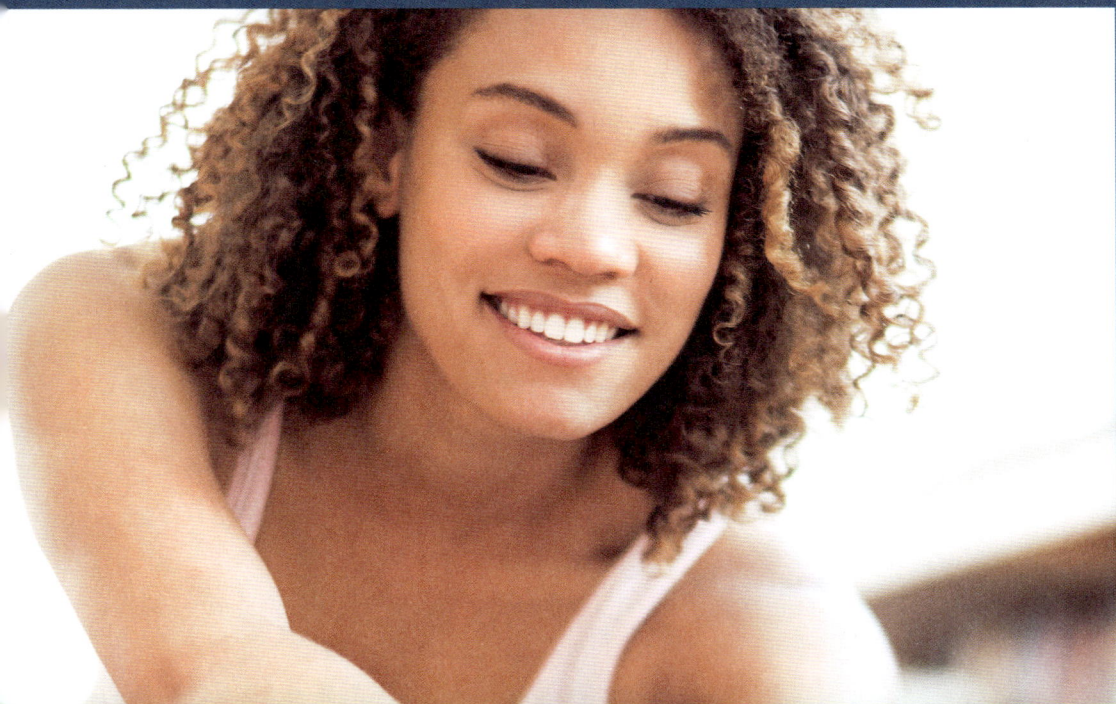

本章目标

> 理解柔韧性和神经运动健康对总体健康的益处。

> 认识到良好的姿势会让你看起来很漂亮，感觉也更好。

> 学习可循证的柔韧性和神经运动训练指南。

> 了解如何通过运动和正确的姿势来预防下背部疼痛。

> 制定一个安全的计划来提高你的神经运动健康程度和柔韧性，以满足你的需求。

> 将策略融入你的日常运动中，以提高你的柔韧性和神经运动健康程度、养成良好的姿势。

关键术语

神经运动   静态拉伸

功能性健身   动态拉伸

柔韧性   牵张反射

结缔组织   下背部疼痛

本体感受器   姿势

第5章解释了肌肉是如何工作的，并提供了一些原则来帮助你实现肌肉健康方面的个人目标。我们希望你能抽出时间来开展一些功能性力量训练。紧跟在本章后面的功能性运动训练部分，将帮助你了解力量、柔韧性和神经运动训练。这些锻炼主要肌群的计划，会用到不同类型的运动器材和你自己的体重。在这之后是各种伸展练习和神经运动的例子，这些例子将有助于你了解这些运动是如何融入日常生活的训练中的。每个针对主要肌群的伸展练习建议，都是为了增强你的柔韧性。

在你最后定下强化和拉伸练习计划之前，要回顾一下关于柔韧性的指南，并看看你还可以把它们应用到生活的其他哪些方面。修长而强壮的肌肉是保持平衡所必需的，它们会通过减少身体受伤的风险和在肌肉力量和肌肉耐力训练后让你感觉更好，以此来支撑你的总体健康。此外，开展大部分运动的目的是让身材看起来和感觉更好，而不做拉伸运动肌肉会不美观，因为它们在收缩过程中会变短，所以需要在锻炼结束时被拉长。

神经运动（neuromotor exercise）（ACSM，2018）可以被认为是一种涉及肌肉能力和柔韧性之间的交叉部分的运动训练。它对你工作、娱乐和日常运动中的**功能性健身**非常重要。本章专注于柔韧性运动和神经运动的循证指南，还关注你如何才能把它们添加到你的运动日程中去。本章最后是关于正确的姿势及其与预防下背部疼痛之间关系的重要讨论。

柔韧性

柔韧性被描述为一个关节或一组关节的活动范围（range of motion，ROM）。我们对于柔韧性没有像心肺运

> 在没有拉伸的情况下就开展力量训练，就像是忘记给车更换机油一样。不换机油开一段时间后，你的车就不太好开了。

动、肌肉力量和肌肉耐力方面那样的研究结果和知识。然而，随着人口老龄化的到来，理解柔韧性并将其应用于日常生活行为实践，正变得越来越重要。

是什么决定了柔韧性

你是否曾经注意到，有些人可以把自己弯成一个椒盐卷饼的形状（而且可以保持这种姿势），而另一些人却在坐下一会儿后就很难从椅子上起身了。柔韧性，有时也被称为"柔软度"，是关乎关节的自由运动程度的，包括越过某个关节的肌肉的拉伸（长）能力。回想一下第 5 章所讲的，肌肉经常是成对运动的。这意味着，许多不同的肌群都能够影响关节的活动范围。以下是一些与柔韧性训练相关的主要因素。

- **关节结构**。人体有很多不同类型的关节，而这会影响关节的活动范围。例如肩部的球窝关节是所有关节中活动范围最大的。肘关节是一个铰链关节，其运动会受到很大的限制，例如，拿起和放下物体时会使用到时关节。
- **年龄和性别**。柔韧性随着年龄的增长而降低，这是由于肌纤维自身的变化。由于骨骼结构和激素的不同，通常来说女性的柔韧性总是高于男性。
- **结缔组织**。体内的深层结缔组织——包括筋膜和肌腱，都会影响活动范围。筋膜是皮肤下面的一层结缔组织，它会附着在肌肉上并稳住肌肉，以及分离肌肉与其他内部器官。肌腱把肌肉附着在骨头上。韧带虽没有弹性，但的确会对反复的拉伸有反应。它们把骨头连接在一起。而年龄会影响前面列出的所有结缔组织，使它们变得更厚、更不柔韧。

- **肌肉块头**。有时，尤其是男性，肌肉一变大，关节的活动范围就会变小。例如，胸部肌肉发达会限制手臂举过头顶的高度。
- **本体感受器**。这些微小的感受器位于肌纤维内部，并会反应关节角度、肌肉长度和肌肉紧张程度等方面的信息。它们可以引发压缩活动范围的反射现象。**牵张反射**（将在"注意牵张反射"一节中加以描述）是人体内本体感受器的一个例子。
- **关节损伤或修复**。造成瘢痕组织的关节严重损伤，通常会缩小活动范围。同样，关节置换也会降低人体的柔韧性，这通常发生在膝关节置换后。

正如你在前面所看到的，柔韧性运动会涉及许多结构和原则。例如，图 6.1 所示的肱三头肌拉伸还会牵扯到三角肌后束、肩袖肌肉（小圆肌和大圆肌）和背阔肌。被拉伸的关节是肩关节，这是一个球窝关节。虽然这种拉伸被认为是肱三头肌拉伸，但我们从刚才描述的原则中得知，由于我们的肌肉、关节、骨骼和结缔组织等结构是相互联系的，伴随着这个简单的拉伸还有很多的其他动作。

力量和柔韧性可以相互作用

一个特定肌群的力量和它所牵涉的肌肉和关节的柔韧性之间，存在着相对的平衡关系。

如果你的某一个特定的肌群有极佳的柔韧性，你可能更加需要利用力量运动，而不是通过拉伸来避免损伤关节结构和韧带。反之，如果你很强壮但缺乏柔韧性，那么拉伸就显得非常重要了。例如，体操运动员通常具有很好的柔韧性，他们会在训练中过度拉伸脊柱韧带，从而导致背部疼痛和关节结构过度松弛。因此，为了预防关节疼痛，他们应该专注于加强核心力量，以此来平衡其柔韧性。我们大多数人

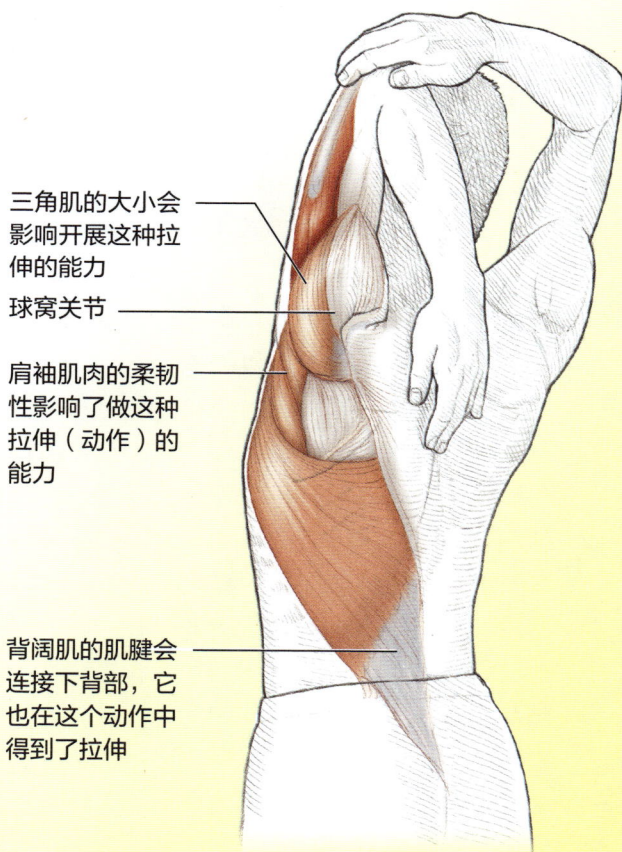

三角肌的大小会影响开展这种拉伸的能力

球窝关节

肩袖肌肉的柔韧性影响了做这种拉伸（动作）的能力

背阔肌的肌腱会连接下背部，它也在这个动作中得到了拉伸

图6.1 所有参与肱三头肌拉伸的肌肉

✓ 行为检查

拉伸的感觉很好！

坚持经常做习惯性拉伸动作的人通常会把拉伸融入其日常生活活动中，因为拉伸的感觉很好。下次你感觉不舒服的时候，尝试做做右边这几个拉伸动作吧。

外出散步时伸展双臂，坐在办公桌前时舒展脖子，坐在办公桌前或站立时拉伸臀部肌肉和腘绳肌。

一些人发现，早晨做拉伸动作可以让自己快速进入状态，开始一天的工作，并会减少早晨身体的僵硬感，同时会促进血液循环。

狗睡醒后就会伸懒腰；人类也可以伸懒腰的方式来锻炼自己的柔韧性。

都没有过度拉伸所带来的问题；相反，由于缺乏运动和久坐不动，我们的肌肉和关节通常会太紧绷。我们通常会以前倾的姿势坐在计算机前工作，为了在柔韧和强壮之间找到恰当的平衡点，我们需要理解有依据的关于柔韧性的指南。

柔韧性的 FITT 原则

正如你现在已经认识到的那样，FITT 原则也适用于你的柔韧性训练计划。对个人来说，最好的柔韧性计划同样取决于你的目标和兴趣。选择你喜欢的、对资源需求最少的活动，将方便你经常做拉伸。图 6.2 展示了如何把针对柔韧性训练的指导原则纳入你每周的日程中。如果你不能坚持以周为周期的柔韧性计划，你可以考虑把拉伸融入日常生活。就像 127 页中"拉伸的感觉很好！"专栏中提到的伸懒腰或在办公桌旁做拉伸那样，考虑在日常生活中融入一些让你一整天都感觉良好的拉伸动作吧。

本章之后的功能性运动训练特别穿插章，概述了几个拉伸特定肌群的理念。当你坐在长椅或长沙发上时，可以转过身子，把一条腿放在长椅上以拉伸你的腘绳肌，由于老是坐着，这块肌肉早已变得紧绷。当你在用计算机完成工作后站起来，把手举过头顶，花点时间拉伸一下你的背部和肩部的关节；坐回椅子，展开双臂拉伸颈部和上背部的肌肉（见图 6.3）。此类拉伸非常容易融入日常生活中，让你不用去健身场所也能达到针对拉伸的指导要求。

本周要做的事

1. 用双肩背包，以增强下背部力量。
2. 和朋友一起制定周末计划。
3. 步行去上课，别忘了带雨伞和穿舒适的适合步行的鞋。
4. 遵循针对柔韧性的 FITT 原则。
   - **频率**：每周拉伸主要肌群 2～3 次。
   - **强度**：拉伸到轻微紧绷而不疼痛的程度。
   - **时间**：保持静态拉伸 10～30 秒，拉伸时不要跳动。
   - **类型**：每种柔韧性运动做 60 秒。记得要在肌肉强化运动之间进行拉伸。
5. 晚饭后休息一会儿，看一集喜欢的电视剧。
6. 做2个小时的家庭作业。
7. 晚上 10:30 之前上床睡觉。

图 6.2 制定一份每周待办事项列表，其中包括针对柔韧性训练的各项建议

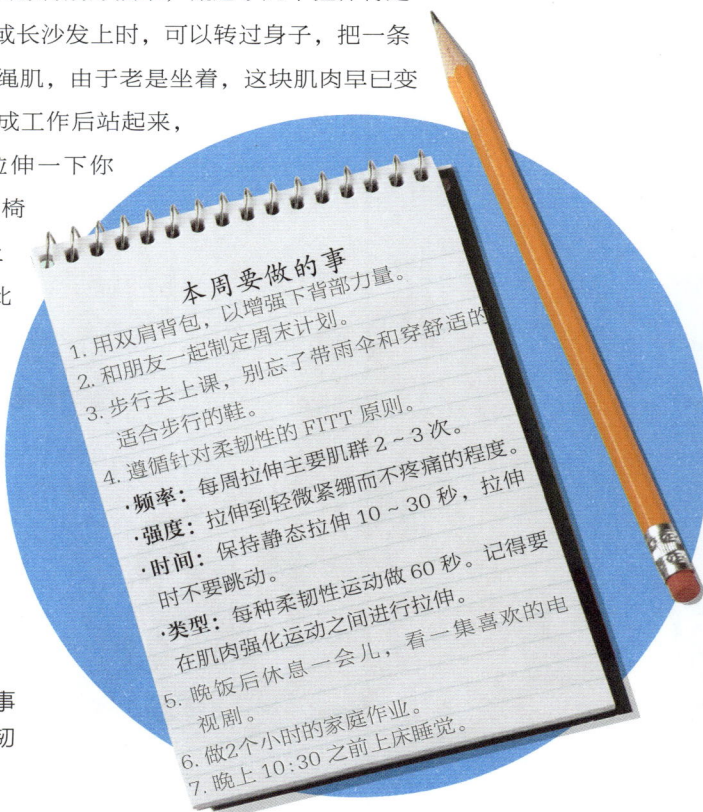

图 6.3　尝试着在公园的长椅或沙发上拉伸你的腘绳肌，坐着或站着时拉伸你的背阔肌，或者坐在办公桌前时拉伸你上背部和胸部的肌肉。每一天都要做一些拉伸动作，以此来遵循 FITT 原则。

频率

每个人无论其年龄大小或其他情况怎样，都可以改善其关节的活动范围。使关节变得更加柔韧永远都不会太迟。另一个好消息是，在进行有针对性的锻炼后，关节的活动范围会立即得到改善，从而带来即时的满足感。如果你每周进行两三次柔韧性锻炼，那么在开展了三四周有规律的拉伸运动后，你会获得更多柔韧性方面的改善。

强度

与为获得心肺健康或肌肉健康而需要做的训练相比，确定柔韧性训练的强度没那么复杂。你只需要拉伸到感到紧绷或轻微不适但不至于疼痛的程度即可。如果你感到肌肉在颤抖，那就稍微缩小一些关节的活动范围。放松肌肉也是很重要的，让大脑和身体一起工作，可以帮助你得到积极的拉伸效果。

时间

虽然有好几种类型的柔韧性训练方法，但对非运动员来说，最常见的类型是静态拉伸。建议每个姿势保持 10~30 秒。另一个要考虑的是，你要在什么时候把拉伸运动融入你一天的日常活动中。一些研究表明，保持拉伸超过 45 秒，会对肌肉力量、肌肉爆发力或运动表现产生消极影响。因此，在开展这些类型的活动之前进行拉伸，可能谈不上是很好的计划。另外，由于当身体暖和时开展惯常的拉伸动作更为有效，所以在心肺健康训练或肌肉健康训练后做拉伸运动是很有意义的，使身体被动变暖也是有效的——可以考虑在洗完热水澡后做拉伸运动。

类型

能够提高柔韧性的各种运动的锻炼对象，是与大肌群相连的肌肉—肌腱单位。有关这方面的更多信息，请参见第 5 章和本章后面的功能性运动训练特别穿插章。功能性运动训练特别穿插章介绍的各种拉伸运动，所涉及的部位包括：小腿后侧肌肉、股四头肌、腘绳肌与臀大肌、腹肌、下背部肌肉、髋外展肌、髋内收肌、胸部与肩前部肌肉、上背部与肩部肌肉、背阔肌与中背部肌肉、上臂正面肌肉和上臂背面肌肉。我们建议你在拉伸练习中注意拉伸这些大肌群。你可能需要更加注意由于工作任务而导致的关节错位，尤其是身体背部（后部）的肌肉。拉伸运动的主要类型包括以下几种。

- **静态拉伸**。这是大多数人一想起拉伸时就会想到的。静态拉伸要求缓慢地摆出一个姿势并保持10~30秒。被动的静态拉伸要求在有或没有支撑物的情况下，令肢体或身体的一部分保持不动。主动的静态拉伸则要求收缩要被拉伸的肌肉，而相对的肌群则得到放松和伸展，这通常发生在做瑜伽的过程中。
- **慢式动态拉伸**。这种方法是从一个姿势缓慢过渡到另一个姿势，随着动作的不断重复，幅度或活动范围会逐渐扩大。慢式动态拉伸的例子有：高高抬起膝关节（见图6.4），或者是通过缓慢地左右摆动双腿来拉伸大腿内外侧的肌肉，以此来动态地扩大肌肉的活动范围。

- **弹性或弹跳式拉伸**。我们不建议普通人采用弹性或弹跳式拉伸，因为这通常会触发牵张反射（参见"注意牵张反射"一节），从而可能导致受伤。随着弹性或弹跳式拉伸的进行，做出拉伸动作，如果肌肉感觉不安全，它就可能会收缩。如果你继续试图去拉伸收缩起来的肌肉，它就可能会抽筋或撕裂。
- **促进本体感受神经运动（proprioceptive neuromotor facilitation, PNF）式拉伸**。虽然促进本体感受神经运动法存在许多不同的变式，但它通常都会涉及所选择的肌肉—肌腱组合的等长收缩（没有关节运动、持续3~6秒的轻度到中等强度的收缩），继而进行同一组合的静态拉伸（10~30秒）。这通常被称为收缩—放松拉伸。

以上所有方法都可以扩大活动范围。

图6.4 针对臀大肌和腘绳肌要选择慢式动态拉伸。

身体柔韧的好处

会增强、改善或提高：

- 日常活动的表现；
- 松弛（放松）程度；
- 姿势。

会减轻或减少：

- 可导致疼痛和头痛的肌肉紧张；
- 下背部和臀部疼痛的风险；
- 肌肉或关节损伤的风险。

选择哪种方法最终取决于你的个人目标。例如，如果你的身体活动要求你开展弹性运动（例如打篮球或跳舞），弹性或弹跳式拉伸就可能会是一个不错的选择，但只有在你进行充分的热身活动后才行！如果你发现促进本体感受神经运动式拉伸的复杂性超出了你的能力范围，那么这种技术对你来说不是一个好的选择。一般来说，静态拉伸是最安全、最容易做的，尤其是在热身时。做拉伸动作时，要选择你能够经常做并喜欢做的那些动作。

运动量、模式和进展（VPP）

正如心肺健康训练、肌肉健康训练一样，运动量、模式和进展在柔韧性训练中也是非常重要的，但就目前而言，关于柔韧性训练在这些方面的研究却很少。尽管什么是最佳的进展目前尚不清楚，但一个较好的目标是，每个训练动作重复 2~4 次，这会令每次柔韧性练习的总拉伸时间达到 60 秒。和心肺健康和肌肉健康一样，如果你不使用它，你就会失去它！类似于心肺健康和肌肉健康，保持你的柔韧性要比获得它容易得多。

注意牵张反射

人体具有惊人的保护能力，肌肉系统也不例外。对肌肉**牵强反射**有个基本的了解，将有助于你设计出一个安全有效的柔韧性训练方案。

生理学原理

你可能听说过这样一个规则：大脑控制我们如何运动以及是否运动；然而，反射却是个例外。牵张反射是与肌肉运动有关的最重要的反射之一。当医生用一个小锤子敲打你的肌腱进行膝跳反射测试时，你可能就会很熟悉这种反射了。这种反射拉伸了你的肌腱和股四头肌，并会立即引起肌肉的自动收缩，从而使你的脚动起来。从本质上说，牵张反射是你体内预先设定好的保护机制，它能自动调节肌肉长度以防止肌肉撕裂。这个系统之所以被称为反射，是因为它无关大脑，而是直接通过脊髓来控制的。这意味着这个过程相当快，而且不能被大脑控制。这就是牵张反射的生理学原理。

每当你的肌肉经历突然或过度的拉伸时，被称为高尔基腱器或肌梭的特殊接收器就会探测到这种动作，并立即发出脉冲信号，告诉肌肉要同时做出两种动作。

- **高尔基腱器**。收缩肌肉，防止肌肉被拉得太紧或被拉出正常活动范围。其协同性肌肉受神经支配，以加强收缩和有助于预防受伤。
- **肌梭**。放松起对抗作用的肌肉（相对的肌群）。如果不这样加以抑制，一旦被拉伸的肌肉开始收缩，起对抗作用的肌肉就会被拉伸，从而引起牵张反射。若不是为了实现牵张反射这一过程，两块肌肉就会一起收缩。

牵张反射对你来说意味着什么

牵张反射的要点在于需要尊重它，这既是为了防止受伤，也是为了让你的柔韧性锻炼效果最大化。为了在拉伸肌肉以增强柔韧性时获得最大的益处，你不仅

> 要想体验神经运动锻炼，请尝试单腿站立，然后闭上你的眼睛。

要专注于静态拉伸，还要注意要拉伸到紧绷但不疼痛的程度。如果你过度拉伸或边弹跳边拉伸，肌肉就会缩短以保护自己。如果你一直拉扯缩短的肌肉，它可能会痉挛，在极端情况下甚至会撕裂。拉伸时记得要放松，还要有耐心。应使用轻柔、流畅、无痛的动作来获得最大的益处。有关牵张反射的过程请参见图 6.5。

神经运动与功能性健身

定义神经运动适应（有时也称为功能性适应），要比定义心肺健康、肌肉健康和柔韧性等其他健康组成部分更具挑战性。你知道美国运动医学会最初把神经运动称为神经肌肉训练（neuromuscular training）吗（Bushman, 2012）？根据美国运动医学会（2018）的研究，神经运动涉及的运动技巧包括平衡性、协调性、步态和敏捷性，以及本体感受训练。瑜伽和太极是既融入了神经运动，也结合了力量和柔韧性的身体活动的例子。当你拿着待洗的衣服上下一段楼梯时，或是当你背着装满书的背包跳过水坑单脚着地时，你就是在进行神经运动。

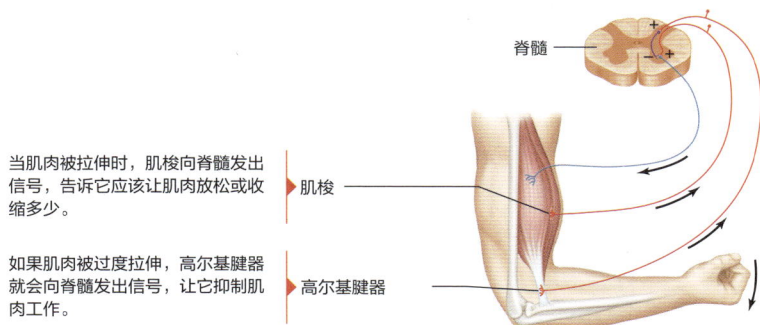

脊髓

当肌肉被拉伸时，肌梭向脊髓发出信号，告诉它应该让肌肉放松或收缩多少。

肌梭

如果肌肉被过度拉伸，高尔基腱器就会向脊髓发出信号，让它抑制肌肉工作。

高尔基腱器

图 6.5　肌肉牵张反射。特殊的接收器（高尔基腱器和肌梭）在强烈的收缩或拉伸期间是活跃的，它们会抑制或促进肌肉收缩以保护肌肉。这些接收器与脊髓相连而不是与大脑相连

对老年人来说，功能性健身的益处是非常明显的，因为它能提高他们完成日常生活任务的表现，还能避免摔倒。许多运动训练方案都包括各种形式的平衡性和敏捷性训练。然而，有关神经运动对年轻人的重要性的科学研究尚未得到很好的开展。

改善神经运动健康的最佳方法是什么我们尚不清楚。但有一些身体系统会参与到平衡和其他神经运动活动中去。这些系统包括感觉系统（例如视觉和听觉）、运动系统、认知系统、躯体感觉系统（例如感觉、触觉、运动、身体姿势、疼痛）和前庭系统（位于内耳）。

理想情况下，所有这些系统会一起运作，以促进运动情况下最佳平衡的实现。关于综合性运动如何让我们变得很好，我们尚有很多东西需要学习。我们期待能涌现出更多的关于此类训练的科学信息。

神经运动的 FITT 原则

美国运动医学会（2018）建议，每周应有 2~3 天用于开展功能性健身活动，每天活动 20~30 分钟。而神经运动的最佳强度、运动量、模式和类型则尚不确定。然而，这些准则都只是作为一个温馨提示提出的，以便改善你的日常生活状态，使你更加健康，并对你生活中的功能性健身起到帮助作用。你的运动训练应该包括你在一整天中的活动，或者包括你的运动例程内的运动。如果你喜欢的娱乐、休闲或体育活动需要更好的神经运动健康水平，那么你的训练计划就应该让你做好能好好开展这些运动的准备，这样你就可以避免受伤了。

生理上的团队合作，以获得柔韧性和神经运动健康

　　你的肌肉、肌腱、韧带、感觉和神经系统会共同作用，以决定你的柔韧性和神经运动的健康程度，而对你的生活而言更重要的是你的日常生理功能。我们在运动时，会用单腿或在失衡状态下做很多动作。想象一下，一个网球运动员在失去平衡的情况下单腿着地去击球。我们在日常生活中有时也会以复杂的方式运动。在这些时刻，我们就需要神经运动的控制。这种类型的运动需要具备力量、柔韧性，以及来自大脑的与平衡和本体感受相关的大量沟通。我们很难判断为了改善这种功能性健身，需要在力量与体能训练室中锻炼哪些肌群。就像生活中的许多事情一样，我们只能每天都进行这一运动，以便能做得更好。

神经运动训练需要打破稳定状态

　　关于如何进行神经运动训练以获得神经运动健康的指导方针，是不容易量化的。从力量、柔韧性和神经运动相结合的角度来看，一个人要

　　那些需要大脑参与，特别是那些能帮助保持平衡的神经运动，通常不能在力量与体能训练室中通过使用传统的重量训练设备来完成。

如何练习，才能成为一名更好的网球运动员呢？部分解决方案是，为了能做出更多的失衡动作，你要多打网球。另一个选择可能是练习单腿俯身，并朝多个方向举起重量不等的物体。我们小时候可以很容易地捡起地上的东西，这是由于那时的我们身高较矮离地面较近，膝关节的柔韧性更好，而且体重较轻。随着年龄的增长，我们弯腰捡东西变得越来越困难，尤其是在单腿着地时。针对老年人的功能性健身和预防摔倒的各种计划，要注重这些因素（支撑底座、视力、重心、地表状况），来安全地提高老年人的运动系统处理日常活动的能力。这些计划把能够改善神经运动健康的运动融入你的日常生活中，将要求你考虑如何打破稳定状态。下次当你把碗碟放进洗碗机，或者把衣服从洗衣机里拿出来时，尝试弯下腰并单腿着地来做这些事情吧！

创造力 + 时间 = 为健康而健身

你做的哪些任务要求你的大脑和身体以一种复杂的方式协同工作？考虑一下，把这些运动（不仅仅是练习）纳入你的个人健身计划。你用来发展柔韧性和改善神经运动健康的个人计划，会比针对心肺健康和肌肉健康的那些计划更容易制定，因为你通常只需要一点空间和创造力经常开展打破稳定状态的运动。市场上有很多运动设备供你选择，

当然你也可以在不使用任何运动设备的情况下，如在站立式办公桌前操作计算机的同时，就打造出一个惊人的提高柔韧性和改善神经运动健康的计划。

预防下背部疼痛

如果不讨论下背部疼痛，关于柔韧性和神经运动健康的话题就是不完整的。下背部疼痛，或者相关的颈部或臀部疼痛，是令一个人去看医生的最常见的健康问题之一。它也造成了巨大的个人、社会和经济方面的压力（Anderson, 1998; Deyo et al., 1991; Katz, 2006; Rapoport et al., 2004）。美国疾病控制与预防中心（2001）把**下背部疼痛**定义为会限制活动并持续至少一天的身体不适现象。许多人因为下背部疼痛而影响了生活质量，它是美国成年人身体功能出现障碍的第二大常见原因。据估计，每年有 1.49 亿个工作日因人们下背部疼痛而损失掉了（Clarke et al., 2016）。根据美国国家神经系统疾病与中风研究所（National Institutes of Neurological Disorders and Strokes, 2014）的数据，80% 的人在一生中，都会因为其生活和工作方式而遭受下背部疼痛的折磨（见图 6.6）。下背部疼痛不仅仅是老年人会出现的问题，也是 45 岁以下人群身体功能出现障碍的主要原因之一（Rubin, 2007）。

评估一下你的柔韧性和神经运动健康状态，可以让你知道自己出现下背部疼痛的风险有多大，并可以帮助你制定预防下背部疼痛和其他肌肉骨骼疼痛的计划。

有些运动设备本身就对神经运动训练有帮助；坐在办公桌前时，你可以用一个瑞士球（坐在上面）来开展神经运动训练。

图 6.6　80% 的人在其一生中的某些时刻，都会经历下背部疼痛。

引起下背部疼痛的原因

下背部疼痛的程度有轻微到极端不等。它可能很快过去，也可能久痛不退。长期下背部疼痛可由椎间盘疾病、各种关节炎、运动损伤（如足球比赛中的一次糟糕的铲球）或事故（如汽车或自行车事故）引起。大多数的下背部疼痛，尤其是年轻人的下背部疼痛，几乎都是由我们的生活方式引起的。与生活方式有关并有可能引发下背部疼痛的常见因素包括：超重、在未经相关训练且能力不济时举起重物、吸烟、穿不合适的鞋子（尤其是会改变站立及走路姿势的高跟鞋！）以及久坐不动 (Ricci et al., 2006)。精神状态和情绪不佳，包括压力、焦虑和抑郁，也会引发下背部疼痛。如果你的下背部长期疼痛，那么在改变生活方式之前，应先去看医生，以排除可能会有的任何严重的健康问题。

站直

父母或祖父母告诉过你多少次要站直？拥有良好的坐立**姿势**对预防背部、肩部和颈部疼痛至关重要。

✓ 行为检查

功能性运动的要领

当你决定要经常开展功能性运动时，使用这个列表来确保你已经想到了它们的方方面面。功能性运动具有以下特点。

- 牵涉多个关节。
- 用到多块肌肉。
- 在多个平面上展开（向前方、侧面或旋转着进行）。
- 以（日常生活活动所需的）功能性姿势完成。
- 纳入平衡因素。
- 要求具备核心稳定性。

良好的姿态等于更多的工作机会。许多雇主利用姿势作为评估求职者信心和成熟程度的一种方法。

良好的姿势也是一种重要的表明一个人的投入程度、精神状态、自信程度和自尊程度的社会信号。

在日常生活中，保持良好的姿势如此具有挑战性的一个关键原因是，我们的身体并不是长成要坐在椅子上的样子的。我们中很多人都存在肌肉失衡的现象，这是由助长了不良姿势的长期运动模式造成的。你该如何改善你的姿势以预防下背部疼痛问题呢？一个精心设计的拉伸和加强锻炼的计划，可以通过改

🕐 当下和以后

要有目标感

当下

现在就想想你惯常进行的锻炼或运动，你认为它对你以后的生活有益处吗？从长远来看，你经常做的和喜欢做的哪些运动会令你的身体有所不同？

以后

发表在《英国医学杂志》（*British Medical Journal*）（Cooper, Hardy & Patel, 2014）上的一项研究，很好地概述了身体活动对活得好的重要意义。这项研究说明了，在握力、从椅子上起身的速度和站立平衡等几个测试中，跟表现不佳的受试者相比，表现良好的 53 岁受试者，其身体出现功能障碍的比例和死亡率更低。研究发现，即使是轻度的身体活动也是有益的：人们在轻度身体活动上花的时间越多，他们随后会遭遇的身体功能障碍就越少。当你 53 岁时，就功能性健身而言，你会努力达到怎样的状态呢？你的祖父母和父母 50 岁以后的生活是怎样的呢？在决定如何度过你的有生之年时，请考虑一下这个问题吧。

回家思考

当你准备制定你的终身运动计划时，请把你的目标扩展到审美之外。记住，长期的健康计划包含的不仅仅是身体活动。《长寿计划》（*The Longevity Project*）（Friedman & Martin, 2012）这本书提出了以下 5 条活得更久的建议。第 3 条显然是针对身体活动提出的，第 2 条、第 4 条、第 5 条也可以和身体活动扯上关系。如果你将这些建议与另一项重要的生活任务（例如社交、开展能帮助他人的功能性运动，或者迎接一项新的身体挑战）联系起来，那么，它们就有可能会增加你继续执行日常运动计划的概率。

1. 减少看屏幕的时间。
2. 改善社会关系——和朋友一起消磨时间。
3. 增加身体活动——走一段很长的路。
4. 帮助别人，并向曾经帮助过你的人表达感谢。
5. 迎接新的挑战，以保持新鲜感和活在当下。

善维持姿势肌肉的肌肉耐力、不良的身体机制和坐得太多而导致的肌肉失衡，来显著地改善姿势。有关维持姿势的肌肉的拉伸和加强锻炼的具体信息，请参见功能性运动训练特别穿插章中关于背阔肌与中背部肌肉、下背部肌肉及腹肌等肌群的介绍。

良好的肌肉平衡 + 日常的功能性运动 = 预防下背部疼痛

虽然我们有着不同的日常任务，但大学生通常都会背着沉重的背包上下课。如果你背着双肩包走着去上课，你实质上就是在强化你的核心肌肉；这种活动对脊柱关节和躯干肌肉的锻炼效果，等同于做平板支撑的效果。当你的肌肉变得健康了，特定的身体挑战对你造成的疲劳影响就更小了，哪怕这个挑战是背着你的背包在校园里走来走去，或者是把杂物搬进你的公寓。

重要的是，要通过加强拉伸运动把你为防止下背部疼痛所做的工作和日常任务联系起来，这样你就能理解你的努力会如何在生活中帮助你了。随着年龄的增长，完成基本日常任务的能力会产生新的意义。肌肉健康或不健康，就是身体功能是否会出现障碍的一个关键的风险因素。

本章总结

柔韧性是与健康相关的主要组成部分。神经运动结合了与技能相关的各身体健康组成部分，包括敏捷性、协调性、平衡性和反应时间。就某一个关节而言，柔韧性是由年龄和健康状况决定的。它主要受你的肌肉的影响，柔韧性好，你的肌肉就会很好地适应惯常的拉伸动作。神经运动健康指的是，你的感觉、大脑、神经系统和肌肉协同工作以协调运动，尤其是在你失去平衡的情况下。这些系统以及它们之间的良好协作的能力，可以帮助你应对生活中的挑战。良好的柔韧性和神经运动健康状况对人们开展许多运动和娱乐活动来说都非常重要。它们也可以改善你的校园日常生活状况，例如会使你背着一个大背包时更轻松，让你在坐着和站着时都显得挺拔和自信。就像你想方设法改善和保持心肺健康和肌肉健康那样，你也想要设计一个长期的柔韧性和神经运动训练计划，以便你能够坚持一生都采用它。这样做有助于让你感觉更好、看起来更漂亮，还会降低你受伤和疼痛（尤其是下背部！）的风险，同时会增加你长寿而且能够独立生活的概率。

复习题

❶ 决定一个人柔韧性的 6 个主要因素是什么？

❷ 解释一下柔韧性和力量训练是如何相辅相成的。

❸ 针对柔韧性训练使用 FITT 原则，概述一下如何将柔韧性训练融入你的日常生活。

❹ 列出柔韧性所能给人带来的两三个益处。

❺ 解释一下，为什么说为了加强你的柔韧性训练，牵张反射是一个重要的必须要弄懂的概念。

❻ 定义神经运动训练（功能性）训练，并概述一些你可能会用到的能够把这种类型的训练纳入你的锻炼或运动计划的方法。

❼ 列出三四个神经运动（功能性）训练的要素，并列举出两项你可能会纳入你的功能性健身训练计划的练习或运动。

❽ 定义下背部疼痛，并解释说出两三种你可以利用柔韧性和神经运动训练来预防下背部疼痛的方法。

功能性运动训练

这个关于功能性运动训练的特别部分，介绍了几十种运动（练习），并配有图片展示。参考本章提到的各种运动，你可以设计出一个能满足你需求的健身计划。

本章包括的运动会锻炼12个大肌群。对应每个肌群，你都会看到一幅解剖解说图，该图会告诉你相关运动涉及的是身体的什么部位，还会告诉你有关这些肌肉的运动类型。

就每个被选择加以介绍的肌群而言，都会提到以下这4种运动。

·利用自重开展的运动。

·可调节的抗阻器械运动。

·自由重量运动。

·拉伸运动（动作）。

当涉及提高平衡能力和稳定性等目的时，还会提到各种神经运动训练。

为什么要开展
功能性运动训练

本章提出了一些运动选择方面的建议，这些运动可用来锻炼和拉伸大肌群，从而有助于让你看上去状态更好和自我感觉良好。这些运动与你每天开展的活动有关。功能性运动训练可以从针对单独肌群的运动开始，从而为同时训练多个肌群做好准备。无论是针对单独肌群

的功能性运动还是针对全身的功能性运动，都能让你为各个生命阶段的运动需求做好准备。全身的功能性运动有助于塑造你的体形和使你的身体变得更强壮，让你无论是外表还是内在，都能达到最好的状态。

本书强调了将你的训练选择与你为什么应该首先训练肌肉骨骼系统联系起来的重要性。强调这一点的原因是，精力充沛、姿势良好的人在求职面试时更容易胜出；健身与健康程度，还会影响你在医疗保健方面的支出。

由于你的"为什么"会随着年龄的增长而变化，本章便利用不同类型的运动器材和自重，为你呈现了多种运动选择。如果你想要拥有强壮的肱二头肌，你可能要使用各种锻炼肱二头肌的抗阻器械来单独训练肱二头肌。如果你想要专注于养成良好的姿势和练出精瘦的腹肌，那么，平板支撑和自重卷腹练习可能更适合你。另外，手持重量器械弓步走，能够提高你的平衡性和稳定性，同时，这也是一项核心力量锻炼，还能节省运动时间。有如此多的选择和方法，可用来改善你的外观和你对身体的感觉。选择那些最有利于你和你的目标的，并且是你所喜欢和在意的运动。你所选择的训练力量和柔韧性的运动，应是那些你会经常开展的运动。

在做拉伸和力量运动之前，总是要热身的

要记得在开展拉伸和力量运动之前，彻底地进行热身，在你开始锻炼前先出出汗。你可以步行、慢跑、用较轻的器械做第 1 组力量运动，还可以将心肺运动和力量运动混为一体来开展。

引入神经运动

神经运动通常会将平衡性和稳定性训练纳入力量与体能训练当中。本章为你呈现的是，可在整个生命周期中开展的锻炼和拉伸肌群的练习。我们希望你能在这些运动选项中找到目的感，还能了解到为了有效开展这些运动所需要的信息。如果你早早就开始为防止摔倒而开展训练，那么你在晚年时需要请人照顾自己的需求就会较小。你在 20 多岁时养成的与运动和锻炼相关的习惯将伴随你一生。

要做多少组练习，每组要重复多少次动作

你如何为力量训练选择合适的负荷？如果你是新手，那就选择一个能让你比较舒服地 1 组完成 12~15 次重复动作的重量吧。

如果你不能完成 6~8 次重复动作，你就应该知道这个重量对你而言太重了。如果你能够轻松完成 12~15 次重复动作，那你就需要增加重量。你应该用多大的重量来训练？虽然回答起来并非易事，但还是要想一想你需要举起的总重量。例如，如果你用的是 10 磅（约 4.5 千克）的重量，两侧手臂一起进行 10 次肱二头肌弯举，那么你就一共举起了 200 磅（约 91 千克）的重量。就同样的运动量而言，你可以增加负荷，采用 20 磅（约 9 千克）的重量举 5 次。你不妨做做试验，看看什么样的重量才是适合你的，什么样的选择才是符合你的目标的。肌肉会在渐进的、增量的过程中表现出最好的适应性。要记住，力量训练是会消耗肌肉的。在 2 次锻炼之间休息 24~48 个小时，让你的肌肉在过度负荷之前得到充分的恢复。

我应该保持拉伸动作多久

　　保持拉伸动作 20~30 秒，每个拉伸动作做两三次。我们建议在力量训练之间，或者是在锻炼结束时拉伸。记住，在拉伸时不要蹦跳，因为这会引发牵张反射。拉伸到肌肉绷紧但不会感觉疼痛的程度，并保持这个拉伸动作，不要让肌肉颤抖就可以了。要注意放松和拉伸肌肉，以改善其柔韧性。

功能性运动训练会让你变得更强壮，也能让你在开展日常活动时动作更加轻盈。

小腿后侧肌肉

腓肠肌与比目鱼肌

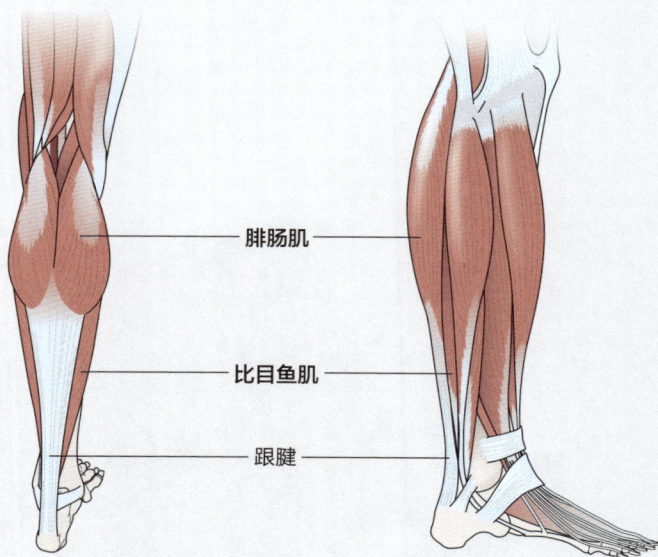

日常活动中对小腿后侧肌肉的使用包括：
踮起脚尖、走、跑、跳。

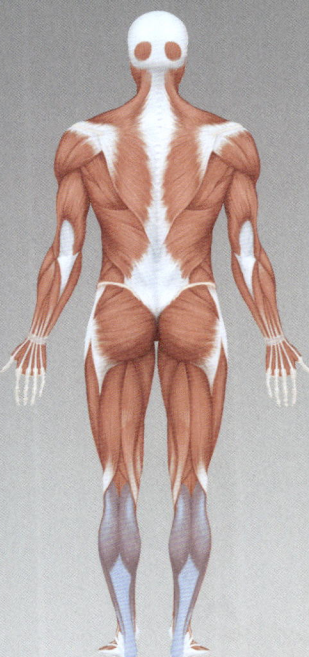

腓肠肌

比目鱼肌

跟腱

肌肉：

腓肠肌与比目鱼肌。

肌肉动作：

跖屈脚踝 30~50 度。

腓肠肌与比目鱼肌

功能性运动训练

小腿后侧肌肉的力量加强与拉伸

利用自重开展的运动

呈站姿，抬起双脚的脚后跟至脚踝跖屈 30~50 度。

加大难度：扶着墙壁或长杆作为支撑，一次抬起一只脚的脚后跟，或者是在将双脚的脚后跟抬离地面的同时，每只手各持一只哑铃。

神经运动训练：在不扶墙的情况下，一次抬起一只脚的脚后跟。

可调节的抗阻器械运动

使用提踵机或腿部推蹬机。腿部推蹬机往往是用来锻炼股四头肌、臀大肌和腘绳肌的。为了能锻炼到小腿后侧肌肉，你要放低你的双脚，以方便让你的前脚掌落在器械平台的底边上。然后，在练习的第 1 个阶段提起你的脚后跟，以便对你的脚趾施压。你通常可以使用与做推举练习时同样的重量。不过，相较而言你一定会想要增加练习动作的重复次数。

自由重量运动

双手各持一只哑铃，将脚后跟抬起至脚踝跖屈 30~50 度。

神经运动训练：双手各持一只哑铃，单腿站立，抬起支撑腿的脚后跟。

拉伸动作

向前迈出一只脚，屈曲前腿的膝关节。后腿的脚后跟用力踩在地上。这会拉伸后腿的腓肠肌。保持这个拉伸动作 20~30 秒。然后，屈曲后腿以拉伸比目鱼肌，同时要让前腿的膝关节保持屈曲状态，后腿的脚后跟始终牢牢踩在地上，保持这个拉伸动作 20~30 秒。就这两个姿势而言，后脚的脚趾要朝前，脚后跟要着地，重心要前移。

股四头肌

股四头肌

日常活动中对股四头肌的使用包括：
从椅子上起身、跳、走、跑。

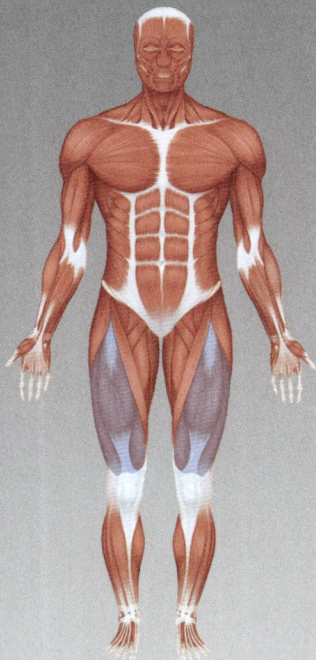

椎间盘

缝匠肌

股四头肌
- 股中肌
- 股直肌
- 股外侧肌
- 股内侧肌

耻骨肌
长收肌
股薄肌
大收肌

内收肌群

肌肉：

股四头肌（股直肌、股
中肌、股外侧肌、股内
侧肌）。

肌肉动作：

屈曲髋关节 90~135 度，
伸展膝关节 5~10 度。

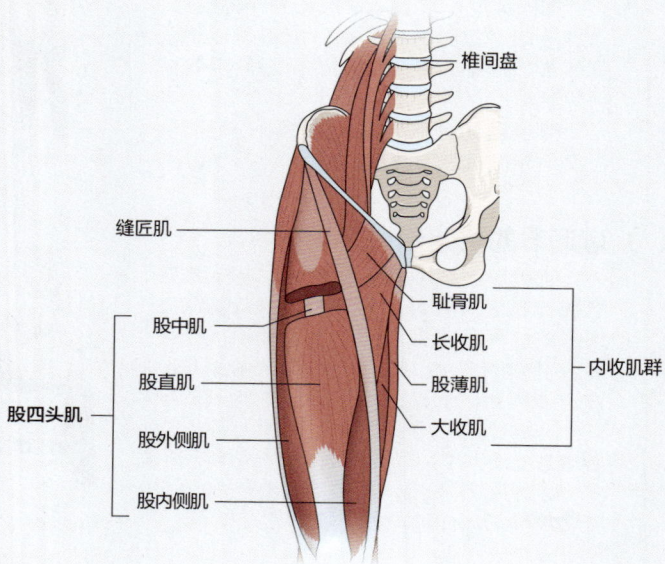

功能性运动训练

股四头肌的力量加强与拉伸

利用自重开展的运动

就像要坐下那样放低髋关节，同时挺胸；将你的手臂伸向前方以保持平衡；将髋关节屈曲至 45 度；保持脚后跟着地。

神经运动训练：一条腿抬膝，肩部始终保持在髋关节正上方，用单腿保持平衡。同时，举起支撑腿同侧的那条手臂，将其竖直从耳旁举过头顶，以维持良好的姿势并帮助保持平衡。

可调节的抗阻器械运动

为了锻炼股四头肌，你可以使用腿部推蹬机或腿部伸展机。无论你选择使用哪种器械，都要确保腿部屈曲成 90 度（图中未展示），以安全而有效的方式完成练习。

自由重量运动

双手持哑铃深蹲，抬头，确保膝关节不要越过脚趾。

神经运动训练：双腿轮流弓步走，双手各持一只哑铃。

拉伸动作

侧躺。两侧髋关节始终保持对齐，往后屈曲上方的腿的膝关节，用同侧手抓住该侧的脚；将你的头放松地枕在另一条手臂上，同时放松你抓着的那只脚。

神经运动训练：采取站姿练习这一拉伸动作；不要扶着墙。

腘绳肌与臀大肌

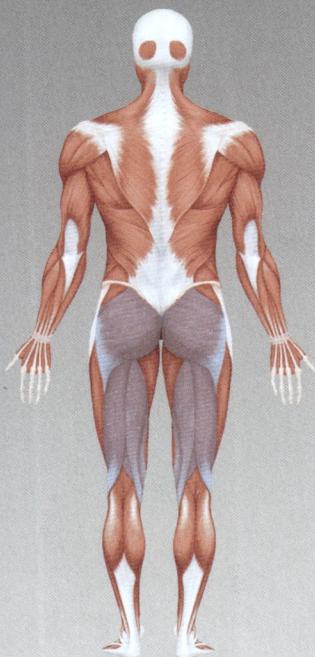

腘绳肌与臀大肌

日常活动中对腘绳肌和臀大肌的使用包括：
走着或跑着下山、跑下阶梯及
将物品从架子上拿下来。

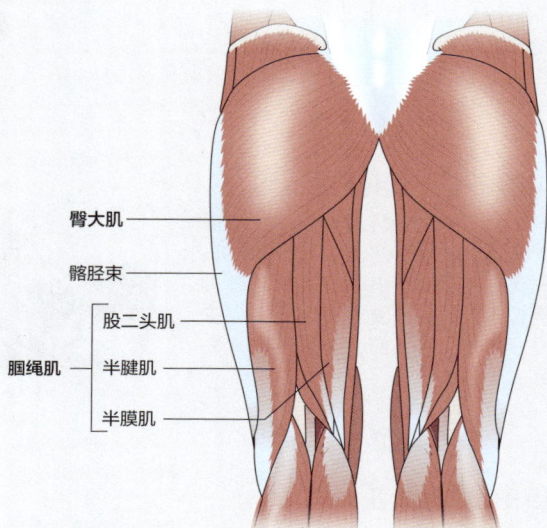

臀大肌

髂胫束

股二头肌

腘绳肌　半腱肌

半膜肌

肌肉：

腘绳肌（股二头肌、半腱肌、
半膜肌）和臀大肌。

肌肉动作：

伸展髋关节 10~30 度，屈
曲膝关节 130~140 度。

功能性运动训练

腘绳肌与臀大肌的力量加强与拉伸

利用自重开展的运动

俯卧，将一侧髋关节伸展 10~30 度，另一侧髋关节始终贴着地面。然后，髋关节伸展侧的腿向上屈曲 90 度，让力量锻炼的效果最大化。

神经运动训练：单腿站立，展髋屈膝；在双脚的脚踝处缠上一根迷你带，以增加阻力。

可调节的抗阻器械运动

可供选择的器械包括站立式腘绳肌屈曲机和俯卧式腘绳肌屈曲机。请仔细阅读器械上的铭牌，因为使用这两类器械时你都可以做出许多调整。

自由重量运动

手持杠铃杆深蹲，接着同时伸展髋关节和膝关节。在整个运动过程中保持脊柱处于中位，利用腘绳肌和臀大肌拉起杠铃杆。

神经运动训练：单手持哑铃或壶铃，同侧腿单腿站立，将对侧腿朝后伸出；微微屈曲支撑腿的膝关节。之后逐渐进展到用与伸展腿同侧的手臂持铃。

拉伸动作

就站着拉伸腘绳肌来说，屈曲一条腿的膝关节，将另一条腿朝前伸出。将你的重心完全落在屈曲腿的膝关节上，放松伸直的那条腿。后倾髋关节以拉长腘绳肌，保持脊柱在一条直线上。

就最大限度地拉伸腘绳肌和臀大肌而言，仰卧，抬起一条腿并用双手抱住这条腿的大腿。另一条腿的膝关节始终屈曲，放松抱在手中的那条腿和躺在地上的头部。

腹肌

腹直肌、腹横肌与腹斜肌

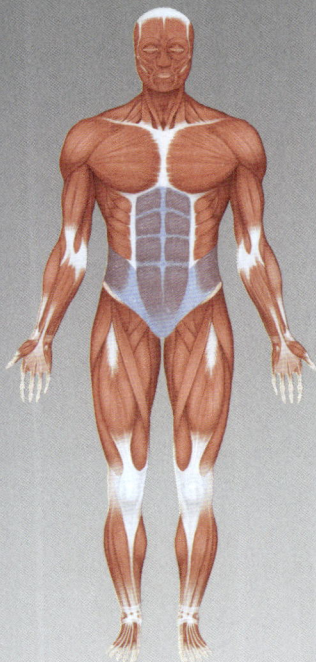

日常活动中对腹肌的使用包括：维持姿势、起床、持物及在手持重物的情况下转动身躯（例如打高尔夫球）。

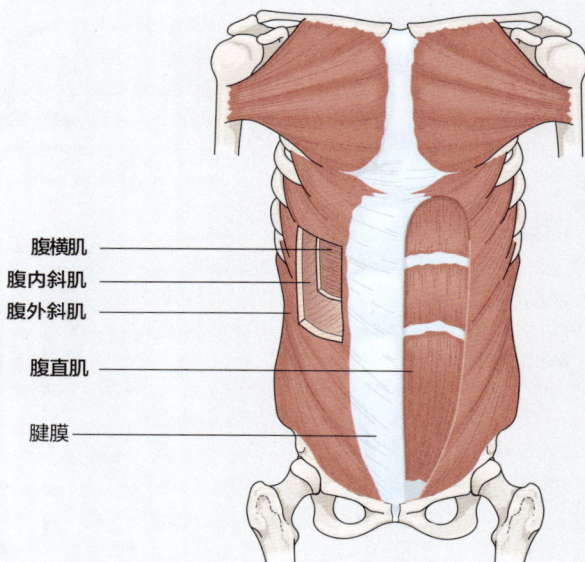

腹横肌
腹内斜肌
腹外斜肌
腹直肌
腱膜

肌肉：

腹直肌、腹横肌、腹内斜肌和腹外斜肌。

肌肉动作：

屈曲脊柱 30 ~ 40 度，旋转脊柱 20 ~ 45 度，以及挤压腹部空间。

腹肌

功能性运动训练

腹肌的力量加强与拉伸

利用自重开展的运动

仰卧，双手枕在脑后，双肘朝外打开（你应当无法看到双肘），将头放松地落在手中，然后屈曲脊柱 30 ~ 45 度。

仰卧，将一侧的肩部朝其对侧的膝关节转动，另一侧肩部始终贴着地面。交替将一侧肩部转向其对侧膝部，如此反复。

可调节的抗阻器械运动

采用腹部屈曲机。要记住的是，脊柱要朝前屈曲 30 ~ 45 度。要保持在合适的活动范围内。

神经运动训练：将双肘放在体侧并屈曲肱二头肌，同时将功能性训练器械调整至站立式脊柱旋转模式；双膝微微屈曲，将脊柱从一侧向另一侧旋转 20 ~ 45 度。在旋转脊柱时保持腹部肌肉紧绷和膝关节微屈。

自由重量运动

仰卧在瑞士球上，双脚平放在地上，双膝屈曲成 90 度。双手于胸前或头顶持一个有一定重量的球，脊柱屈曲 30 ~ 45 度。此时手持球举过头顶将更加困难，因为这拉长了力的杠杆。

神经运动训练：坐在地上，身体倾斜35 ~ 45 度（屈曲脊柱），脚后跟放在地上以保持平衡，手持一个有一定重量的球，身体从一侧向另一侧转动 20 ~ 45 度。在转身时保持腹部肌肉紧绷。

拉伸动作

仰卧，绷起脚尖，微微弓起背部，同时将双臂伸过头顶以拉伸腹部肌肉。

俯卧，用双肘撑起上身；保持这个姿势，始终令脊柱在一条直线上，保持髋部着地。

下背部肌肉

日常活动中对竖脊肌的使用包括：
从地上捧起一个箱子，
用双肩背着背包。

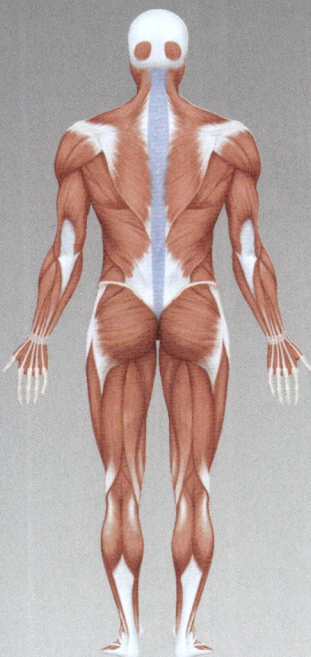

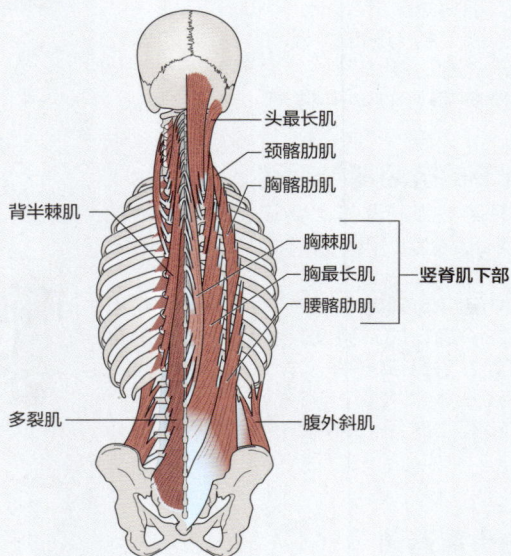

头最长肌
颈髂肋肌
胸髂肋肌

背半棘肌

胸棘肌
胸最长肌 } 竖脊肌下部
腰髂肋肌

多裂肌

腹外斜肌

肌肉：

竖脊肌下部（腰髂肋肌、
胸最长肌、胸棘肌）。

肌肉动作：

伸展脊柱 20 ~ 45 度。

功能性运动训练

下背部肌肉的力量加强与拉伸

利用自重开展的运动

俯卧，伸直右臂（像超人那样），同时抬起右臂与左腿，始终令髋部着地。再抬起左臂与右腿，重复此动作。

神经运动训练：俯卧在瑞士球上，脚尖着地，脊柱伸展 20 ~ 45 度；为了增加难度，可以抬起一侧的手和对侧的腿。

可调节的抗阻器械运动

采用下背部伸展器械。在开始运动前坐到器械椅上。在做背部伸展（20 ~ 45 度）时要记得，始终不要超过建议的活动范围。

自由重量运动

采用背部伸展椅，将脊柱屈曲 20 ~ 45 度，然后将下背部伸展成直立姿势。

拉伸动作

屈膝仰卧，双脚平放在地上。轻轻将一条腿的膝关节拉向胸部，直到下背部有拉伸感才停止。如果你感觉舒服，可将双手置于双膝后面，将它们朝着胸部方向拉，并保持住这个姿势。

髋外展肌

臀中肌与臀小肌

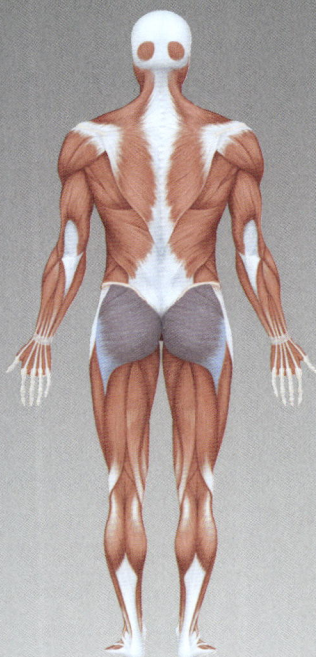

日常活动中对髋外展肌的使用包括：
从汽车里出来、在快走时保持髋关节对齐，
以及朝侧面跨步。

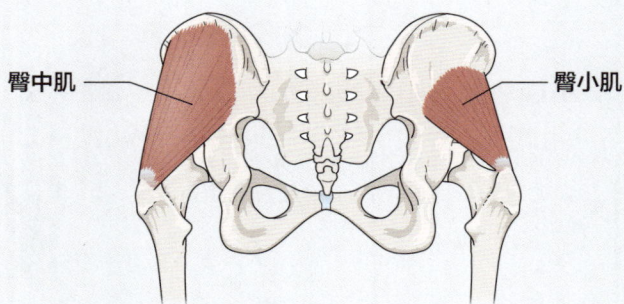

臀中肌

臀小肌

肌肉：

臀中肌与臀小肌。

肌肉动作：

外展髋关节 30 ~ 50 度。

髋外展肌

功能性运动训练

髋外展肌的力量加强与拉伸

利用自重开展的运动

　　侧躺，将头放松地枕在手臂上，下面的那条腿屈曲，两侧髋关节对齐，以巩固支撑底面。将上面那条腿外展 30 ~ 50 度后放下，期间用脚后跟带动腿运动。

　　神经运动训练： 以站姿开展相同的外展髋关节 30 ~ 50 度的运动。

可调节的抗阻器械运动

　　坐在一台可调节的伸展髋关节的抗阻器械上。进行双侧髋外展运动，外展髋关节 30 ~ 50 度。

自由重量运动

　　在双腿的膝关节上方缠上一根迷你带。朝左右两侧跨步，令髋关节外展 30 ~ 50 度。

拉伸动作

　　就拉伸髋外展肌而言，将你的右脚放到左膝外侧。左手搭在右膝外侧，转头朝后看。同时，将右侧大腿内旋。换另一侧重复动作。

　　如果要做出改变的话，就站直后将一只脚放到另一条腿后面。将外侧的髋关节微微外倾，以便让髋外展肌感受到拉伸。换另一侧重复此动作。

髋内收肌

长收肌、短收肌、大收肌和股薄肌

日常活动中对髋内收肌的使用包括：
坐在自行车上时横向稳定身体，
从地面上捧起重物。

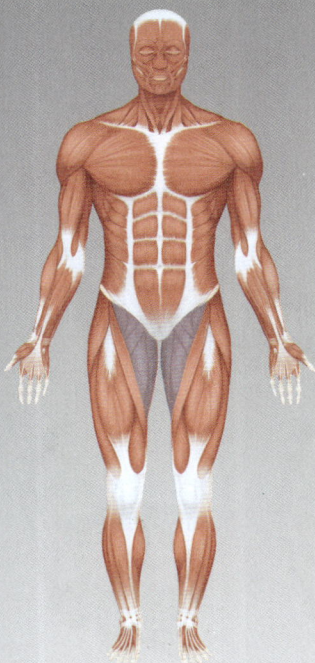

闭孔外肌

耻骨肌

短收肌

大收肌

长收肌

股薄肌

肌肉：

长收肌、短收肌、大收肌
和股薄肌。

肌肉动作：

内收髋关节 10~30 度。

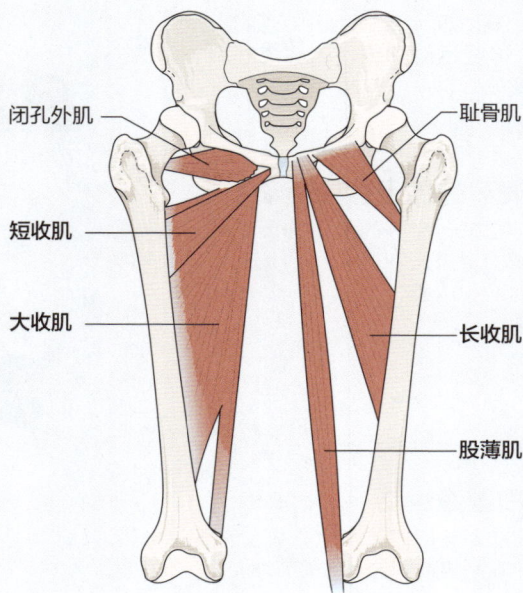

长收肌、短收肌、大收肌和股薄肌

功能性运动训练

髋内收肌的力量加强与拉伸

利用自重开展的运动

　　侧躺，将头放松地枕在手臂上。对齐髋关节，屈曲上面那条腿的膝关节，将这条腿的脚放在地上，以产生一个牢固的支撑底面。接下来，抬起下面那条腿，让其内收 10 ~ 30 度。

　　神经运动训练：给一只脚踝缠上阻力带，并将阻力带的另一端固定在椅子上；站立，让双肩与双髋对齐，一条腿横跨于身前，从而产生内收的效果，让髋关节内收 10 ~ 30 度；保持脊柱在一条直线上，活动范围最大不超过 30 度；用脚后跟带动腿部运动，并保持脚尖始终朝前。

可调节的抗阻器械运动

　　采用髋关节内收器械以坐姿进行髋关节内收。

　　神经运动训练：用一条带子绕过脚踝并与一条拉索相连；用脚后跟带动腿部运动，使髋关节内收 10 ~ 30 度；你可以选择把手搭在器械上来保持稳定。

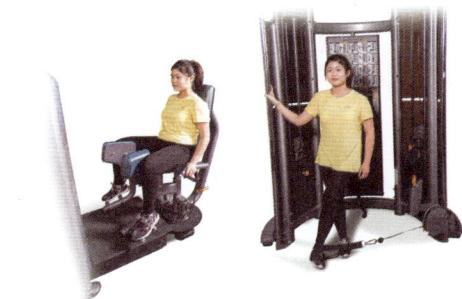

自由重量运动

　　双手于胸前持一只哑铃，微微下蹲成"高脚杯"姿势，双脚脚尖略微呈"外八字"，以做出髋关节内收动作。要让重心稳定在身体中间。

拉伸动作

　　将双脚脚底合并在一起，双膝放松地打开，双肘放松地搭在大腿上，为了姿势良好，要保持你的头端正。如果膝关节向上弹起，就用双肘轻轻地将其压下去。

　　还有另一种选择，就是将双腿伸直摊开呈跨坐姿势，将双手撑在臀部后面；保持头部端正。微微将躯干前倾，在双腿不动的情况下保持这个姿势。

胸部与肩前部肌肉

胸大肌与三角肌前束

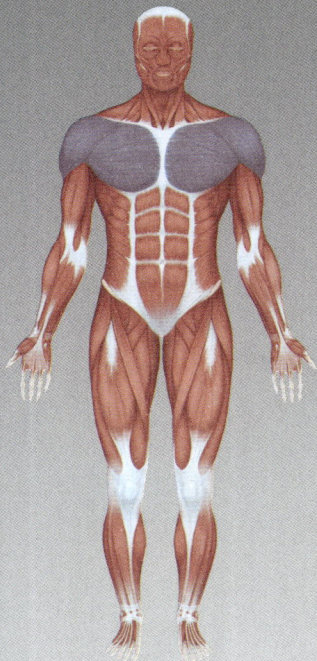

日常活动中对胸大肌与三角肌前束的使用包括：将重物放到高高的架子上、拿起并提起你面前的物体，以及将你自己撑离地面。

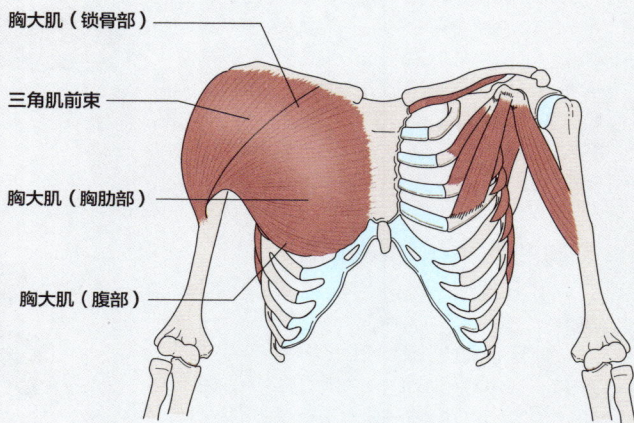

胸大肌（锁骨部）

三角肌前束

胸大肌（胸肋部）

胸大肌（腹部）

肌肉：

胸大肌与三角肌前束。

肌肉动作：

三角肌前束可以屈曲肩关节，而胸大肌则可以在水平方向上内收肩关节90 ~ 135度。

功能性运动训练

胸部与肩前部肌肉的力量加强与拉伸

利用自重开展的运动

　　站在一堵墙前，后退几步。抬起双肘，使其与肩部平齐。在将双手放在墙上时，保持双手间的距离不变。慢慢屈肘进行俯（立）卧撑动作。

　　神经运动训练：往后伸出一条腿，在做同样的俯（立）卧撑动作时注意保持平衡。

可调节的抗阻器械运动

　　执行胸部飞鸟动作，要注意同时内收双臂，双脚始终踩在地上，抬起下巴并挺胸。

　　如果是在坐式推举机上进行训练，则同时将双臂往前推，双脚始终踩在地上。

自由重量运动

　　坐在举重椅上，双手各持一只哑铃，当你仰躺在举重椅上时，保持哑铃贴近身体。双手同时将哑铃朝正上方推举，然后慢慢放回原位。

　　神经运动训练：双手各持一只哑铃，双臂垂于体侧，大拇指朝上；将肩关节前屈至 90 度

拉伸动作

　　站立，在身后拉伸双臂。十指相扣以拉伸胸大肌和三角肌前束。

　　站在门厅前，膝关节放松，向体侧伸出一只手臂扶住门框，身体微微前倾。

上背部与肩部肌肉

菱形肌与三角肌后束

日常活动中对菱形肌与三角肌后束的使用包括：
扫地或用吸尘器打扫地面，在桌子前坐直，
或者是将衬衫塞进裤子中。

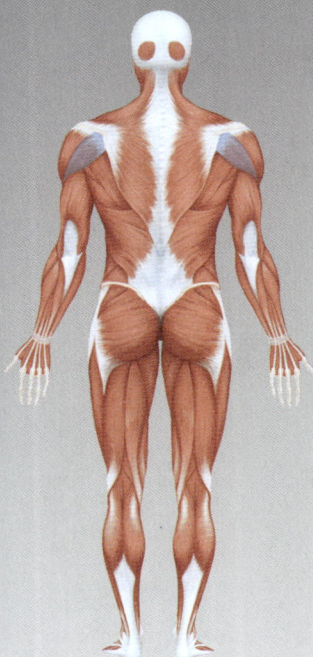

肩胛提肌

菱形肌

冈上肌

三角肌后束

小圆肌

冈下肌

大圆肌

肱三头肌，长头

肌肉：
菱形肌与三角肌后束。

肌肉动作：
内收肩胛 15 ～ 20 度。

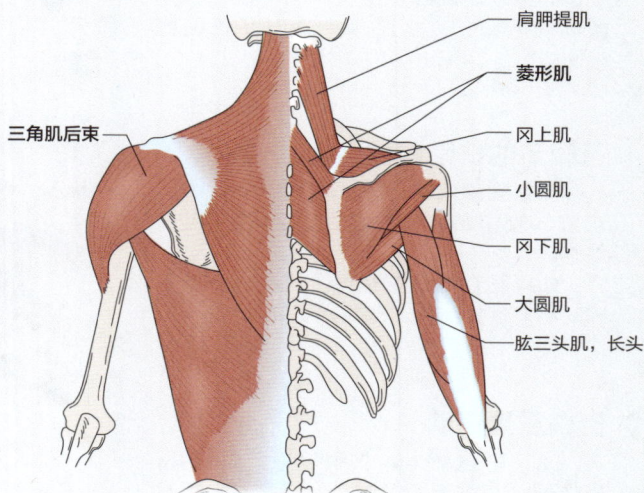

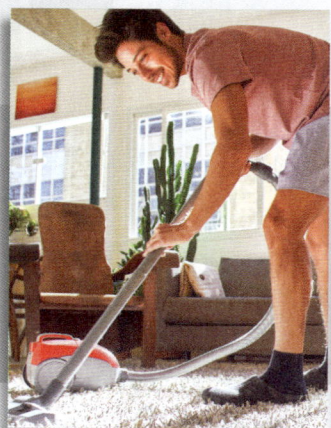

功能性运动训练

上背部与肩部肌肉的力量加强与拉伸

利用自重开展的运动

俯卧在毯子上，或者是在腹部下面垫上一个枕头，放松双脚，打开双臂至身体呈"T"字形。放松下半身，将手臂和躯干抬离地面，脸始终朝下，髋部着地，双脚放松。

神经运动训练： 在瑞士球上进行同样的运动。

可调节的抗阻器械运动

如果采用反向飞鸟可调节抗阻器械，将锁定你的下半身，使双脚平放于地。双手向上抓住器械的拉柄，然后同时将你两边的肩胛骨往中间拉，将它们挤到一起。

如果采用坐式高位拉索机，则要确保你在该运动开展到下半段时不要后仰，自始至终保持良好的姿势。当你拉动到肩胛骨挤到一起时，要让手中握着的拉柄横杆碰到胸部，并保证在拉动完后恢复上半身挺直的姿势。

自由重量运动

双手各持一个哑铃开展这项运动。保持脊柱处在自然中立位，髋关节对齐，俯身45度，展开双臂使身体呈"T"字形，并将肩胛骨挤到一起。

神经运动训练： 做同样的运动，只不过要将一条腿轻轻抬离地面。

拉伸动作

站立，双手十指相扣，掌心朝外在身前伸直手臂。弓起中背部，同时微微收起下巴。

如果在地上做猫式拉伸，则弓起中背部。用力时吸气，放松时呼气。

背阔肌与中背部肌肉

背阔肌

日常活动中对背阔肌的使用包括：
单手从地上提起一个物体、
做俯卧撑及游泳。

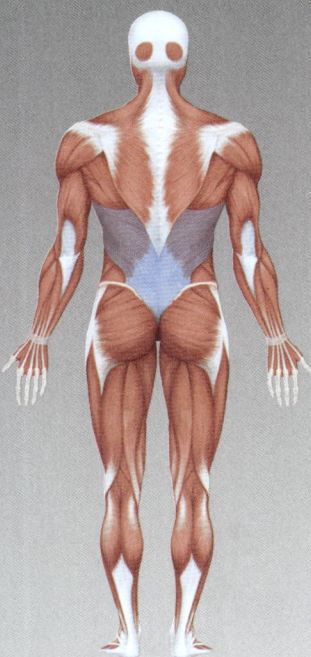

背阔肌

肌肉：

背阔肌。

肌肉动作：

内收肩关节 80 ～ 100 度，
伸展肩关节 20 ～ 60 度。

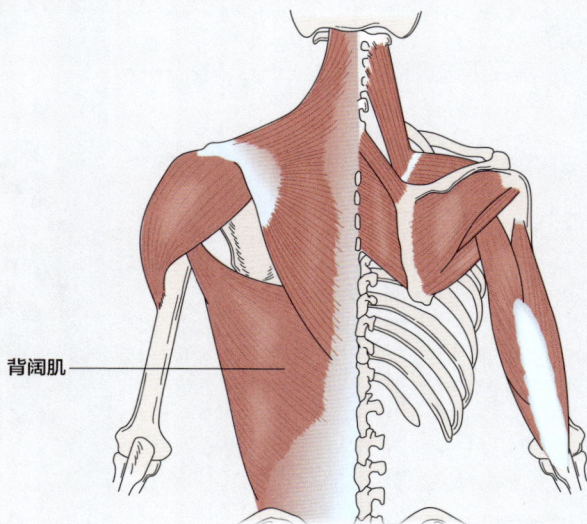

背阔肌与中背部肌肉

功能性运动训练

背阔肌与中背部肌肉的力量加强与拉伸

利用自重开展的运动

　　站立，双手持阻力带举过头顶，双手之间的阻力带长度为6~8英寸（15~20厘米）。一只手臂固定在头顶上方并收回另一只手臂，使后者的肘部降低到体侧。然后交替进行，先屈曲一只手臂再屈曲另一只手臂，每次都要把肘部降低到体侧。

　　神经运动训练： 借助绑在架子或俯卧撑杆上的悬吊绳进行这一锻炼上背部的练习；先是伸展双臂并后仰，用上背部的肌肉将身体拉向绑定点，然后慢慢回到起点，保持背部肌肉的活跃状态。

可调节的抗阻器械运动

　　你可以使用坐式划船机或背阔肌下拉可调节抗阻器械。若是使用坐式划船机，则可以利用 V 形拉杆开展坐式低位划船运动。微屈膝关节并划动手臂，挤压背阔肌和中背部肌肉，同时使背部保持挺直。若是采用背阔肌下拉可调节抗阻器械（不管配备的是拉杆还是握柄），则会固定下半身，同时需要朝两侧内收双臂以锻炼背阔肌和中背部肌肉。尽量不要让握柄降到下巴水平线之下。

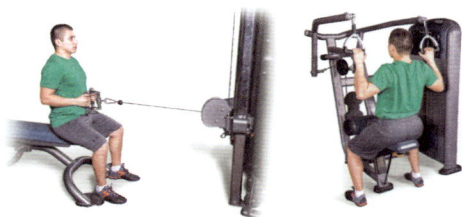

自由重量运动

　　双手各持一个哑铃，躺在瑞士球上。将双臂伸展过头顶至与地面垂直（手臂贴在耳旁），然后同时屈曲持哑铃的双臂，就好像你正在关上汽车上的舱盖，当哑铃与眼同高时停止该动作。

　　神经运动训练： 单脚踩着一条阻力带，单手握着阻力带的手柄；将握着阻力带手柄的这只手往上拉，就像发动割草机一样。

拉伸动作

　　跪在地上，向身前伸出双臂，双手放松放在地上。往下看并保持放松。

　　采取站姿，侧举起一只手臂朝另一边伸展，并让另一侧髋关节微微内转。

163

上臂正面肌肉

肱二头肌

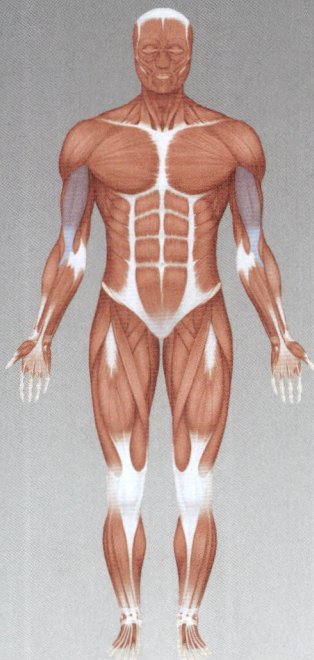

日常活动中对肱二头肌的使用包括：
携带杂货、捡起面前的物体，
以及从地上捡起物体并将其放到桌子上。

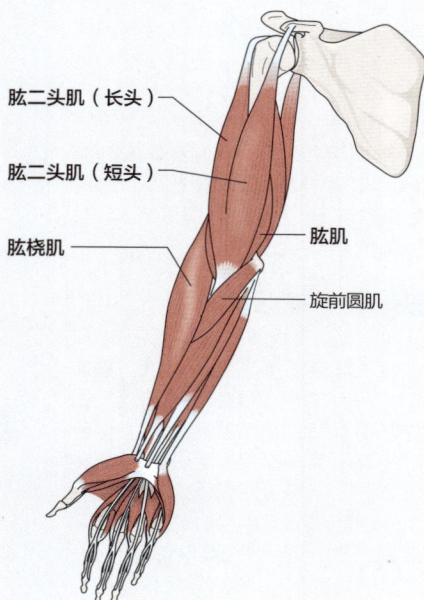

肱二头肌（长头）

肱二头肌（短头）

肱桡肌

肱肌

旋前圆肌

肌肉：

肱二头肌

肌肉动作：

屈肘，活动范围为
135 ~ 160 度。

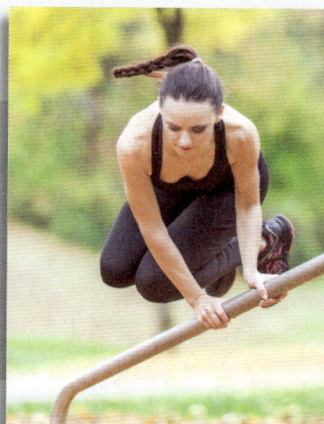

功能性运动训练

上臂正面肌肉的力量加强与拉伸

利用自重开展的运动

引体向上和单手屈臂悬杠，都是针对肱二头肌的有效的利用自重开展的运动。由于没有现成的运动器材，我们在这里展示的是肱二头肌弯举，你可以利用哑铃或其他重物来开展这项运动。双脚打开与肩同宽站立，手持轻质哑铃进行双臂肱二头肌弯举。

神经运动训练： 坐在瑞士球上进行双臂肱二头肌弯举，采用 135 ~ 160 度的屈肘活动范围。

可调节的抗阻器械运动

采用直杆式拉索机，或者其他锻炼肱二头肌的可调节抗阻器械，肩关节保持稳定，抓住握柄，以此把肱二头肌隔离出来。屈肘 135 ~ 160 度，然后慢慢伸展双臂。屈肘的同时保持腹部紧绷、膝关节微屈。

自由重量运动

双手各持一个哑铃站立。掌心朝上（锻炼肱二头肌）或掌心相对（锻炼肱桡肌），屈肘 135 ~ 160 度。

拉伸动作

在身前伸直双臂。一次只用一只手拉伸，用拉伸手轻轻往回扳另一只手的手指，直到感受到后者的肱二头肌被拉伸。

另外，还可以双手十指相扣放在背后，以同时拉伸双臂的肱二头肌。你也可以在不互扣手指的情况下将双臂朝身后伸展，这同样可以拉伸肱二头肌。

165

上臂背面肌肉

肱三头肌

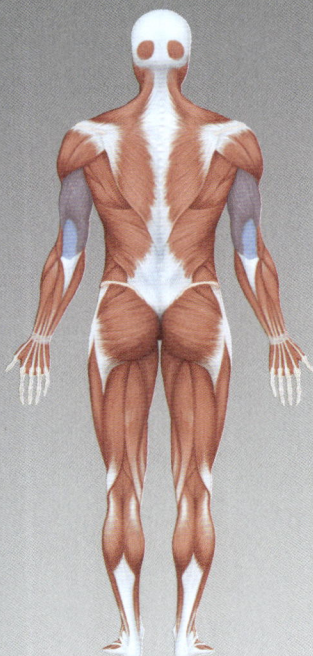

日常活动中对肱三头肌的使用包括：
从椅子上起身、将箱子放在高高的架子上，
以及从头顶上方位置拿下箱子。

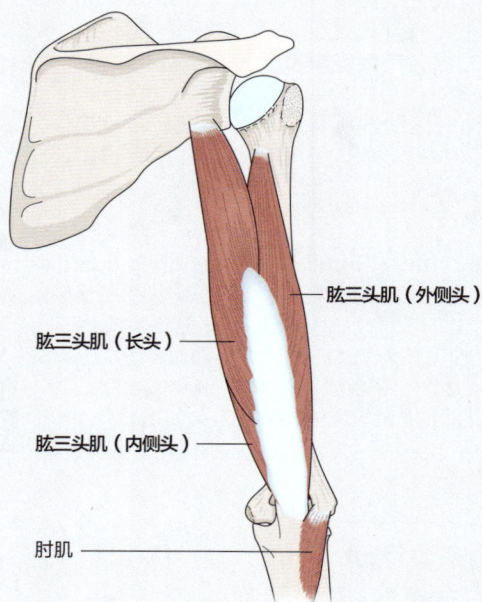

肱三头肌（外侧头）

肱三头肌（长头）

肱三头肌（内侧头）

肘肌

肌群：
肱三头肌。

肌肉动作：
伸展肘部，活动范围为
135 ~ 160 度。

上臂背面肌肉

功能性运动训练

上臂背面肌肉的力量加强与拉伸

利用自重开展的运动

利用一张平稳的长凳来开展肱三头肌屈臂撑。双肘先屈曲后伸展，保持膝关节屈曲和头部抬起。

神经运动训练： 在长凳上开展肱三头肌屈臂撑时，抬起一条腿。

可调节的抗阻器械运动

调整好肱三头肌屈臂撑机上的握柄，以便让肩部尽可能地贴近身体。同时伸展双臂并加强手臂力量。

神经运动训练： 站在拉索机前，将双肘伸展至135~160度，然后慢慢放松拉杆使其向上反弹回去。

自由重量运动

昂首挺胸站立，膝关节微屈。双手于头顶上方持一只轻质哑铃。始终让双臂贴近双耳（垂直于地面），屈肘，将哑铃朝颈后放，直至肘尖竖直朝上。也可以坐在瑞士球上进行这项运动。

拉伸动作

屈肘，使一侧手臂的肘尖朝向天花板并举过头顶。如果肩关节柔韧性不够，则可利用拉伸带或毛巾慢慢将肘尖拉至朝上。如果你的关节柔韧性足够好，那么在将肘尖拉至朝上后，就把同一条手臂的手搭在背上。用另一只手慢慢下压肘部，手指指向背部下方。

第 7 章

身体构成

本章目标

> 了解身体构成除了脂肪之外，还包括肌肉和骨骼。

> 了解实验室研究及个人评估所用的各种测量身体构成的常用方法。

> 认识脂肪重量、肌肉重量和骨骼重量与肥胖、肌肉减少症和骨质疏松症等疾病的关系。

> 运用运动和身体活动、营养、激素构成的"三足凳"，来管理你的身体构成，从而让你感觉良好并越活越年轻。

关键术语

必需脂肪   双能 X 射线吸收测定法

脂肪物质   肌间脂肪组织

皮下脂肪   生物电阻抗分析法

内脏脂肪   皮褶厚度测量法

异位脂肪   体重指数

体脂百分比   肌肉减少症

身体构成   骨质疏松症

水中称重法（水下称重）   骨密度 T 值

排气体积描记法   女运动员三联征

身体构成是与健康相关的身体健康状况的重要组成部分。健康的身体构成是使一个人感觉良好和免受疾病侵袭的必要条件。与前面各章中讨论的与健康相关的身体健康的各组成部分——心肺健康、肌肉健康、柔韧性和神经运动健康类似的是，身体构成对于功能性健身和运动表现而言非常重要。如果你能够成功地管理好你的身体构成，你将会改善你的外观、自我感觉以及运动表现。

在本章中，我们将一起来看一看身体构成的各组成部分、如何测量你的身体构成，以及健康的身体构成所带来的好处。你还将有机会设计一个计划来管理你的身体构成。你会发现健康的身体构成远不止合理的体重那么简单。

身体构成的基本知识

许多人错误地认为身体构成就是身体脂肪所占的比例，但它实际上比这要复杂得多。你的体重可分为三大部分：脂肪重量、瘦肉或肌肉重量以及骨骼重量。从动物的角度来看，在进化的早期阶段，脂肪是储能的有效载体。此时，人的寿命很短，因而人们无须考虑疾病和老年时期会出现的各种病症。现在我们认识到，身体构成的 3 个主要方面都与健康密切相关。具备超越体脂

> 身体构成不仅仅关乎脂肪。你的体重可分为 3 个主要组成部分：脂肪重量、瘦肉或肌肉重量以及骨骼重量。

的身体构成的观念，有利于你打造个人运动计划，以便成功管理好你的身体构成，从而过上长久而健康的生活！

测量身体构成

在过去的几十年中，身体构成的测量方法随着技术的进步而几经演变，同时，相关研究通常以二分法、三分法、四分法或六分法为基础，采用分子模型来开展（Heymsfield et al. , 2005; 2015）。从历史上看，临床实践或现场应用中最常用的模式是以二分法模式为基础的，此类模式将身体分为有脂肪成分和无脂肪成分（Heymsfield et al., 2005; Pietrobelli et al., 2001）。研究实验室中最近的黄金标准是一种四分法模式，它将身体分为结合水、蛋白质、脂肪和自由水。黄金标准非常准确，但需要专门的设备和专业人员才能完成，如此一来，这种模式就显得成本过高且难以操作。而身体构成的三分法模式，则将身体分为脂肪部分、瘦肉软组织（包括肌肉）和骨骼部分，从而在涉及健康，尤其是年轻成年人的健康时，为研究身体构成提供了一个有用的概念化模式。因此，本章将利用身体构成的三分法模式，来构建身体构成方面的各个重要概念。

脂肪的真面目

虽然在我们的社会中，体内脂肪经常被认为是不好的，但实际上它却发挥着非常重要的作用。除了能贮存能量之外，脂肪还保护着身体器官，可以起到缓冲作用，另外，脂肪还能帮助调节体温。所有的细胞膜中也都含有脂肪。我们所有人都需要一定量的脂肪来维持身体机能和保持健康。这些脂肪被称为**必需脂肪**。为了生育，女性需要储存不低于某个最低限度的脂肪量。身体健康所需的必需脂肪百分比为：男性所需 3%~5%，女性所需 8%~12%。正在成长的儿童和老年人也需要不同水平的必需脂肪才能保持身体健康（Heymsfield et al., 2005）。

大部分可用于储存能量的脂肪位于脂肪细胞中。当这些细胞结合在一起时，就会形成脂肪组织。因此，描述体脂的常用术语是**脂肪物质**。体内储存的绝大多数脂肪，要么位于皮肤正下方（**皮下脂肪**），要么位于腹部深处的各身体器官周围（**内脏脂肪**）。内脏脂肪通常又被称为腹内脂肪，因为它位于腹部的深处、腹部肌肉的下方。脂肪也可能贮存在不太常见的部位，例如肝脏内部、心脏周围或肌束附近。在爱动的体重正常的成年人身上，储存在这些部位的脂肪是最少的，此类脂肪叫作**异位脂肪**。

图 7.1 所示为体重指数相近的普通青年男女的脂肪、蛋白质、水分、骨骼等各主要身体构成部分在总体重中的占比情况。

体重指数(23千克／米²)

60.9千克（约134磅）、162.6厘米（约64英寸）的女生

72.7千克（约160磅）、177.8厘米（约70英寸）的男生

30%
为脂肪（40.2磅，约18.3千克）

18%
为脂肪（28.8磅，约13.1千克）

12%为必需脂肪（16.1磅，约7.3千克）对生殖和免疫功能有重要意义

3% 为必需脂肪（4.8磅，约2.2千克）

60.5% 为水

51.6%为水
几乎全部包含在不含脂肪的体重中

70%
为不含脂肪的体重（93.8磅，约42.6千克）

82%
为不含脂肪的体重（131.2磅，约59.6千克）

4.8%为骨骼

5.6% 为骨骼

13.6%为蛋白质

15.9% 为蛋白质

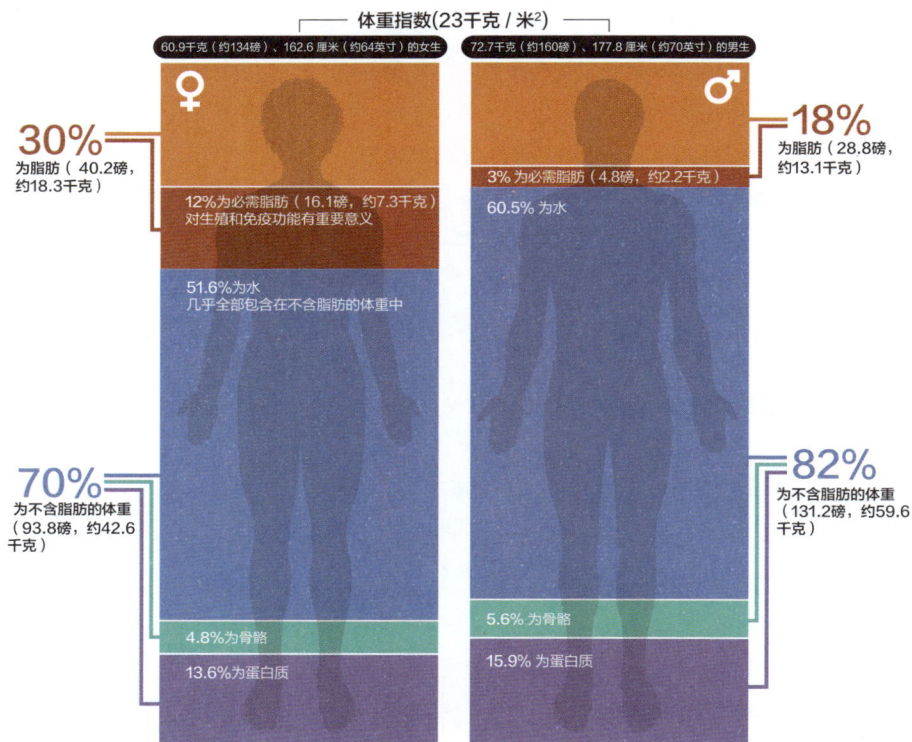

图 7.1 体重指数相近的普通青年男女的身体构成

在该图中，普通年轻人的**体脂百分比**（也称为脂肪百分比），是指总体重中脂肪或体脂重量所占的百分比。

脂肪、肌肉和骨骼之间的相互作用

对于青少年和中青年人来说，瘦肉软组织（包括肌肉）量与骨量和骨密度有着密切的关系（Weaver et al.，2016）。这是有一定道理的，因为肌肉在收缩时会拉动骨骼，这会使骨骼去适应肌肉。此外，并非所有的体重变化都是由脂肪量的增加或减少导致的——你还会经历瘦肉软组织（包括肌肉）量和骨量的变化。体重变化受许多因素的影响，包括年龄和整体健康状况、运动量以及饮食质量，尤其是蛋白质和骨骼营养元素，如钙和维生素 D（Shapses & Sukumar，2012）。

性别和年龄对身体构成的影响

性别和年龄都会影响身体构成（Xiao et al.，2017）。如图 7.1 所示，在

当你在尝试减肥时，请确保在减肥方案中纳入运动、身体活动和力量训练，以避免损失肌肉量和骨量！

青春期后，普通男性的肌肉量和骨量比普通女性的多，脂肪量则较少。这些差异在青春期前的儿童中是不存在的，这主要是由男性和女性各自不同的性激素造成的。

随着年龄的增长，脂肪量、肌肉量和骨量也会显著发生变化。基本上，当一个人到了中年后，其脂肪量就会增加，肌肉量和骨量就会减少（Kohrt，2010；Looker et al.，2009）。这些身体构成的变化是衰老的自然过程，主要是由激素的变化引起的。但是，身体构成随年龄的变化程度，受生活方式的影响很大，尤其是会受身体活动和饮食习惯的影响。在你年轻的时候运动得多和吃得好，有助于你养成健康的生活习惯。

遗传因素会影响你的体形

你有没有考虑过你家人的身材和体型会影响你的体型呢？先天遗传与后天培养这一问题，曾被用于描述个性、行为模式和身体特征。当然，这两个因素都会对个性、行为模式和身体特质产生一定程度的影响。受遗传影响的一个因素是脂肪分布（Bouchard & Perusse，1988）。对于女性来说尤其如此，她们的脂肪分布类型比男性要更加多变。例如，如果你是女性，并且你家里大多数女性成员的腹部有过多的脂肪，那么，从遗传的角度来看，你就很可能倾向于拥有一种雄

在减肥计划锻炼期间参与举重，有助于防止肌肉量的减少。

性的（即男性的）脂肪分布类型，通常称为苹果体形。但是，如果你的家人倾向于在臀部和大腿上有过多的脂肪，你就很有可能拥有雌性的（即女性的）脂肪分布类型或梨子体形，苹果体形与梨子体形如图7.2所示。有些人既不是苹果体形也不是梨子体形，他们的脂肪更加均匀地分布在其身体的各个部位和脂肪储存库中。就他们而言，脂肪储存状态不是量身打造的。

与脂肪分布一样，遗传通常也在决定你的体形方面发挥着作用。研究人员已经发现，身体构成与体格或体形之间存在着某种联系（Slaughter & Lohman，1976）。主要有3种体形。

- **内胚层体形**。这是最圆的身体类型，肩膀和髋部较宽。这种体形倾向于梨形，这类人群容易发胖和体重反弹，擅长诸如举重之类的力量运动，这种体形的人会发现，中长跑一类的运动对他们来说更具挑战性。

- **中胚层体形**。中胚层体形中的"中"是指肌肉。这些人通常肩宽、精瘦且肌肉发达，经过运动训练后，会很快出现非常显著的成果。凭借他们天生的运动能力，他们往往擅长运动和体育活动，并能轻松驾驭自己的身体构成。

- **外胚层体形**。外胚层体形的人很瘦，身体往往呈线形，肩膀和髋部都很窄。相对于其他体型的人而言，无论他们多高，其脂肪或

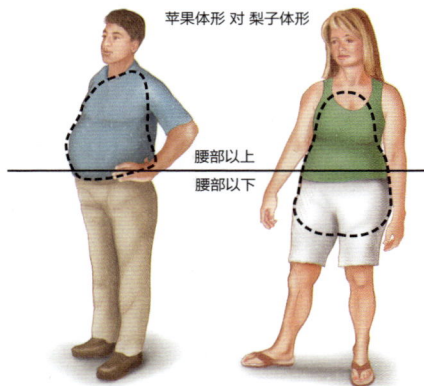

图7.2　你是苹果形身材还是梨形身材？

源自：K.E. McConnell, C.B. Corbin, D.E. Corbin, and T.D. Farrar, *Health for Life* (Champaign, IL: Human Kinetics, 2014), 70。

肌肉都很少。这些身形轻盈的人擅长负重运动，例如中长跑。

男性和女性的体形，大者都可归类于前面列出的3种体形中的任何一种。也有许多人是两种不同体形的混合体形，有些人的体形不符合某种特定的体形。无论是哪种体形，每个人都可以从达到身体活动和运动的指导标准中受益。

评估身体构成

身体构成可以用许多不同的方法来测量。能够使用的资源越多，测量结果就越准确。常用于诊所和健身场所的测量方法既可以测量全身也可以测量身体局部，其依据往往是二分法和三分法模式。

实验室中的身体构成评估法

以下几节简述了实验室中常用的一些身体构成评估法。这些方法和对应的专业知识可用于研发型实验室或医疗环境中。

身体密度：水浸

水中称重法，通常称为**水下称重**，其依据是身体构成的二分法模式，该模式假定人体分为含脂肪和不含脂肪的两部分。此时，身体密度决定了身体的肥胖程度，从理论上讲，这个范围从纯脂肪体质的 0.9 克 / 分升到纯不含脂肪体质（即瘦肉体质）的 1.1 克 / 分升不等（Pietrobelli et al., 2001；Heymsfield et al., 2005）。

例如，如果你把一个因油炸过汉堡而沾满油渍的平底锅放进一个装满水的水池里，那么，锅里残留的瘦肉都会沉到下面，而肉里的油滴（脂肪）会浮上来。油滴浮起来是因为它的密度小于水，而瘦肉沉下去是因为它的密度大于水。这一原理也是水中称重法所使用的原理。在游泳池里，身体脂肪含量较高的人无论是浮在水面上还是踩水，都比较轻松，而非常瘦的中胚层体形者要想浮在水面，就必须更加努力。

密度等于质量（重量）除以体积。我们不能将人放入烧杯中测量体积，因此，计算人在陆地上的体重和水下体重之间的差值，便提供了一种计算身体密度的方法。水下称重需要被称重的人完全浸没在水箱的水中，并同时称好体重。一旦确定了身体密度，就可以使用预测方程来估算出相对脂肪量了，也称作体脂百分比（即脂肪百分比）。

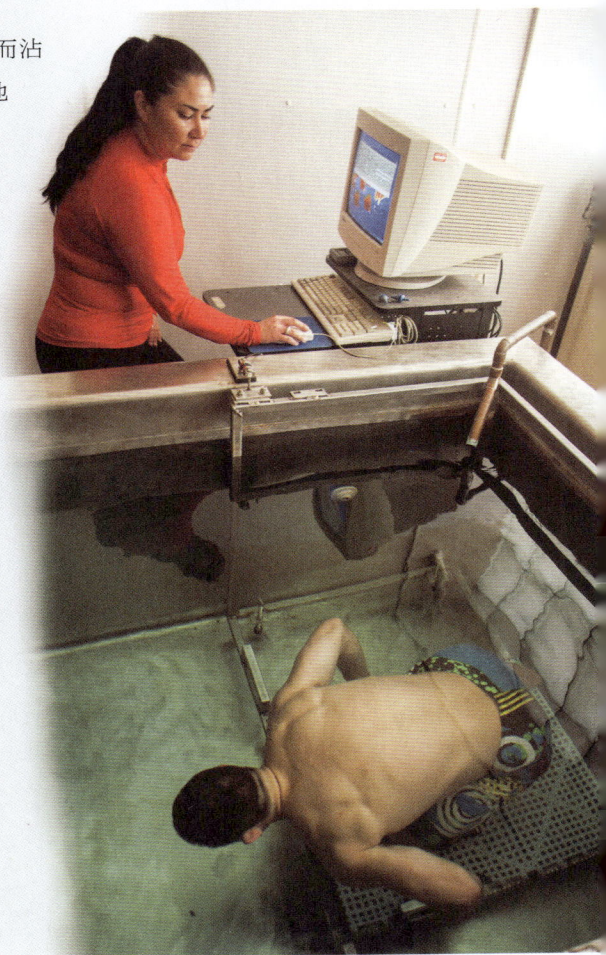

水下称重或水中称重法，可以用于测量身体构成。

身体密度：排气

排气体积描记法与水下称重法非常相似。只不过该方法不是利用水下称重，而是通过排气来确定身体密度（Heymsfield et al., 2005; Lee & Gallagher, 2008）。该方法利用一个被称为伯德波德（BOD POD）的封闭室来求得身体密度。在使用伯德波德测量身体密度时，被测人员应穿着最少的衣服，戴上游泳帽以隔绝发间空气，纹丝不动地坐着，然后伯德波德测量室采用精密的计算机传感器来测量空气体积的变化。一旦确定了身体密度，与使用水下称重法类似，可将身体密度值输入到方程中以估算出脂肪百分比。与水下称重法相比，排气体积描记法具有许多优点。它对许多人来说更安全、更舒适——特别是儿童、老年人、运动障碍者，以及那些害怕水的人。该方法的主要缺点是价格昂贵，而且测量时需要找一个温度和空气流动变化不大的专用空间。

双能 X 射线吸收测定法

双能 X 射线吸收测定法（DEXA）是测量身体构成的最先进的技术之一。该方法被认为是对三分法模式的运用，因为它测量的是脂肪量、瘦肉软组织（包括肌肉）量和骨量（Heymsfield et al., 2005; Lee & Gallagher, 2008）。双能 X 射线吸收测定法通过将人体暴露于高、低能量的 X 射线中来实施测量。然后，计算机软件会根据脂肪、瘦肉软组织或骨骼的组成情况，按像素绘制出人体图像。双能 X 射线吸收测定法既可以对全身也可以对身体局部（手臂和腿）展开身体构成的估算工作，它还可以用来测量骨骼情况，包括骨量和骨密度。双能 X 射线吸收测定法是一种非常有效且可靠的估算身体构成的方法。用双能 X 射线吸收测定仪扫描人体非常容易，被测者只需要在扫描台上静静地躺上几分钟。除了成本较高和需要专业知识外，使用双能 X 射线吸收测定仪扫描的过程中，还会产生少量辐射。实际的辐射量取决于被测者接受扫描的类型和次数。

双能 X 射线吸收测定法
扫描的示例图像

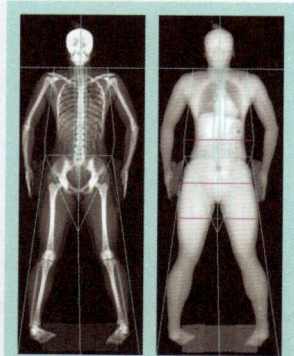

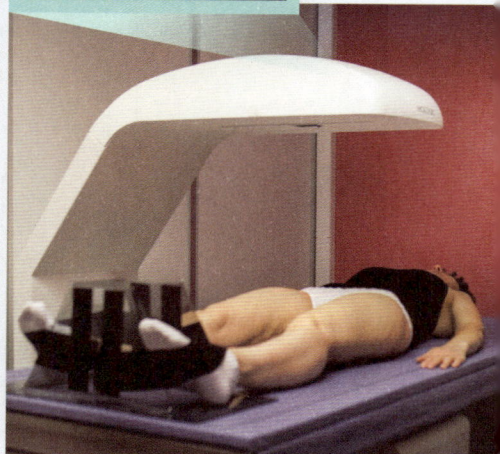

正在接受双能 X 射线吸收测定法扫描的人。

磁共振成像（MRI）

虽然因相关设备不容易获得而不太常见，但磁共振成像（MRI）却是一种重要的身体构成评估方法，因为它能显示出堆积起来的异位脂肪（存在于那些应该只能存储非常少量脂肪的部位的脂肪），其中包括内脏脂肪（储存在腹部深处的脂肪）——这是一个重要的影响健康的风险因素。大多数医院和许多研究中心都有现成的磁共振成像仪器可用。该技术可以通过切面或横截面的手法，直观地描绘出身体内部的情况。磁共振成像还可用于评估脂肪对肌肉的渗入情况，这被称为**肌间脂肪组织**，体内出现此类组织，意味着罹患代谢类疾病的风险较高，还意味着肌肉质量不佳，后者与老年人的身体功能受限和丧失有关（Addison et al. ,2014）。

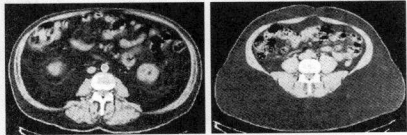

由内脏脂肪堆积引起腰围粗大的人的内脏脂肪组织磁共振成像图，以及因腹部皮下脂肪太厚导致腰围粗大的人的内脏脂肪组织磁共振成像图。

身体构成评估的方便之选

在运动场上、健康展览会上，或者任何别的需要采用便携式设备的地方，想要评估身体构成，最常使用的两种方法是生物电阻抗分析法和皮褶厚度测量法。这两种方法都需要测量者具备一定程度的专业知识，以获得可靠的身体构成评估结果。

生物电阻抗分析法

生物电阻抗分析法（BIA）被认为适合在实验室里和现场使用，同时个人也可以使用。该方法基于这样一个事实：人体内几乎所有的水都包含在不含脂肪的体重内。因此，如果测量出了体内水分的含量，就可以估算出不含脂肪的体重。这两者之间的差异，则可用于估算出脂肪量和脂肪百分比（Heymsfield et al., 2005；Lee & Gallagher 2008）。生物电仪器会发出一小股穿过人体的电流，然后测量这股电流遭到的电阻。因为水是很好的导体，而脂肪是良好的绝缘体，所以，这两种组织之间的平衡，便决定了电流遭到的电阻的大小。

在已有的研究的基础上，可用测得的电阻和其他因素（例如身高）来估算体内水分的含量，然后再利用水分含量，根据研究建立的方程来估算身体构成。由于这种方法测量的对象是水，被测人员必须要适当补充水分。被测人员在脱水或更不常见的水分摄入过量时进行这种测试，会严重影响测试的准确性。生物电阻抗分析仪器的质量也会影响测量结果。高精度研究级别的生物电阻抗分析仪器设有多种频率的电流，具备更高的准确性，可以测量出体内水分所在的位置（即是在细胞内还是细胞外）。成本较低的生物电阻抗分析仪器，对全身水分含量和脂肪百分比的测量的准确度均较低。

皮褶厚度测量法

皮褶厚度测量法通常用于在现场评估身体构成（Heymsfield et al., 2005）。该方法基于这一事实：大部分被储存起来的脂肪都位于皮下。因此，一旦测得了身体多个部位的皮褶厚度并将其累加，得到的总和就反映出了皮褶的整体厚度，也就说明了人体的脂肪百分比。专家建议从身体的所有部位中适当选择一些部位进行评估（Pollock & Jackson，1984）。我们可以对腿部、手臂、背部和腹部进行标准化测量，因此，该方法还可以从数量方面测量出你身上脂肪储存的位置，以及不同部位脂肪存储量的变化程度。然而，这种方法无法对内脏脂肪组织进行测量，因为它们位于腹部肌肉层的下方。

皮褶厚度测量值的可接受度，比生物电阻抗分析法的测量结果的可接受度要低，要想让这种方法测得的结果为人所接受，是比较富有挑战性的。首先，测量皮褶厚度所需的合适的卡尺必须是高质量的。研究级别的卡尺可能要花费数百美元，即便是校得很准的弹簧式卡钳也很昂贵。其次，测量者要想获得有效且可靠的测量数值，需要在体形各异的许多人身上进行大量测量。想要找到一个训练有素且经验丰富的测试人员，可能会有些困难。另外，别人在评测你的皮褶厚度时，需要在身体的多个部位触摸你，你可能会觉得不舒服。最后，在将皮褶厚度总和转换为脂肪百分比的估算值时，测试人员需要从众多的预测方程中进行选择，选择的结果可能会影响估算的准确性。总

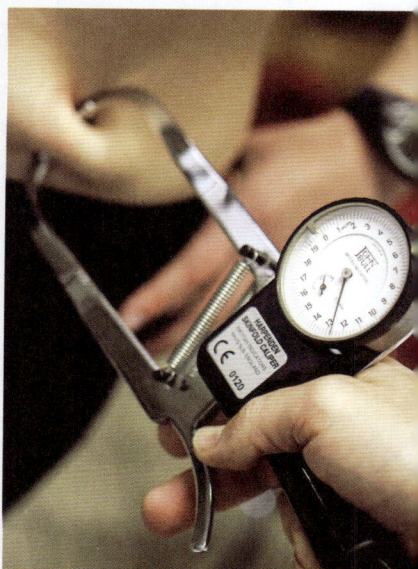

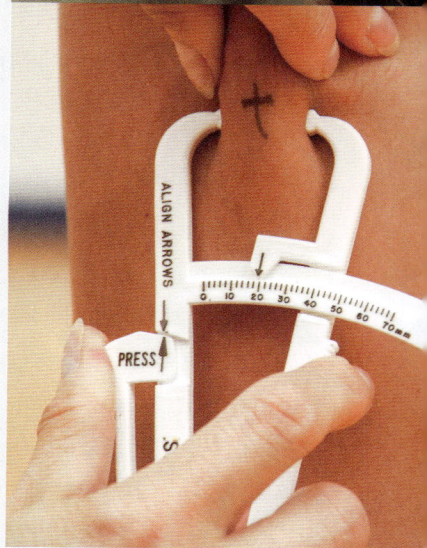

研究级别的卡尺与低质量卡尺的对比图。

之，要想运用这种方法获得相对准确的估算值，是很具有挑战性的，特别是当你想要使用该方法来评估人体脂肪百分比的变化时更是如此。

体重状态和身体构成的个人测评法

你评估自己的身体构成，无论是出于什么目的，是想了解自己的健康情况，还是想建立一个基准数据，并以此来跟踪进展情况，帮助你做出各种有根据的选择。你选择采用的方法都将取决于你的目的、设备的可用性、测评的专业知识，以及你想为测评花多少钱。如果你无法使用之前介绍过的一些较为复杂的测量设备，你至少应该要监测你的体重和腰围。

体重状态

体重主要通过**体重指数**（BMI）来评估，体重指数是体重（单位：千克）除以身高（单位：米）的平方。尽管利用体重指数对身体构成进行个人测评存在种种局限，但它确实为健康风险的评估提供了一个现成可用的指标。腰围大小与内脏脂肪量高度相关。合理地测量身高、体重和腰围，是获得良好基准数据和跟踪其变化的关键。因此，购买一个好的卷尺或始终注意你的皮带扣在何处，可以帮助你了解自己的健康状况，并可以让你的体重管理保持在可控范围内。监测你的体重状态时，要注意以下4点。

- 在一天中的同一时刻称重。
- 在每周的同一天称重。
- 穿着同样的衣服称重（或根本不穿衣服进行称重。）
- 使用同样的体重秤进行称重。

另外，要认识到体重会在一天或一周内发生正常的波动，这主要是由于你的饮食影响了体内水分的变化，尤其是盐和淀粉类食物。其他因素也会影响你的体重，例如天气、压力和激素的变化，如果你是女性，则还要包括由月经周期引起的变化。

个人用生物电阻抗分析仪器的多种选项

许多个人用的生物电阻抗分析仪器，都可以以 50 ～ 200 美元的价格买到，包括手持设备和立式秤。立式秤的质量更好，许多更精确的个人设备都是可以测量体重的立式秤。记得使用前面提到的 4 点来把你的测量方案标准化，特别要注意那些影响体内水分的因素。如果你在家里使用立式秤，请务必要把它放在绝对平坦的表面上。在凹凸不平的浴室瓷砖或长毛绒地毯上称体重，会导致读数不准确。最后，要阅读具体的使用说明，如果有方程式这一项的话，要特别注意其说明。与皮褶厚度测量方法类似，有许多预测方程和多种选择可以影响这种方法的准确性。虽然许多公司都生产个人用的生物电阻抗分析仪器，但有两家制造商在生物电阻抗分析仪器行业已经经营了几十年，它们分别是研究级别仪器领域的 RJL 系统（RJL Systems）公司和个人用仪器领域的塔妮塔（Tanita）公司。建议你去访问他们的网站，以获取更多信息。

优质的资源及服务

除了定期监测你的体重和腰围，以及（可能的话）考虑给自己购买生物电阻抗分析仪器供家庭使用之外，另一个不错的选择是付费使用本章前面所述的优质评估技术。例如选择去配备有双能 X 射线吸收测定仪的医疗机构进行付费检测。此外，某些健身机构

🕐 当下和以后

找到你对生活的最佳评价

当下

你上一次在一个高品质的体重秤上称体重是什么时候？在当今世界，要想与体重秤保持健康的关系，可能是一项挑战。一方面，我们需要留意我们的体重和身体构成。另一方面，从情感和心理的角度来看，过度监测或者专注于或过于重视相关身体数据，反而是有害的。一个健康的策略是，确定一个固定的评估频率。评估体重和腰围的最佳频率可能是一个月一次，也可能是每个季度一次。

以后

对于当今社会的大多数人来说，进入中青年后，体重和脂肪量每年缓慢地增加是自然的。虽然体重上的这种变化，部分上是在身体成熟和老化的过程中自然发生的，但其中很大一部分是由于生活方式的改变，即那些与职业、家庭结构，以及我们对压力的反应有关的生活方式的改变。随着年龄的增长，对体重保持健康的心态，会增加你的身心同时获得健康的机会。

回家思考

简单的事实就是，从健康的角度来看，如果你始终能达到美国运动医学会提出的运动指南和运动建议中的标准，尤其是抗阻训练方面的标准，并且你的腰围也处于健康范围内的话，那么你的身体构成自然也会一直处于健康范围内。与时俱进地管理你的身体构成，是你在年龄增长过程中保持健康的一个关键策略。

拥有值得信赖的生物电阻抗分析仪器和训练有素的操作人员。强烈建议你选择本章所述的现有测量身体构成的常见方法。

成为一名用心的身体构成评估服务的消费者

首先，在评估你的身体构成这件事上，你要致力于形成一种健康的观念。问问你自己，是否有一个健康的思维模式，其运行的过程或结果会不会对你的身心健康产生负面影响？

评估的目的

在评估你的身体构成之前，你应该思考一下自己想要测量这些数据的原因。你想知道自己是否健康吗？你是否正在试图建立一个基准数据，这样你就可以跟踪自己对一个新的运动或饮食计划的反应？

还是说，你在和朋友进行比较，想更胜一筹？也许你看过精英运动员或超级模特的脂肪比例数据，但这些人不是合适的比较对象。根据你的回答，也许你不需要评估你的身体构成，因为相关数据对你的身心健康都没有益处。

身体构成评估是估算结果！

你可能已经注意到，在阅读前面对身体构成测量方法的描述时，给出的都是脂肪百分比的估算值。另一种理解就是，给出的数值都有一定程度的误差。然而误差是无法避免的，因为要想真正了解你的身体构成，唯一的方法就是把你当作尸体通过化学分析来进行评估，当然我们都认为这不是一个好主意！

有了身体构成的评估方法，你就能够看到付出多少就能得到多少。这意味着，更昂贵的设备和更复杂的专业知识，将给出误差程度更小的估算值。例如，双能 X 射线吸收测定法可以给出误差仅为 1% ~ 2% 的估算值。另外，市面上许多生物电阻抗分析仪器的误差率为 4% ~ 5% (Heymsfield et al., 2005)。因此，根据你的评估目的、可用的测量方法和专业测试人员的水平，以及你的资源，更明智的选择可能是不要去评估你的身体构成。因为误差程度可能太大了，从而无法给你或你的计划提供参考价值。

体重状态、身体构成，以及你罹患慢性疾病的风险

身体构成的 3 种成分——脂肪、瘦肉软组织（包括肌肉）和骨骼，都与主要疾病直接相关。脂肪量过多（脂肪百分比高），尤其是脂肪储存在身体的某些部位，被定义为超重或肥胖。超重与许多慢性疾病和病症有关，人进入中年以后，这些疾病和病症会日益增多。同时，肌肉量过少和骨量过低，也会导致严重的病症和疾病，它们通常会在生命的后期出现。

体重状态分类

表 7.1 列出了包括体重过低、体重正常、超重和肥胖等类别的体重指数分

类，其中还包括了世界卫生组织（World Health Organization，WHO）认同的次级分类。还记得吗，体重指数是用你的体重（单位：千克）除以身高（单位：米）的平方得出的。如果你想用磅和英寸作为单位来计算的话，计算起来就要复杂一些，因此，我们建议你使用在线的体重指数计算器来计算你的体重指数。由于腰围与内脏脂肪量，还有罹患代谢类疾病的相关风险之间存在着重要的联系，因此，除了体重指数外，该表还列出了基于腰围得出的罹患代谢类疾病的风险程度。这意味着，一个人的体重指数可能正常或超重，但由于腰围过大，患上疾病的风险便增加了。该表还列出了体重过低和肥胖严重程度的各次级分类。

体重指数和脂肪百分比的关系

在各年龄的人群中，体重指数和脂肪百分比之间都存在着相对较强的联系，这就是为什么在医生的办公室里，体重指数会被用于评估健康状况。此外，许多研究结果也支持这样一个事实：对于一个典型的成年人来说，超重和肥胖类别中的体重指数水平，与罹患慢性病的可能性和死亡风险的增加有关。然而，这些预测并不是绝对的。许多其他因素，如身体活动量和运动量、饮食质量、吸烟、酗酒以及压力等，都会影响此类风险。

此外，体重指数可能会歪曲一个人的身体构成情况。在下面列出的几种特殊情况下，请谨慎地解读相应的体重指数。

表 7.1　体重指数及腰围的分类情况

体重状态分类	体重指数	罹患代谢类疾病的风险程度	男性腰围	女性腰围
体重过低、过度消瘦	<16.0			
体重过低、消瘦	16.0~16.9			
体重过低、较瘦	17.0~18.4			
体重正常	18.5~24.9	正常	< 94 厘米	< 80 厘米
超重	25.0~29.9	增加	94~102 厘米	80~88 厘米
一级肥胖	30.0~34.9	大幅增加	> 102 厘米	> 88 厘米
二级肥胖	35.0~39.9			
三级肥胖	≥ 40.0			

源自：WHO（2008）。

- **肌肉发达的运动员**。经历过大量高强度抗阻训练的人——通常是男性，有着较高的体重指数。这并不是由于脂肪的增加使他们的体重增加了，而是增加的肌肉量增加了他们的体重，从而他们的体重指数也升高了。
- **身高发生改变**。因为体重指数的计算公式中有身高这一项，因此，任何身高改变的情况，都会影响体重指数与脂肪百分比的关系。例如，老年人的身高在生命的后期会萎缩几厘米。如果他们的体重稳定不变，他们的体重指数就会偏高。
- **身体活动减少**。对于那些卧床不起，由于疾病、脊髓损伤或其他障碍而无法行走的个体，体重指数和脂肪百分比之间的关系也可能会由于肌肉量的减少而大大改变。而那些能走路但选择基本上久坐不动的生活方式的人，其肌肉量的减少也会导致体重指数不能准确反映脂肪百分比。

脂肪百分比健康状况和健康类别

与那些为体重指数设立的各种标准不同的是，不存在可被所有人接受的脂肪百分比的标准。然而，美国运动医学会（2018）已经确定，10%~22% 的脂肪百分比和 20%~32% 的脂肪百分比，分别是对男性和女性的健康有益的脂肪百分比。年龄和性别等，都可能会影响到健康范围内的脂肪百分比（Gallagher et al., 2000）。表 7.2 说明了在体重指数的衡量下被归为正常体重、超重和肥胖类别的男性和女性的相应脂肪百分比范围。注意，女性的脂肪百分比应比男性高。脂肪百分比的轻微增加(3%~5%)是衰老过程中的正常现象。

美国运动医学会还建议，使用脂肪百分比范围，将20岁~29岁的男性和女性的身体构成状况划分为这样几个类别：非常苗条、优秀、良好、中等、差和很差（American College of Sports Medicine, 2018）。表 7.3 总结了青年男女各类

别的主要划分点。过度消瘦——相当于年轻男性的脂肪含量低于3%，年轻女性的脂肪含量低于8%，这可能对健康有害。

并非所有的脂肪储存状态都是均等的

人们的脂肪储存在何处，会影响到他们患多种慢性病症和疾病的风险。记住，并不是所有的脂肪储存状态都是均等的。作为一个健康的青年人，你在哪

表 7.2 基于体重指数的脂肪百分比分类

	20~39 岁		40~59 岁		60~79 岁	
	女性	男性	女性	男性	女性	男性
体重指数 = 18.5 千克 / 米 ^{2} （正常体重）	20%~25%	8%~13%	21%~25%	9%~13%	23%~26%	11%~14%
体重指数 = 25 千克 / 米 ^{2} （超重）	32%~35%	20%~23%	34%~36%	22%~24%	35%~38%	23%~25%
体重指数 = 30 千克 / 米 ^{2} （肥胖）	38%~40%	26%~28%	39%~41%	27%~29%	41%~43%	29%~31%

源自：Gallagher et al.（2000）。

表 7.3 青年人 (20~29 岁) 身体构成状况的分类

脂肪百分比		
分类	男性（%）	女性（%）
非常苗条	6.4	14.0
优秀	10.5	16.1
良好	14.8	19.8
中等	18.6	23.4
差	23.3	28.2
很差	33.4	38.6

源自：ACSM（2018）。

🕐 当下和以后

要当心松糕腰和啤酒肚！

当下

虽然拥有健康的体形和身材的人很多，但如果你的遗传基因倾向于将多余的脂肪储存在腹部，那么，你就需要注意自己的腰围了。"松糕腰"这个词经常用于描述一个较瘦但腰很粗的女性，这主要是因为饮食选择不当和久坐不动的生活方式，导致腹部皮下脂肪堆积。经常用于形容男性的一个类似的标签是"啤酒肚"，它指的是男性腹部内脏脂肪和皮下脂肪的堆积。不良的核心肌肉健康和姿势状况，会导致这种情况的出现。

以后

随着年龄的增长，人的腰围会增大，处于更年期的女性更是如此。腰围过大（大于健康的范围）是过早患上三大代谢类疾病——心血管疾病、Ⅱ型糖尿病和癌症——的主要风险因素，这些疾病通常在中年时才会出现。同样，核心肌肉薄弱和姿势不良，也会导致你更易腰（下背部）痛和受伤。

回家思考

通过定期选择健康的营养搭配和经常开展各种身体运动，你可以从脂肪储存、核心力量和姿势这两方面着手来管理好你的腰围，这会给你以后的生活带来很大的好处。你不需要练成 6 块腹肌，但是你应该努力令自己的健康状况保持在表 7.1 所描述的健康范围内。

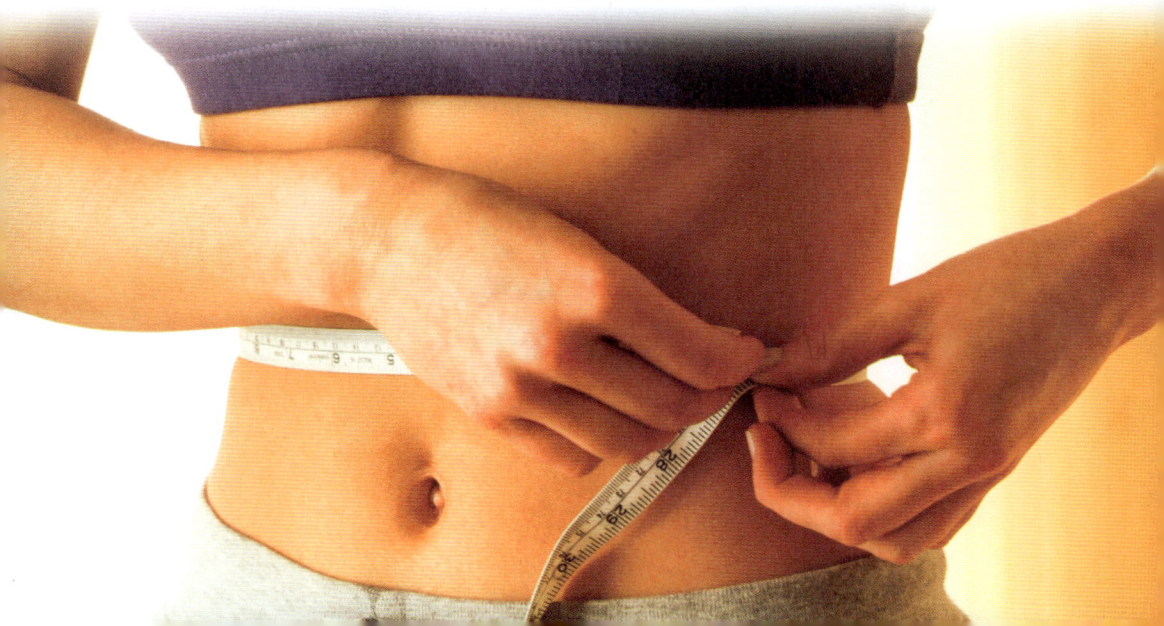

里储存脂肪取决于你的基因、性激素，在较小程度上还取决于你的身体活动水平、饮食质量和压力激素的水平。

如前所述，随着年龄的增长，身体构成也会发生变化。女性（在某种程度上也包括男性）体内更占上风的脂肪储存模式，会令她们更倾向于在身体中段储存更多的脂肪，而在下半身储存更少的脂肪。此外，随着脂肪物质含量的提高，以及久坐不动的生活习惯，你的肌间脂肪组织的含量会增加。简单地说，随着年龄的增长，肌肉会变得更松弛。记住，松弛的肌肉质量更差！

另一个储存异位脂肪的重要部位是肝脏。肝脏中有少量的脂肪是正常的，但是，一旦脂肪量超过了肝脏重量的10%，你就很有可能会患上脂肪肝。脂肪肝有两种主要类型：酒精性脂肪肝和非酒精性脂肪肝。后者常见于中年肥胖者。正如预期的那样，如果一个中年肥胖的人同时过量饮酒，那么他患脂肪肝的风险就会大大增加。记住，要善待你的肝脏！

预防肌肉减少症：保持你的肌肉量

相对健康的青年人都有足够的肌肉量来满足其日常生活的需要。然而，人到中年（45～65岁）时，无论男女，都开始以更快的速度流失肌肉。

随着年龄的增长，许多老年人都会面临患上**肌肉减少症**，或者是与年龄相关的肌肉量和力量损失的风险。肌肉减少症通常是在实验室或临床上，通过使用双能X射线吸收测定法测量手臂和腿部的肌肉质量时诊断出来的。肌肉减少症是老年人功能衰退和丧失独立生活能力的最重要原因之一。

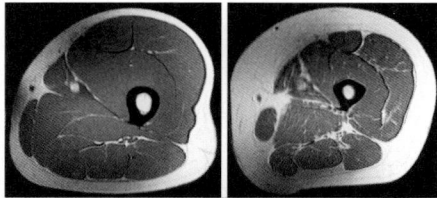

一名健康爱动的年轻女性与一名久坐不动的肥胖老年女性的肌间脂肪组织的磁共振成像对比图。

虽然对你的生活来说，这听起来是个坏消息，但好消息是，我们的肌肉在我们90多岁时，仍然能够对抗阻训练做出反应，从而变得更加结实。许多研究表明，患有各种慢性疾病的各个年龄段的老年人，仍然可以安全地进行抗阻训练，这将给他们带来增强身体功能方面的好处，并让他们有能力独立生活。

如果你想拥有美好的晚年生活，那就养成将抗阻训练融入每周例行运动中的习惯吧。单单这一种健康行为，就可以在晚年给你带来巨大的健康回报！

骨质疏松症：在生命的早期阶段建立起骨库是很重要的

骨质疏松症是一种骨骼疾病，当身体流失过多的骨量，或者骨骼的产生量太少，或者两者兼而有之时，就会引起骨质疏松症。得了此病后，骨骼会变得脆弱，在非创伤性损伤（如在浴室摔倒或在结冰的人行道上摔倒）时，骨折的风险会更高。大多数人认为，骨质疏松症是身材瘦小的老年女性才会得的疾病，但实际上，骨质疏松症会影响到所有人。这种病的后果非常严重，对医疗保障系统也是一个不小的挑战。并且，骨质疏松症的病情发展是隐匿无声的，这意味着你可能完全不知道自己已经得了这种疾病——直到你骨折了。更重要的是，罹患骨质疏松症的风险开始于生命的早期！好消息是，在很大程度上，你可以通过良好的健康行为来预防它。

如何诊断骨质疏松症及谁会患上骨质疏松症

通常情况下，要根据一个人的年龄和健康史进行骨质疏松症的筛查。除了测量脂肪量和瘦肉软组织（主要是肌肉）外，双能 X 射线吸收测定仪器还可以用来测量骨量和骨密度。**骨密度 T 值**是用于诊断骨质疏松症的主要工具。T 值是指低于健康年轻人骨密度峰值的标准差。图 7.3 总结了世界卫生组织给骨质疏松症所下的定义：骨密度 T 值低于或等于 2.5。这相当于比同一性别的健康年轻人的骨密度峰值低 2.5 个标准差。

罹患骨质疏松症的主要风险因素是年龄，因为骨质流失是衰老过程中的正常现象。下面列出了导致这种疾病的其

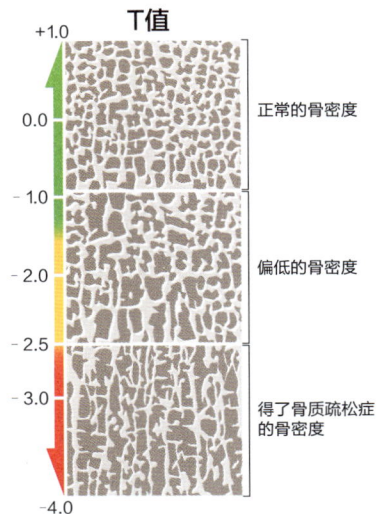

图 7.3　以双能 X 射线吸收测定法测定的 T 值作为参照的骨质疏松症诊断标准

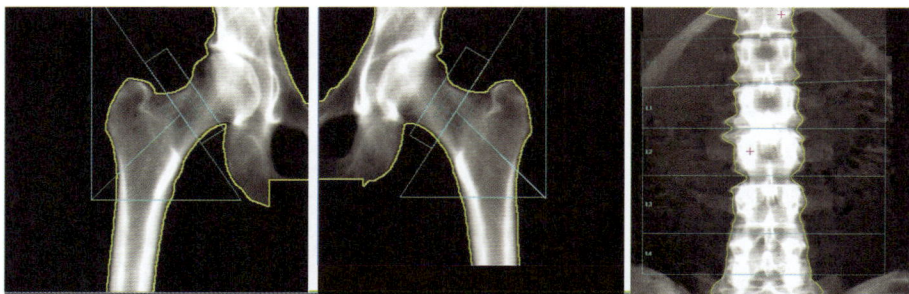

对髋部和脊柱开展的双能 X 射线吸收测定扫描，通常用来诊断骨质疏松症。

他主要风险因素，你可以将这些因素与你的个人情况和健康史进行比较。

- **性别**。由于骨骼大小和性激素水平的不同，女性患骨质疏松症的风险高于男性。
- **疾病、病症和医疗干预手段**。癌症、内分泌或激素紊乱、自身免疫性疾病（如红斑狼疮等），以及消化系统疾病（如乳糜泻），是少数几个会增加罹患骨质疏松症风险的健康威胁因素。
- **药物**。许多药物（例如类固醇）都会影响骨骼健康。
- **营养**。钙和维生素 D 摄入不足对骨骼健康有直接影响。
- **身体活动和运动**。久坐不动，尤

上了年纪的人（即使是 90 多岁），仍然可以安全地开展抗阻训练！

其是卧床不起，会严重影响骨骼健康。

骨库："存骨"和"取骨"

随着年龄的增长，所有人的骨量和骨密度都会有所下降。如果你活得足够久，你很可能会患上骨质疏松症。当你在计划退休生活时，你的目标可能是在你最能赚钱的时候把钱存进银行，以便在你退休后需要用钱的时候可以取钱。如果你计划得当，你就不会在还活着时就花光了钱。同样的道理，骨骼健康的目标是，最大限度地增加你骨库中的存量，因为人在中年前后的某个阶段——特别是对于更年期的女性而言，骨量在这时就会开始下降，骨密度也会减少。因此，你建立骨库的目标是，在自己先天条件允许的情况下，尽可能多地存下骨量，并最大限度地提高峰值骨量，同时，在自己老去时能够将骨量下降曲线拉平（见图 7.4）。这个由两部分组成的策略，有助于确保你的骨密度保持在骨折区域之外，并且能保证即使你活到 90 岁或更老，你在以后的生活中也不会因骨质疏松症而遭受骨折！

> 在你年轻时令你的峰值骨量最大化，可以降低你年老时的骨折风险。在生命的早期，是值得往你的骨库中"存款"的！

健康的身体构成对你有益—— 无论是在今天还是在未来

一个有规律地进行身体活动和运动以及健康饮食的计划，对于拥有健康的身体构成而言是非常重要的。健康的身

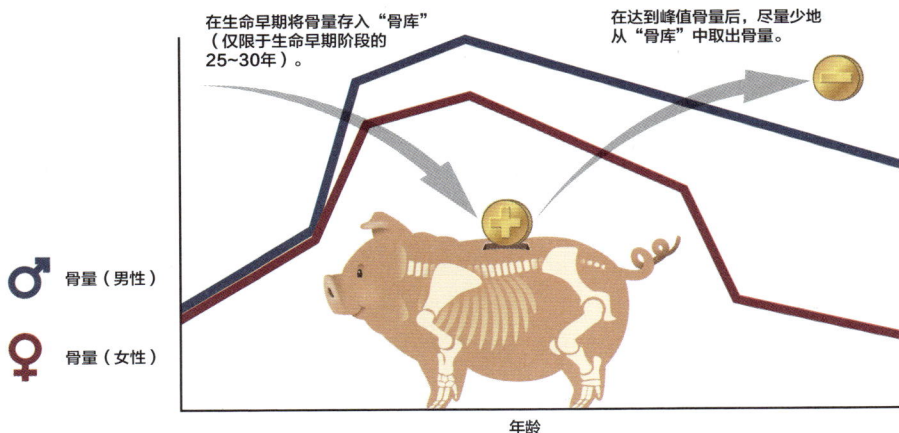

在生命早期将骨量存入"骨库"（仅限于生命早期阶段的 25~30 年）。

在达到峰值骨量后，尽量少地从"骨库"中取出骨量。

♂ 骨量（男性）

♀ 骨量（女性）

年龄

图 7.4　为了保持终生骨骼健康，要在生命早期贮存更多的骨量，并在生命后期尽量少地提取骨量。

体构成意味着，保持合适的脂肪量和足够的肌肉量，同时，就你所处的生命阶段，让自己的骨量和骨密度达到最佳状态。虽然你无法注意到或感觉到你的骨骼健康状况，但保持肌肉量和脂肪量之间的良好比例，将为你带来许多好处。你可能会注意到，以下列出的许多好处，与你在第 4 章和第 5 章中读到的益处非常相似。如果你致力于打造规律的健身计划和养成良好的饮食习惯，那么，你将成功管理好自己的身体构成！

在身体构成健康的情况下，你会感觉更好、身体各项功能的表现更出色，包括下列几种情况。

- **更有力量、更有精力。**挪动超重的东西就像背着一个较重的背包那样轻松。
- **工作、娱乐或运动表现得到提升。**不健康的身体构成会降低你的生理功能，这会对你的工作、娱乐或运动表现产生负面影响。
- **更健康的心理状态和自我形象。**肥胖会影响心理健康。被贴上超重或肥胖的标签，会对人造成情感上的伤害，这会导致其产生社交焦虑和抑郁，并会对其自尊产生负面影响。许多人每天都生活在对自己身体的不满中。
- **预防三大代谢类疾病和生理功能性疾病。**虽然心血管疾病、糖尿病、癌症、肌肉减少症和骨质疏松症等疾病通常发生在晚年，但值得重申的是，这些健康威胁往

往在青年时期就悄无声息地开始出现了。成功管理好你的身体构成，相当于为未来最好的自己投资。

你的身体构成管理计划

身体构成不仅仅是脂肪（脂肪占体重的比例）。希望你现在能够想到你的身体是由 3 个部分组成的：脂肪、瘦肉软组织（包括肌肉）和骨骼。虽然体重管理的内容到第 9 章才出现，但下面的信息仍然可以帮助你了解一些计划组成的关键部分。

目标决定计划

你要制定怎样的身体构成管理计划，这在很大程度上要看你的目标是什么。你的个人目标可能是功能性的，例如，在你工作或娱乐的时候，你想表现得很好。或者你可能更关心自己的外表和自我感觉，想让自己看上去漂亮，并且自我感觉良好。我们都认识到，在我们的社会里，拥有健康的身体构成的人，被认为是非常有吸引力的。我们希望你的目标能既关心你的现在，也兼顾你的未来。"现在"以及终其一生不断把骨量存在你的"骨库"里，能够降低你罹患骨质疏松症的风险。此外，致力于每周坚持锻炼心肺功能和肌肉力量，可以减少你一生中罹患许多疾病的风险。

身体构成管理的三足凳

形容健康身体构成的一个绝佳的概

念化模型是三足凳（见图 7.5）。除非凳子的三条腿都是功能最佳的，否则凳子将不能最好地发挥作用。不管脂肪、瘦肉软组织（包括肌肉）还有骨骼这三大成分如何，最佳的健康状况还是要取决于这 3 个主要因素：运动和身体活动、营养、激素。

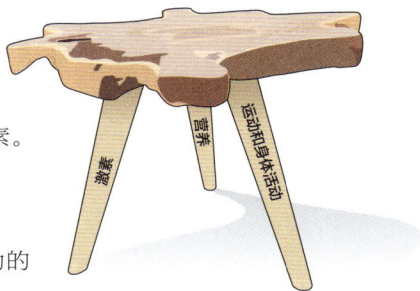

运动和身体活动：运动模式很重要

希望前面各章已经让你了解到了习惯性运动的重要性，并提供了一些信息，用来指导你制定出一个个性化的、能让你经常安全运动的计划。至于要形成健康的身体构成，运动模式真的很重要！请考虑身体构成管理的以下几个方面。

图 7.5 健康身体构成的三足凳：运动和身体活动、营养、激素。

- **脂肪量**。由于心肺耐力运动会消耗大量的能量，而能量平衡对于保持健康的脂肪量水平又非常重要，

✓ 行为检查

在你下次运动时，想想骨骼负重问题吧

想想你现在是如何运动的。你在锻炼或享受娱乐活动时，有没有想过你的骨骼呢？跳跃、举重和搬运重物——力量训练房内的各种重量器械、干草捆或野营背包，都是安全负重的好方法。由于许多年轻人（特别是女性）没有达到身体活动指南所建议的力量训练方面的标准，所以他们的"骨库"可能无法达到遗传基因所能允许的峰值骨量。你要想些办法时常让你的骨骼进行安全负重！

所以你要选择能消耗大量能量的运动。运动的强度越大、持续时间越长，消耗的能量就越多。

- **瘦肉软组织（包括肌肉）。** 在锻炼肌肉时，做任何运动都比不运动好，但较高强度的力量训练则是获得和保持肌肉量的最有效方式之一。
- **骨量和骨密度。** 想要让骨骼产生适应能力，必须要对它增加负荷。为了健康，可对骨骼增加的最佳负荷包括：地面反作用力（如跳跃、跑步）、关节反作用力（如力量训练），以及新的各种力。许多体育活动涉及各种负荷力的组合。由于年轻时的技术水平便于你开展体育运动和安全的重量训练，所以你的青年时期就是打造健康骨骼的黄金时期，此外，大多数青年人都拥有健康的关节和骨骼，能够承受超负荷的运动。

营养

最佳的营养搭配对于健康的身体构成至关重要。虽然我们要控制摄入的热量以控制体重，但也要摄入足够的营养元素以保持健康的身体构成。例如，摄入充足的蛋白质对肌肉的维持和骨骼健康很重要，在生命后期阶段尤其如此，对骨骼健康至关重要的微量营养元素是钙和维生素 D。不良的饮食习惯和缺乏运动，是当代社会肥胖发生率以及肌肉减少症和骨质疏松症发病率上升的主要原因。

激素

激素在人保持健康的身体构成中也起着主要作用。睾酮和雌激素等性激素，以及其他生长激素和因素，对男女青春期及青春期之后产生的脂肪、肌肉和骨量的各种差异，负有主要的责任。这些激素随着年龄的增长而自然下降，这是身体构成发生变化的一个关键原因，这些变化包括脂肪量的增加以及肌肉量和骨量的减少。

如果你是女性，月经周期出现无法解释的不规律或缺失现象，而且你没有怀孕，那就请咨询你的医生。因为，这说明你的骨骼健康可能遭到了损害。

然而，在一个特定的生命阶段，激素水平异常对于健康的身体构成也是有不良影响的。例如，由于各种医学原因，许多年轻女性月经周期不规律。如果一名年轻女性在 16 岁之前还没有来月经、连续 3 个周期不来月经，或者月经周期超过 35 天，就可能出现骨量流失的情况。雌激素减少的状态可能会导致骨量流失，这类似于更年期的女性发生的骨量流失。

活动量大的女性应该要注意防范**女运动员三联征**，它包括 3 个截然不同且相互关联的病症：饮食失调（带有种种营养不良的行为）、闭经（月经周期不规律或缺失）和骨质疏松症（骨量低且骨质不好，会增加患者出现骨质疏松和骨折的风险）（Joy et al.，2014）。三联征最常出现在训练有素、非常苗条的女

运动员身上，她们由于非常苗条或清瘦，而在运动中出类拔萃（例如舞者、体操运动员、长跑运动员）。尽管这种病症在女性中最为常见，但是，那些致力于参加设置了重量级的运动（例如摔跤、划船、武术）的男性，也可能患上某种类型的三联征。这是一个能说明三足凳模型的绝佳例子。

运动员对其骨骼增加了很重的负荷，但营养摄入不良或不足，会打乱她的月经周期，导致她的雌激素水平远低于正常水平。她的"三足凳"现在只有一条腿是最佳的：运动。三联征或任何其他导致月经周期紊乱的原因，降低了骨量达到峰值的概率。

本章总结

身体构成是身体健康的最后一个组成部分，身体健康还包括心肺耐力、肌肉力量和肌肉耐力，以及柔韧性等状况良好。虽然身体构成通常被认为是身体内脂肪所占的比例，但肌肉和骨骼也是其主要成分。在实验室和你的家中，你都可以对身体构成进行准确而全面的测量。让营养搭配达到最佳并经常开展身体活动和抗阻训练，这对成功管理好你的身体构成会有长久的帮助。今天你的努力所带来的好处将会在你的日常生活（包括体育运动和积极的休闲活动）中体现出来：你的身体功能变得更好，你看起来也会更棒，同时你自己也会感觉更棒。同时，今天努力的最大回报也会在未来体现出来：随着年龄的增长，你患慢性疾病的风险会大大降低，你感觉自己更好和身体功能表现得更好的可能性也会大大增加。下定决心，从今天就开始好好管理你的身体构成！

复习题

❶ 以三分法模式为框架，列出并描述可能影响你的健康的各主要身体构成成分。

❷ 描述在实验室、现场和自己家中测量身体构成的主要方法。哪种方法最准确？

❸ 体重指数是一个有用的健康指数，但它也有局限性。在用体重指数对体重状态进行分类时，什么情况下需要谨慎地使用这一概念？

❹ 虽然慢性病通常到中年才会出现，但它们通常是在青年时期就开始萌芽的。描述一下 3 种身体构成是如何与晚年易得的主要疾病相关联的。

❺ 列出并描述健康的身体构成将以何种表现方式使你在生活中更好地发挥身体功能，并感觉更棒。

❻ 身体构成"三足凳"的 3 条腿分别是什么？作为一名青年人，你需要考虑哪些具体的行为或因素，然后才能将其应用到你的生活中？

第 8 章

健康饮食的基本常识

本章目标

> 了解主要膳食成分——常量营养素、微量营养素和纤维素，并能识别每种成分的来源。

> 要弄懂为什么每种膳食成分对健康都很重要。

> 要认识到饮食不仅仅是能量摄入，另外，饮食质量对健康也很重要。

> 找到高质量的信息渠道——包括政府和机构认可的各种指南，以帮助你打造出与你的生活方式、预算和口味匹配的健康饮食计划。

> 了解补水在管理环境压力和日常功能方面所发挥的关键作用。

> 习得成为聪明的消费者所需的各种策略。

关键术语

常量营养素

微量营养素

卡路里

简单碳水化合物

复合碳水化合物

精制碳水化合物

天然谷物

饱和脂肪酸

不饱和脂肪酸

反式脂肪酸

氢化油

完全蛋白质

不完全蛋白质

注册营养师（RDN）

维生素

抗氧化剂

自由基

植物化学物质

矿物质

本章旨在探讨如何在一个经常提供不健康选择的社会中保持饮食的均衡和多样化。在当代社会，身体活动近乎是可有可无的，而与之不同的是，你必须要吃喝才能生存下去。因此，与你管理自己的身体活动不同的是，你需要用不同的技能来管理你的饮食行为。而每当你要去吃喝时，你就不得不决定吃什么、喝什么。在某种程度上，随着更多的研究相继出现，可能真的会发生相关的建议总是在不断变化的现象。但营养方面的基本要素，可能并不像你想象的那样令人困惑。你能持续做出健康选择的关键在于你需要腾出时间来提前制定计划。这样一来，你就可以随时随地享用你喜爱的健康食品，并能帮助你抵制不健康食品的诱惑。

吃得好：既均衡又环保

虽然"吃得环保"一词并没有一个正式的定义，但这是一个常见且流行的词语，用于描述尽可能吃接近其自然状态的食物。"加工"一词在此则具有负面含义。许多人将加工食品与富含人工添加的糖、盐、脂肪和防腐剂的食品联系在一起，但事实并非总是如此。加工只是在食用前简单地改变了一下食材而已。加工的方法包括：冷冻、巴氏杀菌、烹饪、罐装、腌制、烘焙，以及添加维生素与矿物质的食品强化加工。多亏了有加工这道程序，我们才可以全年享用各种各样的食物，吃到更安全、更放心和有助于防止营养缺乏的食物。虽然吃得环保这个想法是好的，但这种做法在实践中显得过于死板，往往是不切实际的，

就像赛车需要高质量的燃料才能正常运行一样，你的身体也需要高质量的食物，以便为你提供最佳的能量。

有时甚至是不安全的。

突破能量数量的视野，转而关注能量的质量

许多人将营养简化到等同于食物所含的能量或热量的地步。但是，你所吃食物的质量也很重要。如果你给你的车加低质量的燃料，它开起来就不会很给力。你的身体也是如此，如果你不能始终如一地为它提供高质量的食物，你的身体就不会运转得很好。在这种情况下，运转就不仅仅是运动，还包括你在生活里的日常功能性活动，如集中注意力、激发能量和情绪管理。从长远来看，身体运转良好意味着降低下面几种疾病的发生概率：第4章中介绍的三大代谢类疾病（心血管疾病、Ⅱ型糖尿病和癌症）、第7章中介绍的骨质疏松症和肌肉减少症，以及其他影响健康的慢性疾病。

必需营养素

对于你的健康饮食来说，一个有益的饮食观是，开始不满足于食物所具备的好味道和所能带来的愉悦感，转而思考它们能提供什么样的营养物质。你的饮食应该能够提供约45种必需营养素。它们之所以被认为是必需的，是因为你的身体无法合成它们，或者至少无法在不引起其他病症或疾病的情况下合成它们。六大类必需营养素包括：碳水化合物、脂肪、蛋白质（三者又合称为**常量营养素**）、维生素、矿物质（二者又合称为**微量营养素**）、水。

卡路里

当提到卡路里这个词时，你会想到什么呢？某种令人害怕的会导致不必要的体重增加的东西？某种你能够从中获取全天所需能量的东西？你在阅读食品标签时会想到这个词吗？**卡路里**（或者更准确地说是**千卡**）是食物所含能量的单位。图8.1按能量密度的顺序，依次列出了3种主要的常量营养素。请注意，虽然酒精既不是常量营养素也不是必需营养素，但一旦被摄入，便会成为每日能量摄入的一部分。

能量需求

能量需求受年龄、性别、身高、体重、运动或身体活动，以及健康状况（如怀孕、疾病）的影响。此外，减肥、增重或保持体重的需要或愿望，都可能会影响你的能量需求量。本章的膳食指南会根据年龄、性别以及身体活动水平，估算出你的能量需求。第9章中将会更全面地探讨能量需求。

碳水化合物：极佳的能量来源

在消化过程中，碳水化合物会被分解成葡萄糖，其中一部分供身体利用，一部分作为糖原储存在肝脏和肌肉中。糖原是身体主要的能量来源，而葡萄糖则是大脑唯一的能量来源。

碳水化合物为正在工作的肌肉提供了唾手可得的能量来源，在高强度运动期间尤其如此。从能量储存的角度来看，与体内储存的脂肪和蛋白质的量相比，体内储存的碳水化合物的量非常少。

你能想到的含有碳水化合物的食物有哪些？如果你能想到面包、土豆、意大利面和饼干，那么你肯定是对的，但实际上，我们食用的大多数食物都含有碳水化合物。就每日的能量摄入而言，与其他常量营养素相比，碳水化合物提供了最多的能量。表 8.1 总结了按照**简单碳水化合物**和**复合碳水化合物**进行分类的各类碳水化合物，它们又可进一步分为**精制碳水化合物**和**天然谷物**（Institute of Medicine，2005）。

简单碳水化合物

你的味觉能识别出简单碳水化合物，因为它们为我们的食物增添了甜味。它们天然存在于水果和牛奶中，并且在软饮料、水果饮料、糖果、甜点、酸奶、调味品和植物性乳制品（如豆奶）中，也会添加简单碳水化合物。

添加糖

添加糖不是食品中天然存在的糖。它

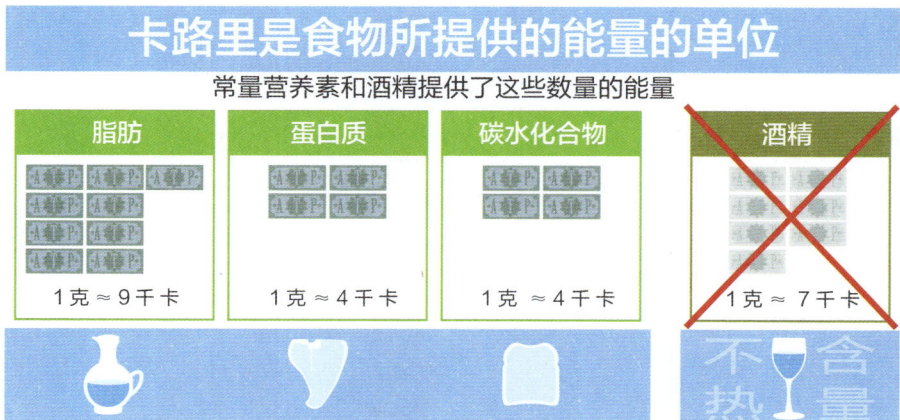

图 8.1 每克常量营养素和酒精所含的能量（或"能量块"）的数量不同

们是由消费者或食品制造商添加进食品的。如果你在燕麦片中加入红糖或在茶中加入蜂蜜，那你就在饮食中添加了糖。天然存在于水果或牛奶中的糖，不会被视为添加糖。许多富含添加糖的食物都是低质量的能量来源，它们会提供不必要的热量和最低限度的营养素。除了增加你变得肥胖和患上其他代谢类疾病的风险之外，添加糖也会导致蛀牙。

饮食中的添加糖摄入过量是美国的一个主要公共健康问题。在美国，平均而言，人们每天摄入的添加糖的热量为 270 千卡，相当于每天能量摄入量的 13%。

> 未来，人们将比以往更容易发现食物中的添加糖，因为届时，食品标签上将以克为单位，清楚地标出"添加糖"的含量。

含糖饮料、甜食和甜点是美国人摄入添加糖的主要来源。建议的饮食中的添加糖含量为每日能量摄入量的 10% 或更少（U.S. Department of Health and Human Services and U.S. Department of Agriculture, 2015）。虽然我们经常会意识到有意添加的糖（即早晨往你的咖啡中添一勺糖），但包装好的食品中隐藏的糖分却很难被注意到。这些食品包括酸奶、花生酱、加工的水果混合物或冲剂，以及零食。阅读食品的成分列表或食品标签以确定食物中含有多少添加糖，可以为你提供很多信息，从而有助于你选择食物。

复合碳水化合物：精制碳水化合物和天然谷物

天然谷物是复合碳水化合物的来源，它们包括谷物的胚芽、胚乳和麸皮（见图 8.2）。

与加工过的碳水化合物相比，天然谷物通常具有更高的能量密度，含有更多的营养成分，其中包括纤维素、B 族维生素和矿物质（Whole Grains Council, n.d.）。天然谷物在被精加工时，经常会被去除胚芽和麸皮，主要留

表 8.1　碳水化合物的类型

简单碳水化合物（糖类）： 缺乏维生素、矿物质和纤维素	复合碳水化合物： 提供维生素、矿物质和纤维素
单糖：单糖分子 ·葡萄糖 ·果糖 ·半乳糖	淀粉：长而复杂的糖分子链 ·谷物（小麦、大米、燕麦） ·豆类（豌豆、扁豆） ·块茎和蔬菜（土豆、山药、玉米）
二糖：双糖分子 ·蔗糖（果糖＋葡萄糖） ·麦芽糖（葡萄糖＋葡萄糖） ·乳糖（半乳糖＋葡萄糖）	纤维素（不可被消化的碳水化合物） ·可溶性（燕麦、大麦、豆类、一些水果和蔬菜） ·不可溶性（麸皮、蔬菜、天然谷物）

源自：Institute of Medicine（2005）。

下淀粉质胚乳。这个加工过程就是将糙米变成白米、将全（天然）麦面粉变成白面粉的过程。由精制谷物制成的食物通常会添加维生素和矿物质以增加其营养，不过，在精制过程中损失的营养素并不是全部都会补足的。人们认为精制碳水化合物比天然谷物所含的营养物质更少。出于这个原因，美国农业部（USDA）建议，消费者食用的谷物要有一半是天然谷物。天然谷物的一些例子包括：糙米、全麦面包、全麦面食、藜麦和爆米花。由于天然谷物含有纤维素，因而得以在体重管理和胃肠健康方面发挥重要作用（U.S. Department of Health and Human Services and U.S. Department of Agriculture，2015）。

纤维素：不止关乎排便

如果因为纤维素与必不可少的排便有着众所周知的关联，你就对有关纤维素的讨论嗤之以鼻，那也很正常，因为并不是你一个人会这样，并且纤维素带来的好处是实实在在的，值得我们进行讨论。纤维素不同于植物碳水化合物中可被消化的淀粉成分，它是植物中不可被消化的那部分碳水化合物。它是存在于谷物、水果、豆类和蔬菜等中的一种叫作木质素的非碳水化合物物质，其也构成了膳食纤维中的一部分。当纤维素穿过肠道时，它会形成大肠中粪便成分的主体，最终有助于排便。大肠中的细菌在处理纤维素时会产生气体，这就是为什么过多摄入纤维素（尤其是在不加节制地摄入时）会产生肠道气体（Institute of Medicine，2005）。

膳食纤维有两种类型，这两种纤维素对健康都很重要。第 1 种是可溶性或黏性

达到建议的纤维素摄入量，即女性每天 25 克，男性每天 38 克（U.S. Department of Health and Human Services and U.S. Department of Agriculture，2015），来让你的排便保持正常。

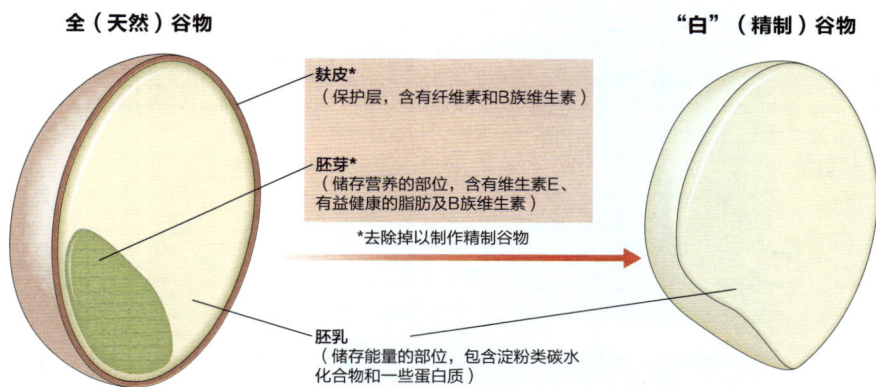

全（天然）谷物　　　　**"白"（精制）谷物**

麸皮*
（保护层，含有纤维素和B族维生素）

胚芽*
（储存营养的部位，含有维生素E、有益健康的脂肪及B族维生素）

*去除掉以制作精制谷物

胚乳
（储存能量的部位，包含淀粉类碳水化合物和一些蛋白质）

图 8.2　全（天然）谷物包括谷粒的胚芽、胚乳和麸皮，而"白"（精制）谷物只有胚乳

纤维素，它能够延缓胃的排空，减缓进食后葡萄糖进入血液的速度，并减少消化系统对胆固醇的吸收。燕麦麸皮、一些水果和豆类是这种纤维素的最佳来源。第 2 种是不可溶性纤维素，它能够增加粪便的体积，防止便秘、痔疮和其他消化系统功能障碍。这种类型的纤维素可见于麸皮或洋车前子的种子。一些谷类食品和纤维素补充剂，以及帮助消化的泻药中，都含有洋车前子。

尽管人类不能消化纤维素，但纤维素对帮助人类消化其他食物有至关重要的作用。关于可溶性和不可溶性纤维素的优质食物来源，可参阅表 8.1（Institute of Medicine，2005；U.S. Department of Health and Human Services and U.S. Department of Agriculture，2015）。

脂肪：不饱和脂肪、饱和脂肪和反式脂肪

膳食脂肪的名声不太好。毕竟饮食中某些脂肪的含量过高，会增加人患心血管疾病的风险。你可能会认为，不饱和脂肪是好的，饱和脂肪是坏的，而反式脂肪是最坏的。事实上每克脂肪相较于其他营养素也确实含有较多的能量，所以，如果人们想要减肥或保持体重，通常会限制脂肪的摄入量。然而，正如第 4 章所说的，膳食脂肪有助于实现能量平衡，在剧烈的体力运动或劳动条件下尤其如此。膳食脂肪有助于你的身体吸收脂溶性维生素，还会改善食物的口味和质感。如果你曾经吃过脂肪含量极低的饼干，你可能会注意到它与传统的脂肪含量更高的饼干相比，是多么的难以下咽。

图 8.3 所示，目前推荐的膳食脂肪能量摄入量占你每日能量摄入总量的 20%~35%。与碳水化合物类似，基于来源的不同，膳食脂肪也存在着几种不同的类型（例如动物性脂肪和植物性脂肪）。一些必需脂肪酸，如亚油酸和 α 亚油酸，必须通过饮食摄取（Institute of Medicine，2005；U.S. Department of Health and Human Services and U.S. Department of Agriculture，2015）。此外，食品加工流程改变了膳食脂肪的性质，因此，并非所有的膳食脂肪对健康方面的影响都是相同的。

膳食脂肪的类型

表 8.2 总结了脂肪酸的类型，并列出了含有不同类型脂肪酸的食物。虽

45%~65% 的碳水化合物　　20%~35% 的脂肪　　10%~35% 的蛋白质

建议健康成年人摄入的能量的来源分布情况

图 8.3 建议健康成年人摄入的常量营养素能量分布图

表 8.2　脂肪酸的类型

脂肪酸的类型	常见食物举例
饱和脂肪酸 ·使其占每日能量摄入量的10%或更少	·动物脂肪，尤其是肥肉以及家禽的脂肪和皮 ·黄油、奶酪和其他高脂肪的乳制品 ·棕榈油和椰子油
反式脂肪酸 ·尽可能避免摄入，最好不摄入	·有少量天然存在于动物脂肪中，如牛肉和奶制品 ·方便食品，包括曲奇、饼干和某些爆米花 ·含有不完全氢化油的油炸快餐
单不饱和脂肪酸	·橄榄油、菜籽油和红花油 ·鳄梨和橄榄 ·花生酱（不含添加脂肪的） ·许多坚果，如杏仁、腰果和山核桃
多不饱和脂肪酸：Ω-3	·高脂肪的鱼类：鲑鱼、白长鳍金枪鱼、凤尾鱼和沙丁鱼 ·核桃、亚麻籽、大豆油、深绿色蔬菜
多不饱和脂肪酸：Ω-6	·玉米、大豆、棉籽油（用于人造黄油和沙拉酱中）

源自: Institute of Medicine (2005); U.S. Department of Health and Human Services and U.S. Department of Agriculture (2015)。

然许多食物是既含有**饱和脂肪酸**也含有**不饱和脂肪酸**的，但你通常可以通过食物的特性来判断其主要成分为何种脂肪酸。饱和脂肪酸主要存在于动物性食品中，如肥肉和黄油；不过，它们也存在

于热带植物的油中，包括椰子油和棕榈油。它们易于识别，因为它们在室温下是固态的。不饱和脂肪酸通常最可能来源于植物；脂肪含量高的鱼类，例如鲑鱼（三文鱼），也含有不饱和脂肪酸。它

们在室温下通常是液态的。根据不饱和脂肪酸的化学结构，可进一步将其分为单不饱和脂肪酸（Monounsaturated fatty acid，MUFAs）和多不饱和脂肪酸（Polyunsaturated fatty acid，PUFAs）。多不饱和脂肪酸按其化学结构可分为 Ω-3 脂肪酸和 Ω-6 脂肪酸（Institute of Medicine，2005；U.S. Department of Health and Human Services and U.S. Department of Agriculture，2015）。

膳食脂肪的加工过程：氢化

食品行业应消费者诉求，正在寻求价格更低、保质期更长、更可口的产品，这促使食品科学家们发现了改变天然脂肪的加工方法。

一种常见的加工方法是氢化，此方法将一种不饱和的植物油转化为富含饱和脂肪酸的混合物，从而从液态的脂肪中提取出偏向固态的脂肪。**氢化油**有什么好处呢？氢化提高了油的稳定性，这样它们就可以被重新用于油炸，而油炸在餐饮业是很常见的。氢化还能改善许多食物的质地，例如，使馅饼皮变得更脆。最后，氢化还简化了从液态油中提取人造黄油或植物油流程的关键步骤。

食品加工过程中禁止出现反式脂肪酸

氢化还改变了一些不饱和脂肪酸的化学结构，使其变成反式脂肪酸（反式脂肪）。虽然动物脂肪（包括牛肉和乳制品）中天然存在着非常少量的反式脂肪酸，但美国人日常饮食中摄入的绝大部分反式脂肪酸，都来源于包装好的、市面上可买到的、含有不完全氢化油的食品（即快餐）。近乎所有的烘焙和油炸食品中都含有大量的饱和脂肪酸和反式脂肪酸。不幸的是，反式脂肪酸的摄入与冠心病的患病率的显著增加有关。为了应对这

✓ 行 为 检 查

去坚果店买椰子油？

你上一次因为看到了一种新的时尚食物而大大改变了饮食习惯是在什么时候？一些人认为，椰子和椰子油是会让你更健康、更快乐的时尚食品。很多人都对这种说法深信不疑：某些超级食品会改变他们的生活。如果你坚持相信基本的营养知识，你就能够抵制追随每一种新趋势的冲动，取而代之的是，坚持均衡和多样化饮食的基本原则。需要郑重说明的是，椰子和椰子油都富含饱和脂肪酸，它们应该在你的饮食中占有一席之地。

你曾经盲目追随过哪些不正确的营养潮流？

一情况，2015 年，美国食品药品监督管理局要求，所有的食品制造商停止在供应给消费者的食品中添加反式脂肪酸。截至 2018 年，所有食品制造公司都必须遵守这一规定，反式脂肪酸将从我们的食品供应清单中消除。不过，检查食品标签上是否标注了含有不完全氢化油，仍然是非常重要的（U.S. Food and Drug Administration, 2018）。

作为健康饮食模式一部分的膳食脂肪

膳食脂肪在慢性疾病，特别是在心血管疾病中所起的作用是相当复杂的。虽然反式脂肪酸在慢性病中产生的负面作用非常明显，但饱和脂肪酸和不饱和脂肪酸所起的作用却需要持续研究。当然，考虑到其较高的能量密度，脂肪含量较高的饮食对体重管理也是一个挑战。虽然，肥胖又与三大代谢类疾病有关，但是，患上这些疾病的风险来自多种因素，如添加糖；另外，遗传和身体活动等也都起着关键作用。

那么，你应该如何食用含有膳食脂肪的食物呢？首要策略是，以每日和每周来计划脂肪摄入量，而不是按一种食物或一组食物的脂肪含量来计划。现有证据表明，大多数美国人将从减少总脂肪摄入量中受益。美国农业部建议：饱和脂肪酸的摄入量不要超过每日能量摄入量的 10 %（U.S. Department of Health and Human Services and U.S. Department of Agriculture, 2015）。

达到这一目标的策略包括：限制摄入肥肉、奶酪和牛奶；使用菜籽油或橄榄油等，而不是用椰子油或黄油去烹饪食物；闲暇时多吃水果和蔬菜，而不是吃饼干和薯片等预制并包装好的零食。

蛋白质：肌肉和组织的基本成分

蛋白质的摄入是一个值得讨论的饮食话题。然而，对于大多数美国人来说，蛋白质在他们每日摄入的能量中所占的比例是最小的。大多数人一想到蛋白质就会想到肌肉。可是，蛋白质对骨骼、血液、酶、细胞膜、某些激素，以及免疫功能也非常重要。因此，缺乏蛋白质可能会对体内的许多系统造成伤害。蛋白质的基本成分是氨基酸。食物中含有 20 种氨基酸，其中 9 种是必需氨基酸，这 9 种必需氨基酸不能由人体合成，必须从食物中摄取，剩下的 11 种氨基酸都可以通过各种代谢过程产生（Institute of Medicine, 2005）。从饮食中摄入足够的蛋白质，这对保持健康非常重要。与碳水化合物和脂肪类似，膳食蛋白质也有不同的来源。了解膳食蛋白质的质量，有助于你设计个人的营养计划。

蛋白质的质量：完全蛋白质和不完全蛋白质

许多食物都含有蛋白质，但优质的蛋白质，又被称为完全蛋白质，来自家禽等动物性食品、蛋类、奶制品、海鲜和大豆。低质量的蛋白质，有时又被称为**不完全蛋白质**，主要来源于植物。如

想一下，你的一些日常饮食习惯是否会导致心血管疾病、Ⅱ型糖尿病和癌症。

果你是素食主义者，或者因健康、口味或经济原因而限制肉类的摄入量，那么，你应该设法通过在日常饮食中摄取各种富含蛋白质的植物性食物，来满足自己对蛋白质的需求。

过去，专家们认为含有不完全蛋白质的各种食物必须要一起食用才能获得完全蛋白质所能带来的益处。例如，谷物中的赖氨酸含量较低，而豆类和坚果（豆类）的蛋氨酸含量较低，因此，当它们一起食用时，米饭搭配豆类、在全麦面包上抹花生酱，便会形成完全蛋白质（Palmer，2014）。不过现在的研究表明，这些食物也可以在一天的不同时段食用，且能带来同样的好处。

摄入多少蛋白质才足够

由于蛋白质对肌肉有益，我们常常认为摄入的蛋白质越多越好。对于大多数健康的成年人来说，即使他们经常进行娱乐性活动，每千克体重摄入 0.8~1.2 克蛋白质也已经足够了（或每磅体重摄入 0.4~0.6 克蛋白质）（Palmer，2014）。如图 8.3 中所示，蛋白质摄入量的推荐范围是每日总能量摄入的 10% ~35%（U.S. Department of Health and Human Services and U.S. Department of Agriculture，2015）。几乎所有的美国人都在其饮食中摄入了足够的蛋白质。摄入超过推荐量的蛋白质通常是无害的，只有极端条件下会出现下列情况。

- **肾脏问题和脱水**。膳食蛋白质的代谢过程会对肾脏功能造成压力，并会使人更多地排尿，如果你的肾脏健康，并且蛋白质的摄入量不是太大，这就不是问题。但是，如果你的肾脏功能不是非常健全（这通常会随着年龄的增长而出现），或者蛋白质的摄入过量，就有可能会给肾脏带来损害并导致脱水。

- **能量高**。如果不参与肌肉或组织的生长或修复，过多的蛋白质将以脂肪组织的形式作为过剩的能量被储存下来。许多含有膳食蛋白质的食物脂肪含量都较高，会提供不必要的能量。

- **经济方面的因素**。高质量的蛋白质也会增加你的食物预算。蛋白粉、蛋白棒以及其他包装食品可能很昂贵。

- **饮食失调**。过分恪守饮食习惯，包括过分看重富含蛋白质的食物和营养补充剂的摄入，可能会导致饮食失调。在你的饮食中添加优质蛋白质是很重要的，但是如果你的饮食开始影响到你的社会关系和你在各种环境中享受多种食物的能力，那么你就要注意观察你摄入膳食蛋白质的量了。

是否需要摄入蛋白质补充剂

许多追求肌肉发达的人都会服用蛋白粉、蛋白棒或蛋白饮料等蛋白质补充剂。其实人们可以在饮食中通过天然食物获得足够的蛋白质，通常是不需要摄入蛋白质补充剂的。此外，摄入蛋白质补充剂会导致摄入过多的蛋白质，这可能对你的

膳食蛋白质来源于动物性食品和植物性食品，包括肉类、奶制品、豆类食物、谷物和坚果。

健康有害，并且蛋白质补充剂不像市场上的食品那样受到监管。但从另一方面来说，如表 8.3 所示，许多含有蛋白质的食物不便于携带，它们通常需要冷藏。蛋白粉、蛋白棒和蛋白饮料是方便补充蛋白质的极佳选择，因此，有些蛋白质补充剂还是可以在你的饮食计划中占有一席之地的。

常规蛋白质摄入建议不适用的例外情况

常规蛋白质的摄入建议主要是针对那些可能因玩乐而好动的健康青年人而制定的。但该常规蛋白质摄入建议也会有不适用的例外情况。例如，研究表明，相对年长的人的蛋白质代谢方式与相对年轻的人不同，他们可能需要额外

表 8.3　通常选作蛋白质含量参考标准的各种食物的能量和蛋白质含量

食物	食用分量	能量（千卡）	蛋白质含量（克）
家禽和海鲜			
碎牛肉（熟食，90% 为瘦肉）	3 盎司（约 85 克）	184	22
鸡胸肉（烤制）	3 盎司	128	26
三文鱼	3 盎司	156	23
金枪鱼（浸水罐装）	1 盎司（约 30 克）	24	5.5
鸡蛋（熟食，水煮）	1 个	72	6
乳制品			
牛奶（无脂或脱脂）	1 杯	83	8
酸奶（原味脱脂）	6 盎司（约 170 克）	95	9.8
酸奶（希腊风味、原味无脂）	6 盎司	100	17
奶酪（切达干酪）	2/3 盎司（约 20 克），1 片	78	4.6
松软干酪（1% 乳脂）	4 盎司（约 110 克）	81	14
豆类和豌豆			
小扁豆	1 杯	230	18
黑豆（水煮）	1 杯	227	15
鹰嘴豆（水煮）	1 杯	269	14.5
豌豆（水煮）	1 杯	230	16.4
大豆食品			
豆腐 *	1/2 杯	190	20
豆浆 *（清淡原味）	1 杯	70	6
种子和坚果			
南瓜子（晒干的）	1/4 杯	180	9.75
花生酱 *（无颗粒的）	2 汤匙	191	7
杏仁（干制的）	1/4 杯	206	7.25
核桃（黑色、干制的）	1/4 杯	194	7.5

* 因制造商而异。

摄入蛋白质才能达到同样的增强肌肉的效果。一些接受高强度训练的力量型运动员可能需要更高水平的蛋白质摄入，才能有最佳的运动表现（Phillips, Chevalier & Leidy, 2016）。最后，有特殊健康问题的人可能需要改变他们的蛋白质摄入情况。例如，肾功能受损的人可能需要特别注意他们的蛋白质摄入量（Kamper & Strandgaard, 2017）。在某些情况下，向具备运动体验或医学营养专业知识的**注册营养师**（RDN）咨询可能是个好主意。

微量营养素：维生素与矿物质

虽然维生素和矿物质不提供能量，但它们都是构建健康身体的关键元素。它们可以从食物或补充剂中获得。最值得注意的是，水果、蔬菜和谷物都含有丰富的维生素和一些重要的矿物质。许多加工食品，如面粉和早餐麦片，都含有添加的维生素和矿物质。这些食物比较容易获得，因此人体维生素或矿物质缺

如果你吃了足量的水果和蔬菜的话，你就能够从你的日常饮食中获得大部分身体所需的维生素和矿物质。

乏到足以出现明显迹象和症状的情况是十分罕见的。然而，许多美国人摄入的维生素和矿物质比推荐量要少，这可能会使他们在晚年时易患各种慢性病。

请访问一些信息类网站，根据你的年龄、性别和其他重要因素来确定具体的维生素和矿物质摄入量。

维生素

维生素是体内化学反应得以进行所需的少量有机物。它们对于红细胞的生成和重要系统（包括神经系统、骨骼系统和免疫系统）的维持至关重要。维生素 E 和维生素 C 是维生素 A（β-胡萝卜素）的反应前体，它们也被认为是**抗氧化剂**。已知的是，抗氧化剂能够阻止**自由基**的形成和其作用的发挥；而自由基是正常代谢过程中产生的物质，它们会促进衰老和癌症的发生。抗氧化剂是一类名为**植物化学物质**的更广泛物质中的一个组成部分，此类物质存在于植物食品中，可以预防慢性疾病。除了食物和营养补充剂中含有维生素外，人的体内也会生成少量维生素，其中包括在阳光照射下体内会合成维生素 D，以及肠道细菌可生成维生素 K，但我们仍需要从体外摄入维生素 D 和维生素 K，以达到最佳健康状态（Institute of Medicine，2005；U.S. Department of Agriculture，n.d.b）。

人体健康所需的 13 种维生素，按其在体内的吸收、运输和储存方式，可分为脂溶性维生素和水溶性维生素。4 种脂溶性维生素（维生素 A、维生素 D、维生素 E 和维生素 K）由血液中的特殊蛋白质载体携带，并储存在肝脏和脂肪组织中，因此得名脂溶性维生素。9 种水溶性维生素（维生素 B_6、维生素 B_{12}、生物素、维生素 C、叶酸、烟酸、核黄素、硫胺素和泛酸）直接被血液吸收，并在血液中自由流动。水溶性维生素经肾脏析出并通过尿液排出体外。由于存在着这些差异，与脂溶性维生素相比，很难有过量的水溶性维生素存在于人的体内（Institute of Medicine，2005；U.S. Department of Agriculture，n.d.b）。

矿物质

矿物质是人体保持健康所必需的无机元素，主要用于调节身体的各项反应过程、帮助实现身体组织的生长和维持，还会产生能量（见表 8.4）。在 17 种必需的矿物质中，钙、氯、磷、镁、钾和钠是每日摄入量需要超过 100 毫克的重要矿物质。所需量非常小的必需微量矿物质是铜、氟、碘、铁、硒和锌（Institute of Medicine，2005；U.S. Department of Agriculture，n.d.b）。

过多和过少

除非一个人可能由于饮食失调有着非常不正常的饮食习惯，或者是以其他形式过量补充了维生素和矿物质，否则一般情况下过量摄入维生素和矿物质是非常罕见的。脂溶性维生素是最受关注的，因为它们能够储存在体内，这会增加人中毒的风险。维生素和矿物质摄入

表8.4 青年人通常会缺乏或过量拥有的主要维生素和矿物质的常见膳食来源及其主要功能

	常见的膳食来源	主要功能
维生素 A	· 牛奶和奶酪 · 胡萝卜、菠菜以及其他深绿色和橙色的蔬菜	· 保护视力 · 保持皮肤健康 · 保持口腔、鼻子和消化道黏膜的健康 · 有助于强化免疫系统功能
维生素 C	· 柑橘类水果 · 辣椒、西蓝花、球芽甘蓝、西红柿和草莓	· 结缔组织、骨骼、牙齿和软骨的维持和修复 · 促进愈合 · 有助于铁的吸收
维生素 D	· 营养强化的牛奶和黄油 · 鱼油 · 蛋黄	· 骨骼和牙齿的发育和维护 · 促进钙的吸收
叶酸	· 绿叶蔬菜和橙子 · 全谷类和豆类	· 氨基酸的代谢 · 核糖核酸（RNA）和脱氧核糖核酸（DNA）的合成 · 新细胞的合成
钙 [a]	· 牛奶和奶制品 · 豆腐 · 强化食品（橙汁、面包） · 绿叶蔬菜	· 骨骼和牙齿的形成 · 控制神经冲动 · 收缩肌肉 · 凝血
铁 [a]	· 肉类 · 营养强化的谷物产品 · 深绿色蔬菜 · 干果（葡萄干）	· 有助于生成血红蛋白和肌红蛋白 · 参与酶的合成 · 有助于强化免疫系统功能
镁 [a]	· 谷物和豆类 · 坚果和种子 · 绿色蔬菜 · 牛奶 · 水（软水除外）	· 控制神经冲动 · 有助于强化能量系统功能 · 激活酶
钠 [b]	· 食盐 · 酱油 · 快餐和加工食品，特别是午餐肉、罐装汤和蔬菜	· 保持体内的水平衡 · 保持酸碱平衡 · 神经功能
钾 [a]	· 肉类和牛奶 · 水果和蔬菜 · 谷物和豆类	· 保持体内的水平衡 · 神经功能

[a] 表示许多青年人在饮食中摄入量不够。

[b] 表示大多数美国人在饮食中摄入量过多。

源自：U.S. Department of Agriculture (n.d.); U.S. Food and Drug Administration (n.d.)。

各色水果和蔬菜提供了许多关键的维生素和矿物质，还有纤维素和能量！

不足倒是很常见，特别是表8.4中强调的钙、铁和镁经常会出现摄入不足的情况，这导致长期营养不良的习惯比营养缺乏更常见。不良习惯会增加人日后罹患慢性疾病（包括心脏病和骨质疏松症）的风险。对于大多数美国人而言，如果他们在大多数日子里吃各种营养均衡的食物，就不需要服用补充剂来获取额外的维生素和矿物质了。依靠补充剂来获取你所需要的大部分维生素或矿物质，也会让你无法获取食物中含有的其他重要物质，例如纤维素。

补水的重要性

补水是一种被低估的健康行为。水占我们体重的50%~60%。与其他营养素相比，水要重要得多。人可以在没有食物的情况下活几个月（具体活多久取决于体形大小和身体构成），但在没有水的情况下只能活几天。水是必不可缺的，因为它是化学反应和体温调节的媒介，也是血液的主要成分。人体在排汗、排尿、排便、呼吸的过程中，都会流失水分。

年轻的成年女性的液体推荐摄入量大约是每天2.7升，其中2.2升来自饮料；年轻的成年男性的液体建议摄入量为每天3.7升左右，其中3.0升来自饮料（Institute of Medicine, 2004）。所有液体，包括咖啡和茶，都会计入每日液体摄入的总量。你对水分的需求量主要取决于运动和出汗，而它们在很大程度上又会受到温度、湿度和运动强度的影响（American College of Sports Medicine, 2011）。例如，与在空调房中锻炼的人相比，在炎热、潮湿的室外环境中跑上几个小时的跑步者，将会出更多的汗。一个很好的经验算法是，每出45千克的汗，就会减少454克的体重。要准确地算出这一比例，你需要在大量出汗的剧烈锻炼前后分别称重。

严重脱水会导致人虚弱，甚至可能会引发死亡。幸运的是，除了紧急情况或应对流感等重大疾病外，大多数人都不会脱水。不过，许多人会长期处于轻微脱水状态，这通常不会导致口渴。除了尿液颜色（见图8.4）较深之外，轻微脱水的其他迹象包括：头痛、疲倦、精神难以集中，以及快速站立时头晕。养成每天早上起床后、每顿饭前和睡觉前喝一大杯水的习惯可以帮助改善这种情况。

非必需成分：酒精和咖啡因

酒精和咖啡因不是营养物质，不过这两者通常都是膳食成分（U.S. Department of Health and Human Services and U.S. Department of Agriculture, 2015）。如果你选择摄入酒精和咖啡因，那么，与你饮食选择的其他方面类似的是，你应该努力控制酒精和咖啡因的摄入量。

酒精

酒精是一种药物，我们必须要对它足够重视，因为酒精具备多种改变身体功能的效应，还有让人上瘾的风险。此外，酒精在能量平衡方面所起的作用也是很重要的。虽然每克酒精含 7 千卡的热量，但由于人体不需要酒精，酒精也就不被认为是一种营养物质。如果酒精与水果或含糖饮料混合，其所含热量就会增加。长期过量饮酒是引发许多慢性病的原因，包括乳腺癌、胃癌、心血管疾病、肥胖症和脂肪肝。

如果你选择饮酒，请考虑一下，将你的饮酒行为视为威胁你的新陈代谢健康的一个潜在风险因素。请记住，酒精是一种利尿剂，这意味着过量摄入酒精会使你脱水。最后，饮酒和身体活动不宜同时进行。尽管许多娱乐活动都是围绕着酒精和运动之间的互动进行的，但由于喝酒后人的反应时间变慢和判断力受损，开展此类活动时受伤的风险就可能会增加。如果在炎热的阳光下开展此类活动，酒精和环境的脱水作用会叠加

尿液颜色表

水分充足

要注意了

脱水

此颜色表不适用于临床参考

寻求医疗救助

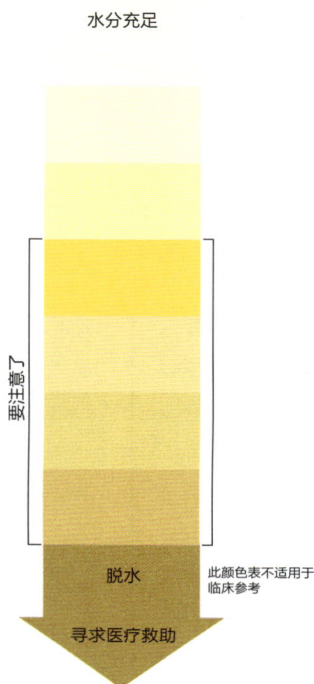

图 8.4 检查尿液颜色是判断你是否需要补水的一个简单方法

起来，从而会导致中暑。因此，建议大家不要在酒后开展身体活动。

咖啡因

很多人都选择以喝咖啡来开始新的一天，咖啡能帮助我们在精神上和身体上表现得更好。咖啡因不是营养物质，不会计入你的能量摄入量中。不过，它却是世界上使用最广泛的药物。你是否通过含糖能量饮料、加了很多糖的咖啡或红茶摄入了咖啡因？要当心咖啡店出售的许多茶和咖啡饮料中的能量含量和添加糖，更要注意含咖啡因的汽水。更多的咖啡因不一定更有利于精力或精神的集中，根据你耐受性的大小，摄入过量的咖啡因实际上会让你的注意力更加难以集中，因为咖啡因滥用也与焦虑有关。适量摄入咖啡因可以定义为每天喝3~5 杯（咖啡因含量最多为 400 毫克）咖啡，这样咖啡因也可以是健康饮食的一部分（U.S. Department of Health and Human Services and U.S. Department of Agriculture, 2015）。

常见的含咖啡因的咖啡饮料包括：滴滤或冲泡咖啡（12 毫克 / 盎司）、速溶咖啡（8 毫克 / 盎司）、浓缩咖啡（64 毫克 / 盎司），以及由咖啡或意式浓缩咖啡（如拿铁）制成的特色饮料。咖啡因的其他常见来源包括：酿造红茶（6 毫克 / 盎司）、酿造绿茶（2~5 毫克 / 盎司）和含咖啡因的汽水（1~4 毫克 / 盎司）。能量饮料中的咖啡因含量具有最大的可变范围（3~35 毫克 / 盎司）。如果将咖啡因添加到食品中，它就必须出现在食品标签的成分列表中。含咖啡因的饮料中的咖啡因含量差别会很大，因此，你购买前请仔细阅读食品标 签（U.S. Department of Health and Human Services and U.S. Department of Agriculture, 2015）。

健康饮食的许多益处

现在，你既然已经了解了寻求均衡和环保的饮食所要考虑的主要因素，那就让我们讨论一下管理你的饮食行为的理由吧。为什么健康饮食对你很重要？仔细想想是什么影响了你的饮食选择，这可以是你的家庭传统、你的大学朋友、你的情绪和压力，甚至可以是你的预算。无论你的理由是什么，健康的饮食对你都有很多好处，不仅现在就可以使你受益，还能让你在将来成为一个更健康的人。

体重管理

实现能量平衡对你来说可能是一个挑战。如果不了解能量的计算法则，不清楚能量怎样隐藏在饮食中，你可能就很难控制住体重。例如，许多人不知道在他们的日常饮食中有多少能量来自他们喝下的饮料——包括甜味汽水、运动饮料、咖啡和茶。

了解常量营养素及其相关的能量计算法则，将有助于你理解能量平衡等式中能量输入的那一边（将在第 9 章进行讲解）。

感觉和表现得更好

只要一谈到表现——无论是生理的、心理的还是社会的，能量的质量和补水就显得很重要了。你会因为脱水而感觉迟钝，从而降低你一天的生活质量。不吃早餐会让你在早上处于黄金时段的课堂上出现低血糖的症状，这可能会让你发抖，或者会让你头疼。回想一下前面所讲的知识吧，你的神经系统，尤其是大脑，是利用葡萄糖作为其主要能量来源的。因此，血糖管理不当会影响你的注意力。而摄入过多的咖啡因会使你更加焦虑。你的饮食会直接影响到你的感觉和学业表现。

为未来更健康的自己而投资

饮食摄入除了关乎体重管理之外，更加重要的是，饮食不当还会对你患上许多慢性病的风险产生重大影响，其中包括三大代谢类疾病和与身体构成有关的疾病（骨质疏松症、肌肉减少症）。虽然这些慢性疾病和病症通常要到你步入中年或老年时才会出现，但健康饮食会对这些疾病的发病因素产生直接的干预作用，从而降低你在中年或老年时患病的风险。

营养方面的建议与信息资料

许多类型的饮食都可以是健康且均衡的。你有很多不同的选择可以用来满足你的饮食偏好和预算。我们每天可以选择的食物很多，这可能会让我们很难始终如一地做出健康的选择。我们如何知晓怎样吃喝才能健康呢？科学家和政府机构已经展开了合作，并且提供了一些建议和信息资料，以帮助你打造出个人的营养计划。你还可以利用 App 来追踪你的努力成效。最后，除了确保你当下获得的是优质的食物外，我们还鼓励你去咨询注册营养师，特别是如果你有特殊的饮食问题，例如食物过敏时。

膳食参考摄入量

膳食参考摄入量（Dietary Reference Instakes，DRI）是由美国医学研究所食品及营养委员会发布的营养摄入量的标准，它有助于预防营养不良，并能降低人罹患慢性疾病的风险（Institute of Medicine，2006）。

在推荐膳食摄入量和最佳安全性方面，DRI 有 4 个具体的参考值。

1. **估计平均需求**。估计的营养素的摄入水平，要可满足特定群体中一半健康人士的需要。

2. **推荐膳食量**。平均每日的摄入量足以满足几乎所有（97%~98%）健康人士的营养需求。

3. **充足摄入量**。充足摄入量在不便于制定推荐膳食量时适用，并被设定在被认为能确保营养充足的水平之上。

4. **可接受的上限摄入量**。这是指不会对健康造成不良影响的每日最高摄入量。

通常，低于推荐营养摄入量的情况时有发生，但是，高于推荐摄入量并不总是好的，实际上这可能是危险的。我们鼓励你访问免费的膳食参考摄入量互动网站，以来确定你的个人每日营养推荐摄入量。

美国人膳食指南

膳食参考摄入量是关于常量营养素和微量营养素摄入量的非常具体的建议。相比之下，《美国居民膳食指南》（Dietary Guidelines for Americans, DGs）则是良好营养实践行为的一般原则（U.S. Department of Health and Human Services and U.S. Department of Agriculture, 2015 年）。《美国居民膳食指南》由美国农业部和

⏱ 当下和以后

钙的摄入量

当下

由于许多饮食的质量欠佳，很少有人能达到标准的钙摄入量。一些最好的钙源食品是低脂乳制品，例如牛奶和酸奶。如果你不喜欢牛奶或有乳糖不耐症，请尝试从其他饮食中获取钙，如西蓝花或强化橙汁。青年人每天的推荐钙摄入量是 1 000 毫克，这包括来自食品和补充剂中的钙（U.S. Department of Health and Human Services and U.S. Department of Agriculture, 2015）。

以后

对于年龄较大的男性和女性，推荐的钙摄入量要增加到每天 1200 毫克。所有人在衰老过程中激素的变化，会导致人到中年后骨质流失的速度加快，特别是女性。钙摄入量低的人骨质流失的速度会更快。

回家思考

为了减少晚年发生骨折的风险，你要在饮食中摄入足够的钙，以此来建立骨库。如果你不喜欢乳制品或含钙的其他食物，可以考虑摄入钙补充剂。

美国卫生与公众服务部联合发布。这些指南每 5 年会更新和修订 1 次。与膳食参考摄入量类似，《美国居民膳食指南》是基于全面的研究形成的，旨在预防慢性病。

"我的餐盘"能成为你的餐盘吗

即使你可能已经完全理解了关于健康饮食的知识，但要将这些知识付诸实践，你仍然会感到很有压力。"我的餐盘"是美国农业部的可视化教学工具，用于帮助美国居民达到各类食物的推荐摄入量（见图 8.5）。该在线资源提供了大量有关如何使健康选择成为人们的轻松选择的信息。这个工具的中心主题就是个性化——你可以灵活处理相关建议，以满足你的目标、健康需求、口味和其他因素。"我的餐盘"想要传达的一些关键信息是，选择各种营养丰富的食物，以及适量食用所有的食物和饮料，将为你的均衡饮食计划提供强有力的构思框架。

饮食模式

几种饮食模式都可以实现最佳营养。没有一种饮食模式对所有人来说都是最好的，但有几种常见和完整的饮食模式可以选择。《美国居

图 8.5 浏览相关网站，去了解如何平衡这 5 类食物的更多信息
源自：USDA's Center for Nutrition Policy and Promotion。

民膳食指南》的一个关键点是，几种饮食模式都可以是健康的选择，只要它们含有：许多营养丰富的食物，这些食物富含维生素、矿物质和其他营养物质，但热量相对较低；最少量的添加糖和饱和

脂肪酸含量高的零热量食物。美国农业部提倡，饮食要平衡、适量、多样。

除"我的餐盘"这一模式之外，美国农业部还推荐了健康的"地中海式"饮食模式和健康的素食饮食模式以及在日常饮食中存在着的各种素食饮食（U.S. Department of Health and Human Services and U.S. Department of Agriculture，2015）。

"地中海式"饮食模式。这种饮食的特点是，从这种饮食模式中可见地中海地区文化中的常见饮食习惯，包括经常食用不饱和脂肪，例如海鲜和橄榄油，以及大量食用水果和蔬菜，但不像典型的美国饮食习惯那样摄入那么多乳制品。人们已经认识到，采用"地中海式"饮食模式与获得积极的健康结果有关。

健康的素食饮食模式。素食饮食计划与所有其他饮食模式有着一个本质的区别，即源自动物的食品（肉类、禽类、鱼、蛋、牛奶）会受到限制（U.S. Department of Health and Human Services and U.S. Department of Agriculture，2015）。人们出于健康原因，或者出于对环境等其他因素的考虑而选择素食。在这类饮食中，往往能量、饱和脂肪酸和胆固醇的含量较低，主要包括豆类、豆制品、坚果和种子、天然谷物、水果、蔬菜。

存在着各种素食饮食。恪守只吃素食习惯的人可能只食用植物（纯素食主义者），食用植物和乳制品（乳品素食者），食用植物、乳制品和蛋类（乳蛋素食者），或者是食用植物、乳制品、蛋类、鱼或海鲜（鱼素食者）。有些人会因为某些特殊情况，例如旅行，或者是偶尔改变一下口味（部分素食者或半素食者）而改变他们的素食计划。

根据素食计划的限制程度的不同，实现营养充足的素食饮食可能会有些难度，特别是蛋白质、钙、维生素 D、铁和 B 族维生素这几种营养元素是否能达到充足，就要取决于素食饮食中是否含有足量的乳制品或蛋类。维生素和矿物质的补充可能是必要的。咨询注册营养师是一个好主意，成长中的儿童和青少年、孕妇和哺乳期妇女以及患有慢性疾病的人，尤其要注意这一点（Melina et al.，2016）。

要关注的部分营养素

除了饮食模式之外，考虑到其摄入量和与慢性疾病的关系，《美国居民膳食指南》还确定了几种要加以关注的营养素（U.S. Department of Health and Human Services and U.S. Department of Agriculture，2015）。建议你要限制对以下几种营养素的摄入。

① **添加糖。**将添加糖减少到不超过每日摄入能量的 10 %，也就是说，女性和男性每日分别摄入不超过 4 汤匙和 6 汤匙的添加糖。美国人目前的添加糖摄入量至少是这一数值的 2 倍。

② **脂肪。**这方面的膳食指南旨在减少饱和脂肪酸和反式脂肪酸的摄入量。饱和脂肪酸的摄入量应限制在每日能量摄入量的 10 %

以下。美国人主要从全脂乳制品（如全脂牛奶）、比萨和汉堡包等快餐食品、饼干和蛋糕等烘焙食品，以及肉类和蛋类中摄取饱和脂肪酸。

③ **钠**。成年人每天的钠摄入量不应超过2300毫克。除了在烹饪过程中或在餐桌上使用盐添加的钠之外，包装食品或方便食品是人体摄入钠的主要来源。用更多的水果、蔬菜、天然谷物和低脂乳制品代替富含添加糖、脂肪和钠的食物，对改善你的饮食质量会有长期的帮助。

试着找机会练习对健康食品进行分类。

🕐 当下和以后

维持你的健康和地球的环境

当下

如果你在家准备食物，那么选择接近于素食和"地中海式"饮食的膳食，可以减少你对饱和脂肪酸的摄入量，而且还能省钱。例如，与炖一锅牛肉相比，煮一大锅豆汤相对来说要便宜一些。

以后

随着时间的推移，你的腰围和钱夹等都会因小小的选择而发生变化。这些小的选择积累起来，也会改变我们的环境。例如，美国人仅仅通过少吃肉类和乳制品，就可以减少其饮食对环境的影响。就土地利用、水资源利用、温室气体排放，以及最终对生态系统的破坏等方面而言，牛肉、牛奶以及最终放在你餐桌上的各种食品，都会使环境承受较大的损害。

回家思考

你在成为一个更健康的自己的道路上，要记住在个人层面开展行动，在社会层面展开思考。食物选择会影响你的健康，同时它们也会对我们的地球产生重大的长期影响。这并不意味着每个人都应该成为素食主义者，不过，通过做出微小的改变，你不仅可以变得更健康，同时也可以帮助我们的地球变得更美好。例如，你可以试着在周一不吃肉，或者每周有一天只吃植物性食物。这不仅可以增加你对水果和蔬菜的摄入量，还可以帮助你发现一些新的你可能会喜爱的菜肴。

阅读食品标签

美国食品药品监督管理局要求，所有包装食品都要贴食品标签。鲜肉、家禽、鱼、水果和蔬菜不需要贴食品标签，但你可以在美国农业部的网站上找到这些食品的营养信息。满足"我的餐盘"中强调的各种建议要求的一种方法是选择未经加工的食物。干豆和坚果、新鲜或冷冻的水果和蔬菜、低脂乳制品、糙米和燕麦片等天然谷类食品，以及新鲜肉类，都是典型的营养丰富的食物，并且不需要贴上介绍食物成分的标签。

食品标签提供营养成分的信息

在接下来的几年中，所有食品制造商都需要遵守美国食品药品监督管理局于 2016 年通过的一项新规定，该规定要求更新食品标签的格式，见图 8.6（U.S. Food and Drug Administration, 2017a）。所有食品标签都要列出的 5 项强制性条目：身份声明（产品是什么）、包装的净含量、营养信息、按百分比由大至小排列的成分列表，以及制造商信息。根据专家的建议，食品标签的新格式包含以下更改。

- 显示能量和食用分量的字体被放大了。
- 去除了来自脂肪的能量数据。
- 清楚地列出了添加糖的信息。
- 不再需要说明维生素 C 和维生素 A 的情况。
- 除了铁和钙之外，添加了维生素 D 和钾的信息说明，并列出了微量营养素的含量。

美国食品药品监督管理局制定的旨在规范向公众传达的饮食标准的法律条文，进一步向消费者们诠释了膳食参考摄入量和《美国居民膳食指南》，这些法律以每日摄入量的形式为人所熟知。这一点在食品标签上表现得最为明显，在设定为每日 2000 千卡总摄入量的饮食计划中，每种营养素的推荐每日摄入量以占总摄入量的百分比表示。

食品包装上的营养和健康声明

了解食品标签，可以极大地方便你去杂货店购物。

美国食品药品监督管理局对食品标签的要求是，产品必须首先符合一些非常明确的定义，然后才能在食品包装上做出以下各种声明。

- **健康声明和一份达标的健康声明。** 即一种食物或食物成分有助于降低一种疾病或与健康相关的病症的病发生概率，例如，"终身摄入足够的钙，可能会降低患上骨质疏松症的概率"。
- **结构或功能声明。** 这表明的是，一种营养素会对身体的正常结构或功能产生影响，例如，"钙能强健骨骼"。
- **营养成分含量声明。** 这说明的是一种产品中某种营养成分的含量水平，例如"优质钙源（食品）"。

营养成分

每一份量是 1杯（228克）
每个包装大约含有2份

每份的营养素含量

250千卡 来源于脂肪的热量为110千卡

每日摄取量百分比*

脂肪总量12克	18%
饱和脂肪酸3克	15%
反式脂肪酸 3克	
胆固醇30毫克	10%
钠470毫克	20%
碳水化合物总量 31克	10%
膳食纤维0克	0%
糖5克	
蛋白质 5克	
维生素A	4%
维生素C	2%
钙	20%
铁	4%

*每日摄取量百分比是基于每天2000千卡的饮食摄入标准算出的。根据你的能量需求，你的每日摄取量可能会更多或更少：

		千卡	2000	2500
脂肪总量	少于		65克	80克
饱和脂肪酸	少于		20克	25克
胆固醇	少于		300毫克	300毫克
钠	少于		2400克	2400克
碳水化合物总量			300克	375克

仅用于教育用途。

① 份量大小

本部分是测定热量、每种营养素含量和一种食物的每日摄取量百分比的基础。用它来将一份食物的分量和你每天实际吃的量进行比较。每份的大小以熟悉的单位（例如杯）表示，后面附上公制数量，例如克数。

② 热量

如果你想管理（减轻、增加或保持）你的体重，这部分是特别有用的。热量列在左侧。右侧显示一份食物中有多少热量来自脂肪。在这个例子中，一份食物共有250千卡的热量，其中110千卡来自脂肪。关键是要在你摄入的热量和你身体消耗的热量之间取得平衡。（请注意，不含脂肪的产品不一定不含热量。）

③ 要限制这些营养素的摄入

摄入过多的脂肪（包括饱和脂肪和反式脂肪）、胆固醇或钠，可能会增加你患上某些慢性疾病的风险，例如心脏病、某些癌症或高血压。我们的目标是，将这些营养素的每日摄取量控制在每日推荐摄取量以下。

④ 要摄入足够的此类营养素

美国人的饮食中，常常没有足够的膳食纤维、维生素A、维生素C、钙和铁。摄入足够的此类营养素，可以改善健康状况，并有助于降低患上某些疾病和病症的风险。

⑤ 每日摄取量百分比（%DVs）

这部分会告诉你，一份食物中的各种营养素（总脂肪、钠、膳食纤维等），在你日常总饮食中所占的比例是大还是小。

每日摄取量百分比是基于每天2000千卡的饮食摄入标准算出的。其下方列出的每种营养素，均是以该营养素推荐摄取量的100%为参照基准的。例如，18%的脂肪总量意味着，一份食物可以满足你一天可摄取脂肪量的18%，同时还在公共健康的推荐摄取量内。使用每日摄取量百分比的快速指南：每日摄取量的5%或更少为偏低，每日摄取量的20%或更多为偏高。

⑥ 标了每日摄取量的脚注

该脚注提供了重要营养素（包括脂肪、钠和纤维素）的每日摄取量信息。此处列出的每日摄取量适用于每天摄入2000千卡或2500千卡的人。

——总脂肪、饱和脂肪、胆固醇和钠的含量是最大值，这意味着你应该尽量将对它们的摄入量保持在列出的数额以下。

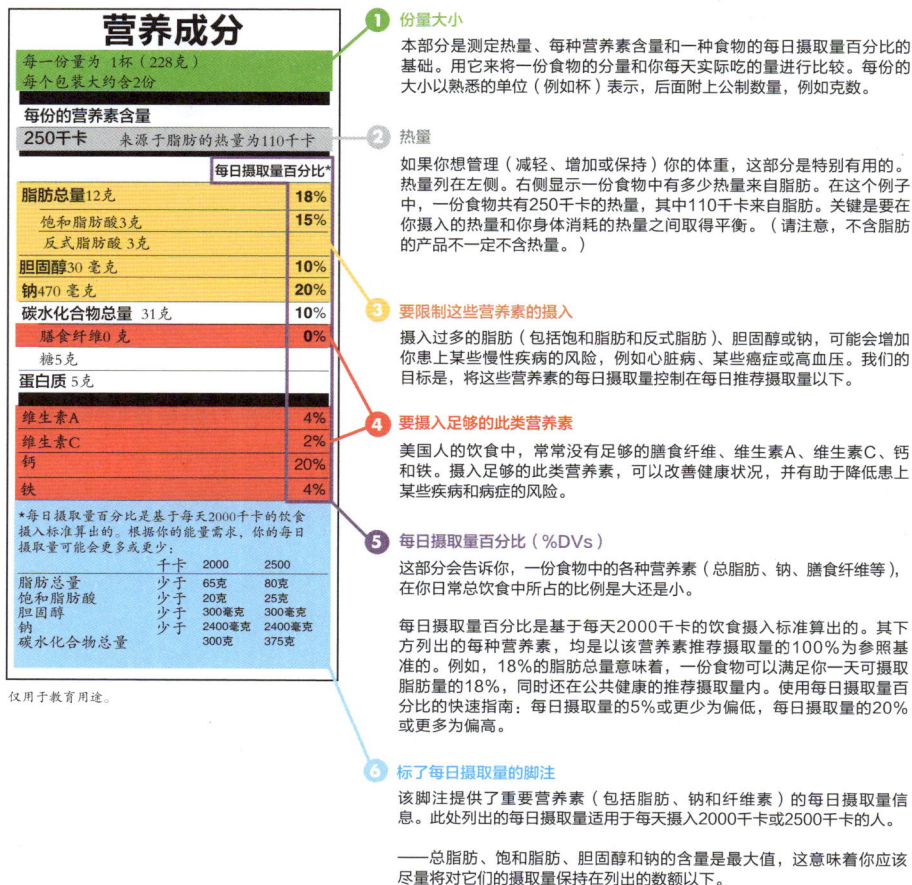

图 8.6 你需要了解的有关美国食品药品管理局新式营养标签的信息
源自: U.S. Food and Drug Administration (2018).

食品包装上的大多数声明都是营养成分含量声明。

营养成分含量声明可能会令人非常困惑。此类声明中的常用语包括：无（不含）、低、减少的或更少的、健康、轻、高、优质来源、更多、瘦的或精瘦的、高效力、改良的、纤维素来源和抗氧化剂。这些词中的许多词都可以应用于以能量、脂肪、胆固醇或钠为描述对象的不同产品或食品。

常见的饮食限制情况：过敏和不耐受

人体对各种来源的食物过敏或不耐受是很常见的现象。食物过敏通常在生命的早期就开始出现了，并可能会在成长过程中慢慢消失，其他过敏现象则可能一直持续到成年。当你身体的免疫系统对某种物质（通常是食物中的蛋白质）产生反应时，就会发生食品过敏现象。食物过敏的症状与由其他因素导致过敏的症状相似，从流鼻涕或眼睛发痒到重大的危及生命的过敏反应，如无法呼吸，都有可能出现（Wolfram，2017）。

食物不耐受与食物过敏不同。其症状为人会不适，通常包括腹部绞痛和腹泻，但不会危及生命，不过，如果不加以治疗，它们可能会导致食物、营养等摄入不足（Wolramram，2017）。

尽管人们已经知道了多种类型的食物过敏，但近 90% 的过敏与人们通常认为的"八大过敏原"有关。

- 牛奶和鸡蛋。
- 甲壳类（虾、龙虾、螃蟹）和鱼类（青鳕鱼、鲑鱼、鳕鱼、金枪鱼、鲷鱼、鳗鱼、罗非鱼）。
- 花生和树生坚果（核桃、腰果）。
- 小麦和大豆。

鉴于人们对谷蛋白的兴趣以及与之相关的一系列疾病，我们需要特别提及一下谷蛋白。人体对谷蛋白的敏感程度，从过敏到不耐受、再到乳糜泻不等。谷蛋白是一种常见的谷物蛋白质，主要存在于小麦、大麦、黑麦和斯佩尔特小麦中。人食用后出现的相关症状取决于人体的敏感程度，从轻微的过敏症状和腹泻到更严重的消化不良，再到头痛、肌肉和关节疼痛、疲劳，乃至小肠功能遭到破坏和癌症发病风险增加都有。越来越多的有关谷蛋白敏感性的研究，提高

了人们的相关意识，市场上可能会找到许多不含谷蛋白的产品。如果你怀疑自己患有谷蛋白不耐受症，请咨询医生并考虑进行筛查诊断。虽然不含谷蛋白的饮食目前看来非常流行，但食用它并不会对减肥有帮助，它在补充营养方面的作用也不大。

如果你怀疑或知道你有食物过敏或食物不耐受的现象，可以采取以下几个步骤来改善你的生活质量。

- **与注册营养师会谈**。注册营养师可以帮助你设计营养充足且符合你生活习惯的饮食计划。
- **了解你所吃食物中的成分**。你需要浏览菜单项目和菜肴，虽然当食物中包含多种成分时，这可能会显得很有挑战性，但为了改善生活质量，请耐心提出问题并进行研究。
- **仔细阅读食品标签**。美国食品药品监督管理局已经强制要求食品公司在产品标签上注明相关食品是否包含八大过敏原中的任何一种。
- **告知朋友和家人**。说出你的食物过敏情况，以便你的朋友和家人在社交聚餐时能照顾到你的食物禁忌需求。如果你的过敏反应会危及生命的话，这一点便显得尤为重要。

膳食补充剂

膳食补充剂包括维生素、矿物质、草本植物、氨基酸、酶的补充剂和许多其他产品。它们可以有多种形式：传统的片剂、胶囊、粉末，以及饮料和能量棒。在决定摄入膳食补充剂之前，请仔细考虑一下，并咨询医生或注册营养师。请记住，一些膳食补充剂可能会对你的健康造成损害。

什么时候需要摄取膳食补充剂

虽然均衡的饮食计划是满足你对维生素和矿物质的理想需求的最佳方式，但在某些情况下你需要摄取膳食补充剂。

- 计划怀孕的育龄妇女应摄入足够的合成形式的叶酸或叶酸盐，以防止婴儿出现神经管缺陷。
- 50 岁以上的人吸收维生素 B_{12} 的能力通常会降低，除了食用含有这种重要维生素的食物外，他们还需要摄取维生素 B_{12} 补充剂。
- 月经周期较长的女性，可能需要额外补充铁来预防贫血。

- 老年人或大部分时间待在室内的人，可能需要补充维生素 D。
- 素食者可能需要补充维生素 B_{12}、钙和铁。

膳食补充剂不受美国食品药品监督管理局的监管

美国食品药品监督管理局不监管膳食补充剂（U.S. Food and Drug Administration, 2017b）。事实上，制造商在出售膳食补充剂前，不需要证明

虽然你可能会出于各种原因而选择不含谷蛋白的饮食，但它不一定具备较高的营养价值。

该膳食补充剂是安全的或有效的。在一种膳食补充剂上市并被证明不安全后，美国食品药品监督管理局可以采取行动，以取消或限制其销售。因此，消费者在选择使用任何膳食补充剂时，都应谨慎。

膳食补充剂制造商可以自愿对其产品进行质量检测。那些符合美国药典（USP）膳食补充剂认证服务的产品，将被授予美国药典认证标志，该标志可帮助供应商和消费者确认膳食补充剂的质量。

但是，如果有关公司不付费接受这些服务，也并不一定意味着他们的产品是劣质的。

蛋白质补充剂

虽然年轻、健康、爱玩爱动、有良好饮食习惯的成年人不需要摄取蛋白质补充剂，但这些产品仍然很受欢迎。蛋白质补充剂通常以条状或粉状形式出现，其原料来源于大豆或乳制品。大豆蛋白粉含有从大豆中分离出来，由大豆粉制成的蛋白质。乳清蛋白是从乳制品加工过程中获得的。分离蛋白和浓缩蛋白在各自所含蛋白

质的克数上也有差异，并且，通常它们所含的碳水化合物和脂肪的克数也有差异。例如，对于具有乳糖不耐受症或难以消化乳制品的人来说，因为其乳糖含量低，乳清分离的蛋白质补充剂对他们而言可能是有好处的。请记住，摄入过多的蛋白质可能对你的健康有害。如果你决定食用蛋白质补充剂，请仔细做好研究并阅读食品标签，因为市场上的许多蛋白质补充剂都含有大量的添加糖。

食品安全的基础知识

食物过敏和食物不耐受是一些人关注的问题，但食品安全是每个人都关注的问题。如果你曾经有过食物中毒的经历，你就会明白被污染的食物会如何让你不好受了。美国政府提供了优质的信息资源，来帮助人们在食品方面确保安全。他们提倡以下4个可以保证食品安全的简单做法。

1.**清洁**。经常洗手和清洗各种器物的表面，因为致病细菌可以在厨房的许多地方存活。除非你用正确的方式洗手、清洗餐具和各种器物的表面，否则这些细菌可能会传播开来。

2. **隔离**。不要交叉污染。生肉、家禽、海鲜和鸡蛋仍然可以向即食食品传播致病细菌，除非你将它们分开存放，包括分开放在你的购物车和冰箱里。

3. **烹饪**。在合适的温度下烹饪。导致食物中毒的细菌的生存温度范围通常为4~60摄氏度。细菌繁殖得很快，因此，了解各种食物的合适烹饪温度和烹饪方法至关重要。

4. **冷藏**。及时冷藏食物。致病细菌在两个小时内就可在食物中滋生，特别是在温暖的环境中。因此，及时冷藏食物是非常重要的。将肉和乳制品放在靠近冰箱里侧的地方，以保持它们的低温状态。

为了让你在打造个人饮食计划时始终走在正确的道路上，请参见图 8.7，了解应该如何明智并谨慎地制定你的个人饮食计划。

本章总结

要想在你大学生活的大多数日子里摄取高质量的饮食，你需要对自己在常量营养素（蛋白质、碳水化合物和脂肪）、微量营养素（维生素和矿物质）、纤维素和水分方面的需求有基本的了解。虽然许多人都认为饮食就是能量摄入，但是，摄取高质量的饮食会极大地影响你的感受和表现——无论是在学业还是社交方面。同时，这样做还能预防在你在生命的后期出现许多慢性疾病和病症。美国政府和其他科学组织提供了许多指导意见和优质的信息资源，以帮助人们制定健康的饮食计划。成为一个能够判断出高质量的食品、补充剂和信息资源的明智的消费者，对于保持你的健康而言至关重要。最后，食物除了能满足我们的生理需求，它还能使我们感到愉悦，并且也是我们社交生活的重要组成部分。遵循适度、多样和均衡的基本饮食原则，以确保饮食健康。

健康的选择需要规划

你越早做意志力、食品采购和准备方面的计划，你就越能形成健康的饮食习惯。在日常基础上做出健康选择的同时，你还要管理好复杂的日常计划，这需要你在自己的营养计划中投入一些思考和行动。

从早餐开始

健康地补充能量应该是你计划的一部分。早餐通常是一天中重要的能量来源。如果你需要一顿高品质的早餐来让自己感觉良好、表现出色的话，那就计划好为这样的一顿早餐投入时间吧。

计划你的能量
待办事项清单

紧张的考试周就要到了！我的主要目标是以下几方面。

• 本周只出去吃饭一次。剩下的时间可以在家里吃饭。

• 为我的每一餐做好计划，这样我就不会吃得过多或开销过多。

• 逛食品杂货店时的花费不要超过预算。

• 在我的背包里装好有益健康的零食和水。

为在餐厅实现健康饮食而做计划

• 提前计划好你要吃什么，并下定决心坚持这个计划。

• 如果你知道你将在餐厅待很长时间，请制定一个计划，即你将吃多少以及在什么时间吃。这将帮助你避免盲目进食。

• 将本章所学的知识应用于你到餐厅选择食物的过程中。

在预算范围内吃好

• 阅读食物单价标签以确定其最佳价值。
• 留意食物生产过程中的特别之处，并购买时令食品。
• 尝试（购买）冷冻蔬菜：它们和新鲜蔬菜一样有营养，并且如果不立即食用，变质的可能性也较低。
• 如果有储存空间，请批量购买经常食用的食品。
• 列一个食品购物清单，避免你在饥饿时胡乱购物。
• 与室友分享香料、调味品和其他厨房主食，并交替着准备饭菜。
• 买一个慢炖锅，这样你就可以把大量的食物放在冰箱里冷藏起来，确保以后食用它们时，它们没有变质。
• 如果你注意到某些水果没有被食用过，那就把它们彻底洗干净并晾干，然后冷藏起来，以备日后用于制作冰沙、煎饼、面包或燕麦片。
• 购买大量肉类，将不会立即食用的肉类冷藏起来。
• 选择喝水而不是喝汽水、甜茶或水果味饮料。

避免食用快餐

• 快餐通常不是一个健康的选择，但是当我们没有提前计划好时，就会选择快餐。此外，吃快餐的费用可能相当于在家吃饭的2~3倍。因此要提前计划好，以便购买食材来制作快捷方便的食物。
• 玉米饼、奶酪丝和香肠可以用来做玉米煎饼。
• 将新鲜蔬菜放入食物容器中，然后放入鹰嘴豆泥或奶酪蘸酱一起食用。
• 往烤土豆中塞满沙拉、西蓝花、低脂酸奶或松软干酪。
• 将罐装黑豆或红豆加热后，放在米饭上食用，再撒上低脂奶酪。

外出就餐在你的生活中可以占有一席之地，但它应该是一周享受一次的大餐，而不是每天都有的。

图 8.7 明智地计划和仔细地选择食物，以便你制定最好的饮食计划

要以科学家和政府机构认可的消息为准，以获得最高质量的信息

- 美国农业部（USDA）
- （美国）食品药品监督管理局（FDA）
- （美国）食品和营养委员会
- （美国）营养与饮食学会

天然食物更好吗？

视情况而定。一些食品的加工过程是健康的，因为这样做可以延长保质期。但是，包装食品或加工食品往往会给你带来更多的坏处和更少的好处。

阅读食品标签。与食用加工食品相比，人们食用天然食品通常可以获取更多的维生素和矿物质、纤维素和有益健康的脂肪，同时会减少钠、添加糖和防腐剂的摄入量。如果成分列表很长，则说明很可能会有更健康的替代品。

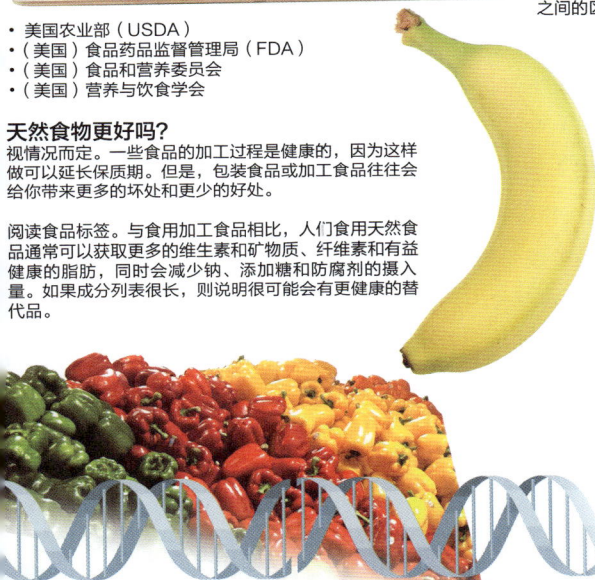

我应该选择有机和转基因食品吗？

在你把多余的钱花在有机和转基因食品上之前，请想一想，这些食物比传统食物更健康吗？

有机食品

虽然人们直觉上认为有机食品可能更健康，并且可预防慢性疾病，但目前的研究并不支持有机食品比传统食品更有营养这一说法。然而，消费者可能还是会选择购买有机食品，因为他们认为这样做还有其他好处，如支持小农场的经营，以及减少环境中杀虫剂的使用总量。

转基因食品

基因改造技术允许引入新的性状或更好地控制其他性状，以提高对自然资源的有效利用、抵抗疾病，或有利于营养物质的优化。就与传统食品相比，目前可获得的转基因作物是否会对健康构成威胁这一点，科学界尚未达成共识。但是，公众的担忧仍在继续。由于转基因食品上市才几十年，所以，其长期影响尚未得到明确的结论。

为了做出最佳的食品决策，你要消息灵通

没有哪一种食物是最好的。大多数时候，吃得好就意味着选择摄取高质量的能量。要想吃得好，首先得获取高质量的信息。食品市场中的各式选择和营销策略可能会让人应接不暇。要以科学家和政府机构认可的信息为准，了解趋势和事实之间的差异，成为一个聪明的消费者。

我该相信谁给我的建议呢？

重要的是，要知道"营养学家"和注册营养师（RD）之间的区别，注册营养师有时缩写为RDN。

注册营养师	营养学家
由营养和饮食学教育认证委员会主持教育和培训	???
学士学位，修过专业课程	任何人都可以称自己为营养学家
必须完成长期的实习	
必须通过严格的资格认证考试	

复习题

❶ 列出 3 种主要的常量营养素，并以能量摄入百分比的形式列出其中的每一种在每日饮食中的推荐摄入量。列出 3 种最能代表每一种常量营养素的食物来源。

❷ 解释一下为什么纤维素对健康如此重要。列出 2 种主要的纤维素，以及每种纤维素的 2 种食物来源。

❸ 列出影响日常水摄入需求的几个因素。描述 3 种可以提高你日常补水效果的方法。什么样的简单测试能确定你是否补足了水分？

❹ 你需要摄取维生素或矿物质补充剂才能获得健康吗？描述一些可能需要摄取补充剂以增强健康的情况。

❺ 列出并描述你可能会从中获取高质量信息的关键信息资源，这些信息都是有科学依据的，可为你的饮食选择提供参考。

❻ 做一个聪明的消费者，要兼顾健康和预算问题。描述 5 个可以让你吃得既环保又好，还会让你的开支保持在预算内的关键策略。

第**9**章

体重管理

本章目标

> 认识到肥胖是我们现代生活中最大的健康挑战因素，并了解它是如何影响健康的。

> 了解影响体重状态的主要因素。

> 学习短期内和长期内影响体重状态的能量平衡原则。

> 熟悉对所有的体重状态和生命阶段都有用的体重管理策略。

> 经常性的运动和身体活动对于大多数人的体重管理都至关重要，对此我们要重视起来。

> 要明白，虽然体重管理会引起心理压力，但健康的身体形象对于长期的身心健康很重要。

> 要认识到在遇到体重管理问题时，何时需要寻求专业帮助并了解可用的信息资源。

关键术语

能量平衡

肥胖

超重

致胖环境

饱腹感

静息代谢率（RMR）

血糖指数

能量密度

活动热效应（TEA）

进食热效应（TEM）

身体形象

身材走样妄想症

厌食症

神经性贪食症

我们经常会思考如何进行体重管理。体重管理不仅是一个重要的公共健康问题，而且还会引起大量的心理困扰。无论你是想要增加体重、减轻体重，还是想保持体重，管理好**能量平衡**等式的两边会是一件很困难的事。体重管理不仅仅意味着你看起来状态很好或者自我感觉良好，它还关系着你的身体健康，因为**超重**或**肥胖**与一系列的身心疾病有关。本章从社会文化的角度，提出了一种适用于你的生活的体重管理观念。还讨论了帮助你平衡你的个人能量平衡等式的体重管理策略，并且特别强调了能量消耗的重要性。我们最后关注的是体重管理导致的心理问题。此外本章还包括了如何为自己或朋友寻求帮助的具体信息。

体重管理：现代人健康的最大挑战因素

目前，超重和肥胖方面的数据表明，大约 70% 的美国成年人超重，38% 的人属于肥胖人群（Centers for Disease Control and Prevention, 2016）。 图 9.1 显示了按性别和年龄分列的美国人的肥胖率。重要的是，肥胖影响着全世界几乎所有的人群，包括儿童。平均而言，随着年龄的增长，人们的体重会不断增加，直到中年。而到了晚年时，人们的体重通常会下降。

因此，当人们在生命早期出现超重或肥胖时，尽管后来生活方式的持续变化可以改变这种情况，但也可能免不了一生都得非常卖力地控制自己的体重。能量平衡等式会在后面得到进一步的解释，其概念非常简单：能量输入－能量输出＝体重状态。不过，影响我们饮食、运动习惯和运动模式的因素非常复杂，导致肥胖的原因也是多方面的。导致一个人超重的原因是独特且个性化的。本章会重新审视一些与体重管理紧密相关的主题，以帮助你做出更好的决策。

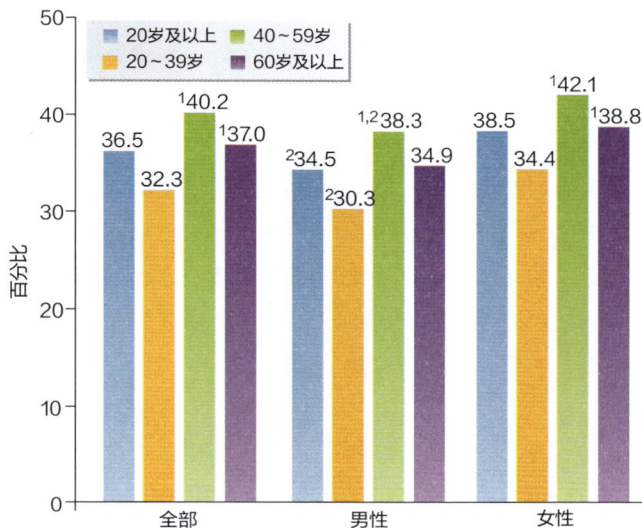

图 9.1 2011—2014 年美国 20 岁及以上成年人按性别和年龄分列的肥胖率

1. 与 20~39 岁的人有显著差异。

2. 与同一年龄组的女性有显著差异。

注：总计的肥胖率是直接根据 2000 年美国人口普查的数据调整得出的，使用的是 20~39 岁、40~59 岁以及 60 岁以上的年龄组。粗略估计，这一比率为 36.5%，其中男性为 34.5%，女性为 38.5%。

源自：C.L. Ogden et al., "Prevalence of Obesity Among Adults and Youth: United States, 2011-2014," NCHS Data Brief 207 (2015): 1-8。

> 如果约有 70% 的美国人超重或肥胖，那么，为什么另外 30% 的人能够保持正常体重呢？除了良好的遗传基因之外，大多数成功控制住体重的人都注意饮食的环保和均衡，并且经常会通过运动消耗能量（Hill & Wyatt, 2013）。

肥胖：一种与多种疾病和病症有关的疾病

美国医学会已经将肥胖定义为一种疾病。尽管超重和肥胖是使用体重指数和腰围来判断的（见表 7.1），但肥胖这种状态却与"脂肪过多"密切相关。正如第 7 章所解释的那样，脂肪储存得过多，特别是存储在腹部，与多种疾病的病发密切相关。因此，除了体内储存了多余的脂肪外，营养不良和久坐不动的生活方式等也会导致出现超重或肥胖，这些都与多种身心方面的疾病和病症有关（Centers for Disease Control and Prevention, 2017），如图 9.2 所示。

从社会角度思考，从个人角度行动

力图管理好体重会引发大量的情绪

问题并且令人感到痛苦。我们如何才能从社会角度思考、从个人角度行动呢？体重管理不善，通常是我们的基因与我们适应社会变化的能力不相匹配造成的。由于其带来的种种并发症，肥胖目前正在对医疗保健的成本造成很大的压力，并将在未来继续产生重大的影响。从社会角度来看，我们现代社会的两大主要人口变化趋势，将影响我们的医疗保健系统。

1. 由于越来越多的人在较年轻时就出现了肥胖的情况，相关的慢性疾病和病症便在其生命早期就提前出现了。例如，过去在青年人中，患高血压和Ⅱ型糖尿病的情况非常罕见，但现在却较为常见。

2. 预计在未来的几十年中，中老年人的人口数目将超过青年人。这种人口结构的转变，加上人们发胖的年纪越来越早，将导致很大一部分人带着慢性疾病度日。

选择会导致肥胖的不良生活方式，再加上我们正在走向老龄化的社会，将使我们的医疗保健系统在维持高质量、

通过保持活跃爱动，我可以避免许多此类病症！

三大代谢类疾病

癌症（子宫内膜癌、乳腺癌、结肠癌、肾癌、胆囊癌和肝癌等）

Ⅱ型糖尿病

心血管疾病低密度脂蛋白胆固醇偏高、高密度脂蛋白胆固醇偏低、甘油三酯偏高

死亡（死亡率）攀升

生活质量偏低

焦虑症抑郁症睡眠呼吸暂停

胆囊疾病

骨关节炎、身体疼痛、生理功能下降

图 9.2　现在就采取措施，避免以后因肥胖而导致这些后果

🕐 当下和以后

肥胖、功能性健康和生活质量

当下

你有没有想过，功能正常意味着什么？功能性健康这一概念适用于生活的各个方面，功能性健康的覆盖范围包括从精神认知到社会心理再到身体能力。正如身体活动和运动在功能性健康中发挥着关键作用一样，肥胖也会影响你每天热情而快乐地发挥正常功能的能力。

以后

任何年龄的人肥胖，都会对健康造成不良影响。但是，对老年人而言，肥胖对其身体功能有重大影响，尤其会影响其下半身，肥胖会导致其行走功能下降，还会增加其丧失生理功能的风险。肥胖是导致老年人需要被辅助医疗护理机构服务的一个主要因素。你有生活在辅助医疗护理机构的祖父母或外祖父母吗？他们为什么会到只能在那里度过晚年的地步，是因为心脏疾病还是关节疾病，是患有关节炎还是患有失控的糖尿病，或者他们只是缺乏能够移动自己身体的力量吗？

回家思考

虽然现在就考虑你的体重状况可能非常具有挑战性，但如果你在生命早期就注意体重管理问题，那么你将在你的一生中，在预防生理功能丧失方面取得很大的成果。从务实的角度来看，在人生后期的生活中，如果你能控制好体重，你就可以具有在很长时间内保持独立生活的能力。

低成本方面面临巨大的压力。当你努力控制体重时，要想想自己和这个世界将从中得到怎样的好处（见图9.3）。在这一体重管理的斗争中，我们共同奋斗。

遗传基因 + 现代社会 = 能量失衡

　　肥胖学专家们认为，我们之所以面临着控制体重的挑战，是因为我们生活在一个**致胖环境**中（Bouchard & Katzmarzyk, 2010）。这意味着我们的遗传基因和技术先进的社会之间存在着不匹配的情况。很久以前，我们生活在一个食物供应不可预测，有时甚至会短缺的社会里。正因为如此，我们的身体才不得不经常动起来，这主要是为了寻找食物和住所。然而，自那些非常原始的早期社会以来，环境已经发生了巨大的变化。我们现在生活在一个非常复杂的社会结构和一个人为构建的环境中。这些变化产生了所谓的致胖环境，在这种环境中，人们很容易吃下过多高热量的美味食物，身体活动得较少，同时坐得太久。我们的生理行为创造出了一个输入大于消耗的能量平衡状态，所以，要将我们的体重保持在一个健康的范围内，对我们来说会是一个持续的挑战。

　　如果你在体重管理方面苦苦挣扎，从而很痛苦，请转变心态，将你的挑战视为一个普遍问题。这并不意味着你不应该对你的体重管理行为承担个人责任，而是意味着你要认识到，不只是你

图9.3　在你努力控制体重时，请考虑一下，你的个人行为是怎样影响你周围的人的

一个人在苦苦挣扎，造成你目前处境的，有非常合理的与进化有关的原因。抑或，如果你是一个很少需要努力去控制体重的人，也用不着因为自己拥有正常体重而沾沾自喜。虽然你和你那些超重或肥胖的朋友生存在同一个社会和环境中，但你可能没有会导致过度进食或始终不爱动的生理倾向，或者你可能在较早的年龄就学会了行为管理技能，而现在，这些技能只是你正常行为模式的一部分。

你的家族：先天与后天

　　体重指数的遗传率为40%~70%，这意味着你的体重和身体构成的一半左右可归因于你的基因，另一半则归因于环境影响（Bray et al., 2016）。相关研究已经发现，一个人的家族与一个人的变胖概率之间是有联系的，具体表现在这些方面：体形、体脂储存类型（你是

你的家族可能会对你的身材、体形以及增肥或减重的难度产生影响。

苹果形身材还是梨形身材）、静息代谢率，以及增重或减重的难度，另外还有很多其他因素。不过，你可能知道也有一些父母肥胖而孩子不胖的家庭，或一些父母不胖而孩子肥胖的家庭，这表明

虽然导致肥胖的一些风险因素是遗传的，但你也可以通过改变生活方式来改变肥胖状态。

我们通过创建出一个包含了更多建筑物、更少绿色空间，以及更多用汽车运输的人造环境，将日常生活中的身体运动系统地剥离了出来。

预防肥胖至关重要

许多研究和公共健康工作都把帮助较为年轻的人预防肥胖作为目标。这有助于降低相关并发症在早年发作的风险，并能预防自卑等各种社会问题的出现。不过，预防青少年肥胖的另一个重要原因是，一旦一个人肥胖起来了，就很难再回到正常的体重。此外，一个人肥胖的时间越长，他有望达到正常体重的概率就越低，因此，一个从小就肥胖的人在中年或老年时，可能仍面临体重管理的难题（Reinehr，2017）。

体重变化的正常轨迹是，成年后每年增加少量体重（见图9.4）。超过90％的男性和女性每年体重都会增加，从而

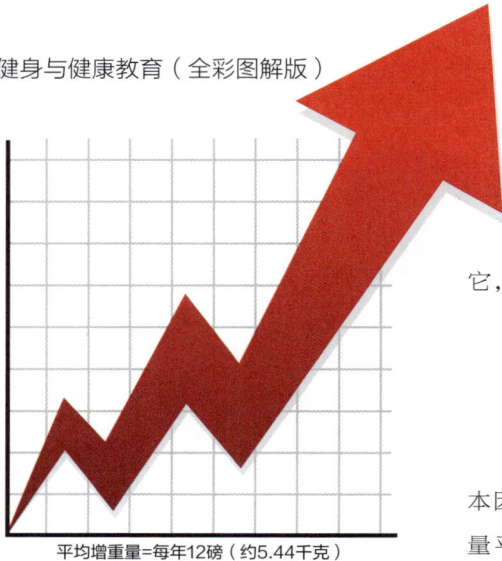

平均增重量=每年12磅（约5.44千克）

图 9.4 体重增长轨迹

在中年时升高一个体重指数级别，例如，从正常体重进入超重，或者从超重发展到肥胖（Malhotra et al, 2013）。这些体重变化幅度可能较大也可能较小，具体要看激素情况（例如怀孕和处在更年期）、生理健康状况（例如患有癌症）或心理健康情况（例如悲伤和压力）等人生中会影响体重变化的诸多因素。任何无法用新的运动计划或饮食计划等来解释的非常明显的体重变化（增加或减少），均应请医生进行检查以排除疾病或病症发生的可能。

需要明白的是，在体重和体重行为监测中，存在着一个最佳点。因为体重增加是我们这个致胖环境的正常模式，因而如第7章所述，有意识地监测你的体重是很重要的。但是，你对自己的体重和相关行为过度警惕，可能会导致饮食失调，这会危害你的身心健康。试着维持一个体重监测的最佳点，让你既能注意到自己的体重变化情况，又不会过

分看重它们。

这样，当你偏离方向时，你可以在相对较短的时间内注意到它，然后进行修正，以恢复能量平衡。

能量平衡的计算方法

如果没有对影响能量平衡等式的基本因素进行充分了解的话，尝试保持能量平衡（见图9.5）就是一种挑战。大多数人至少在概念上能够理解该等式中能量输入的那一边，而在理解能量输出部分时则存在困难。当你开始评估你的个人能量平衡等式时，记住，它是很容易发生变化的。减重需要打破能量平衡等式，需要更多的能量输出而不是输入。反之，增加体重则需要更多的能量输入而不是输出。请记住，导致能量平衡等式失衡的生活方式，会对你的身体构成（包括你的肌肉和骨骼）产生重大的影响。

能量输入

如第8章所述，各种常量营养素每克所含的能量是不同的。每克碳水化合物、蛋白质、酒精（不被认为是一种必需营养素）和脂肪可提供4～9千卡的能量。在你寻求以消耗能量来平衡摄入的能量的过程中，不要忽略饮食质量，尤其是常量营养素的均衡摄入。例如，纤维素含量较高、蛋白质含量较高或**血糖指数**较低的饮食，都与**饱腹感**有关，理论上，饱腹感应该有助于将你的能量摄入量与能量输出量匹配起来（Tremblay & Bellisle，

2015）。某些碳水化合物的血糖指数较高，这意味着它能够比其他碳水化合物类的食物更快地升高你的血糖。一般来说，精制糖和面包的血糖指数高于蔬菜和天然谷物。与此相关的是，自然存在的碳水化合物类食物的血糖指数比那些精制和包装食品的血糖指数要低得多。

能量密度也是需要考虑的一个主要因素。经常食用能量密度较高的食物，会使体重管理变得更加困难。能量密度是指每克食物所含的能量。如果你选择能量密度相对较低的食物，在所吃的食物中你可能会更加依赖它们，吃的也会更多。能量密度低的食物含水量较高，例如汤，或者像米一样在烹饪过程中会吸收水分的食物。能量密度高的食物通常富含脂肪和糖，且含水量较低。此类食物包括奶酪、花生和糖果。

如第 8 章所述，能量的质量至关重要。大多数时候，吃得环保对于长期的体重管理是非常重要的。因为大多数食物和饮料都含有各种常量营养素，所以检测其所含的能量是很具有挑战性的。要做到成功检测，我们需要学习相关知识、关注相关信息，甚至可能还需要一个非常棒的应用程序！了解食物的能量含量大小并以此来减少能量摄入是减重的关键策略。与能量消耗相比，大多数人发现，减少饮食摄入量比开展运动或身体活动来消耗同样多的能量更容易。

能量输出

能量输出可以分为静息代谢率（RMR）、活动热效应（TEA）和进食热效应（TEM）3 个组成部分，其中，活动热效应需要骨骼肌的收缩及运动。除了训练有素的耐力运动员，大多数人每天都会通过静息代谢率消耗最多的能量。

不过，我们最能控制的是肌肉的收缩和运动，因此，这个部分是平衡能量输出一侧的关键目标。消化食物所耗费的能量多少，可以通过改变所选择食用的食物来加以改变，但这一部分能量消耗占能量输出的份额很小，因此通常不被认为是能量平衡的重要影响因素。

静息代谢率

静息代谢率（Resting metabolic rate，RMR）占每日能量消耗的最大份额，消耗了每日所需能量的 60% ~ 75%。简单地说，当身体处于静息状态时，需要消耗大量的能量来维持各项重要功能——你的身体必须要保持心脏跳动、肺部充气，还要维持正常的体温和血压，等等。你的静息代谢率越高，你的身体在静息时消耗的能量就越多。影响静息代谢率的因素有很多，因人而异，其中包括遗传因素。静息代谢率还可以根据个人的情况每天发生变化。持续影响静息代谢率的主要因素是肌肉量。与脂肪或骨骼相比，肌肉在新陈代谢方面是非常活跃的。这就是普通男性比普通女性摄入更多的能量而体重不会增加的原因之一。影响静息代谢率的其他因素包括以下几个。

能量平衡

体重管理实际上是个能量平衡的问题。

能量输入 − 能量输出=体重状态

能量的质量至关重要

在大多数日子里吃得环保——也就是说吃天然食品，或者吃几乎不含添加糖或钠的加工或再加工程度较小的食物，对于长期的体重管理非常重要。

能量输入

IN

血糖指数

高血糖指数的食物是指那些能够快速升高血糖的食物，如精制糖和面包。最好选择血糖指数较低的食物，如蔬菜和天然谷物。血糖指数较低的食物可以帮助你更好地平衡血糖，避免低血糖。低血糖通常会诱发进食。

能量密度低

面

米饭

奶酪

巧克力

坚果

能量密度高

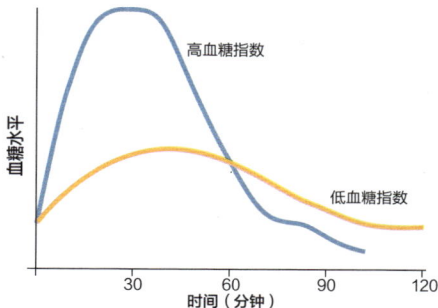

高血糖指数

低血糖指数

血糖水平

时间（分钟）

30   60   90   120

能量密度

能量密度是指每克食物所含的能量。食用能量密度较低的食物意味着你可以摄入更大分量的能量较低的食物。

图 9.5 体重管理需要在能量输入和能量输出之间找到平衡点

能量输出有3个组成部分

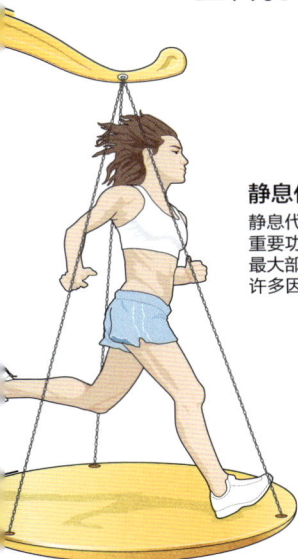

年龄

激素 ← → 环境

运动/身体活动 ← → 体重变化

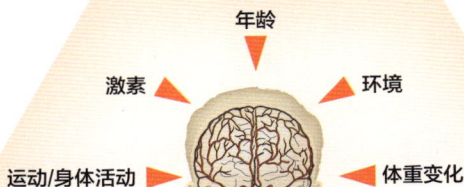

静息代谢率（RMR）

静息代谢是人体在处于静息状态时，维持所有重要功能所要消耗的能量。它是每日能量消耗的最大部分，占到每日消耗能量的约60%~75%。许多因素都会影响静息代谢率。

活动热效应（TEA）

活动热效应是指所有在静息代谢率之外额外消耗能量的肌肉收缩行为，包括坐着、用键盘打字、主动走路或有意运动等行为。就能量平衡等式的能量消耗那一边而言，活动热效应是每天最易调节的因素。体重大小尤其是瘦体重的多少，也会影响到一个特定时段内所消耗能量的多少。例如，在做同样的活动时，一个身材高大的男性将比一个身材娇小的女性消耗更多的能量。FITT（频率、强度、时间、类型）的各组成部分也会大大影响运动时能量的消耗。

FITT：
频率
强度
时间
类型

进食热效应（TEM）

进食热效应是指消化食物所要耗费的能量多少，可以通过改变所选择摄取的食物来加以改变，但是，它占能量输出的份额很小，因此通常不被认为是能量平衡的一个重要影响因素。

能量输出

OUT

	静息代谢率（千卡）	进食热效应（千卡）	活动热效应（千卡）	评价	
年轻男性（20岁） 5英尺10英寸（约177.8厘米）； 160磅（约72.57千克） 体重指数：23 千克/米²	1900	300	800	☺	积极活动的
年轻女性（20岁） 5英尺4英寸（约162.56厘米）； 134磅（约60.78千克） 体重指数：23 千克/米²	1470	230	600	☺	积极活动的
中年男性（55岁） 5英尺10英寸（约177.8厘米）； 188磅（约85.27千克） 体重指数：27 千克/米²	1760	240	400	☹	惯于久坐不动的
中年女性（55岁） 5英尺4英寸（约162.56厘米）； 157磅（约71.21千克） 体重指数：27 千克/米²	1320	180	300	☹	惯于久坐不动的

- **激素**。多种激素都会影响静息代谢率，首先是那些与甲状腺有关的激素。性激素也会影响静息代谢率，例如，静息代谢率会在整个月经周期中持续变化。
- **年龄**。包括激素在内的许多因素，使得静息代谢率随着年龄的增长而降低。
- **环境**。非常冷或非常热的环境都会影响静息代谢率。
- **运动 / 身体活动**。运动可以影响静息代谢率。剧烈运动后，静息代谢率会在数小时内升高。由于身体肌肉量的增加，爱动人群的静息代谢率会持续升高。
- **体重变化**。静息代谢率会随着体重的减轻而降低。这就是在不继续调整能量平衡，仅靠减少能量摄入，或者通过运动或身体活动消耗能量的情况下，要想持续减重会变得更困难的一个原因。

活动热效应

活动热效应（Thermic Effect of Activity，TEA）是指所有在静息代谢率之外额外消耗能量的肌肉收缩行为，包括坐着、用键盘打字、主动走路，或者是有意运动。在能量平衡等式的能量消耗一侧，活动热效应是每天最容易调节的因素。体重大小，尤其是瘦肉量的多少，也会影响既定时段内身体所消耗的能量的多少。例如，一个瘦肉量较多

且身材高大的男性，在负重活动期间将消耗更多的能量。如果将他与一个身材娇小的女性相比，在既定强度下奔跑相同的距离，他将会消耗更多的能量。前面几章中介绍过的 FITT 原则的各组成部分，也会极大地影响运动时的能量消耗。

- **频率**。你运动得越多、越频繁，消耗的能量就越多。
- **强度**。运动强度越大，运动期间消耗的能量就越多，运动后静息代谢率的上升程度也就越明显。
- **时间**。运动时间越长，消耗的能量就越多。这就是能量消耗图通常是用每分钟消耗的能量数来表示能量消耗情况的原因。
- **类型**。这个因素也很关键，因为有氧耐力运动会比力量运动、柔韧性运动和神经运动消耗更多的能量。

表 9.1 列出了普通男性和女性在进行各项运动期间能量消耗的平均值，该表说明，根据运动模式、运动强度和个人体形大小的不同，能量的消耗会有差别。还要记住，有些运动并不是持续性的。例如，举重时每分钟消耗的能量和骑自行车 [车速为 10 英里 / 时（约 16.1 千米 / 时）] 每分钟消耗的能量差不多，不过举重过程中的用力阶段不会持续很长时间。

进食热效应

进食热效应（Thermic Effect of Meals，TEM）表示食物处理过程中会消耗少量能量，即咀嚼、消化、运输、

表 9.1　进行各项运动期间能量消耗的平均值

运动	男性 （千卡 / 分）	女性 （千卡 / 分）	相对于体重的能量消耗量 [千卡 /（千克·分）]
篮球	8.6	6.8	0.123
骑车			
11.3 千米 / 时 （约 7.0 英里 / 时）	5.0	3.9	0.071
16.1 千米 / 时 （约 10.0 英里 / 时）	7.5	5.9	0.107
手球	11.0	8.6	0.157
跑步			
12.1 千米 / 时 （约 7.5 英里 / 时）	14.0	11.0	0.200
16.1 千米 / 时 （约 10.0 英里 / 时）	18.2	14.3	0.260
坐着	1.7	1.3	0.024
睡觉	1.2	0.9	0.017
站立	1.8	1.4	0.026
游泳（自由泳） 4.8 千米 / 时（约 3.0 英里 / 时）	20.0	15.7	0.285
网球	7.1	5.5	0.101
步行 5.6 千米 / 时（约 3.5 英里 / 时）	5.0	3.9	0.071
举重	8.2	6.4	0.117
摔跤	13.1	10.3	0.187

请注意，表中所示数值分别是针对 70 千克（约 154 磅）男性和 55 千克（约 121 磅）女性的指标。具体数值将根据个体差异而发生变化。

源自: W.L Kenney, J.H. Wilmore, and David L. Costill, *Physiology of Sport and Exercise*, 6th ed. (Champaign, IL: Human Kinetics), 133。

代谢和储存食物所消耗的能量。具体的消耗量取决于食物的数量及其所含能量和常量营养素含量。

蛋白质是最难消化和处理的，这意味着相比其他食物，蛋白质的消化吸收需要耗费更多的能量。尽管影响进食热效应的因素有很多，但这方面总的能量消耗是最小的——仅占能量摄入量的约 10%，因此通常不对其进行过多关注。

体重管理策略

虽然大多数人认为体重管理就是减重（肥），但能量平衡原则也适用于想要增加体重的情况。然而，由于大多数人都在努力变得比现在更瘦、更轻，所以本节的重点是将能量平衡等式应用于减重。将体重管理分为 3 个阶段来考虑很有用：防止增重、减轻体重和维持减重后的体重。对大多数人来说，防止增重比减重更容易。与此相关的是，出于许多因素发生改变带来的影响——其中包括静息代谢率的改变和必须发生的生活方式的永久性改变，保持体重的减轻是最具挑战性的一个阶段。

如果你现在的体重是正常的，那么你最好运用健康的方法保持这种状态，随着年龄的增长，这样做会对你非常有益。如果你对减重感兴趣并且有动力去减重，那就不要认为减重以及减重后的体重维持是不可能的，但你也要知道减重可能是非常具有挑战性的。尽管如此，你也不必畏惧，因为在许多天、几个月、几年里做出的小改变真的会累积起来的。大多数人的体重会在一生中缓慢且稳定地增加。为了成功地管理好我们在致胖环境

下的体重，你需要构建出一种在大多数时候都能遵循能量平衡原则的生活方式。

打破能量天平平衡的健康策略

为了改变你的体重状态，你需要在给定时段内让你的能量平衡等式失衡。对于实现健康的体重管理而言，我们应始终遵守以下 3 个大致的原则。

1. 尽量每周减重不要超过 2 磅（约 1 千克）。快速减重更难长期维持下去，因为它可能会扰乱你的静息代谢率，并且经常会导致更多肌肉和骨骼的流失。

2. 要兼顾能量平衡等式的两边。通过同时减少能量摄入和增加能量消耗，短期和长期内的总能量不足将更易于管理。例如，如果你的目标是每天减少 500 千卡的总能量，那你就可以减少 300 千卡的能量摄入，同时通过身体活动多消耗 200 千卡的能量。

在身体活动和健康的饮食习惯之间找到平衡，对于长期的体重管理而言非常重要。

3. 体重的微小变化会带来巨大的健康益处。虽然减重之路可能会漫长、充满挑战并令人沮丧，但如果能够通过改善饮食方式和定期运动实现体重的小幅下降（约占体重的 3% ~ 5%），就可以降低你罹患几种慢性病的风险（Jensen et al., 2014）。

减少能量摄入

在我们的社会中，饮食既是名词又是动词。每个人都要饮食，但不是每个人都会饮食。管理好能量的摄入可能会很有挑战性，因为我们生活在一个美好又富足的世界。有几个关键的策略可以在不让你感到被剥夺享受饮食的权利的情况下减少能量的摄入，但是为了使其运作良好，你可能需要根据你所处的社会环境去混合使用和匹配这些策略。需要提醒一句，你对能量的精确需求量，取决于你的体形大小、活动水平、年龄和其他因素。当你打破你的能量平衡等式时，除非是在医护人员的监督下，否则请注意，你每天应摄入不少于 800 千卡的能量。不然你会感到不太舒服（精力不足、难以集中注意力），还可能无法得到所需的营养（如第 8 章所述）。你的身体需要一定量的高质量能量才能表现出色。极低能量的饮食是不可持续的，这样做只会使你把自己往失败的路上推去。表 9.2 强调了一些减少能量摄入，以及如何将它们应用到日常生活中的关键策略。

> **持续减重的一个关键之处在于，加快你燃烧脂肪的代谢速度。这最好要通过高水平的身体活动和运动，以及良好的饮食方式来实现。**

多动：消耗更多的能量

前面各章详细讲述了如何做到多动少坐。所有的运动方式和身体活动类型对健康都有好的影响。然而，有两类运动是管理能量平衡等式的关键。首先，如前所述，有氧耐力运动不仅可以提高心肺系统的健康程度，还可以消耗大量能量。此类运动的强度越高、持续时间越长，消耗的能量就越多，对静息代谢率的影响就越大。请记住，锻炼心肺的运动可以是非常有目的性的（例如外出跑步），也可以是以运动出行的方式融入你的日常生活中的。

其次，就保持你的肌肉在新陈代谢方面尽可能活跃而言，抗阻训练至关重要。这在体重管理的所有阶段（防止体重增加、减轻体重和保持减重后的体重）都很重要，但由于它与静息代谢率的联系，在主动减重阶段，这可能显得尤其重要。从打造一个未来最健康的你这一角度来看，经常开展抗阻训练是随着年龄增长保持你的肌肉量和静息代谢率水平的关键，特别是在中年及中年以后。

考虑一下，将这些日常策略融入你的生活。

- 不再搭乘公共汽车和任何不用你抬脚登阶的设备，如电梯和自动

表 9.2　通过改变膳食摄入来减少能量摄入的各种策略

减少能量摄入的关键	相关策略的实施方法
分量大小	总能量的过度摄入与分量大小有关 ● 订购较小份的餐食、分餐、使用较小的盘子和碗
能量密度	食物的重量或体积有助于人产生饱腹感 ● 用水果和蔬菜代替薯片和薄脆饼干，因为它们具有较低的能量密度（即每克所含的能量较少）
纤维素	吃富含纤维素的食物会让你感觉更饱 ● 在膳食（包括甜点或开胃菜）中添加水果和蔬菜，或者将其用作替代性食物，以增加食物选择的多样性
常量营养素的平衡	每餐或吃零食时都吃含有蛋白质和健康脂肪的食物，可能有助于你产生饱腹感 ● 在你吃的谷物中加入坚果或希腊酸奶，早餐不要只吃碳水化合物类的食物，例如喝橙汁和吃香蕉
用餐时间	不吃饭会使你很难控制住血糖，并会扰乱你为做出正确选择和控制食物分量所做的努力 ● 尝试在一天中少食多餐
膳食脂肪	由于能量密度为 9 千卡 / 克，膳食脂肪其实提供了大量能量，但这些能量通常隐藏在沙拉酱等食物中 ● 有条件时要选择低脂食品，尽量避免食用油炸食品
添加糖和甜食	每天都摄入一点添加糖可能累积成患 ● 有意识地减少摄入添加糖（例如咖啡中的糖），尽量少吃甜食，把它们留到特别大餐时间或庆祝活动时吃
加工食品	加工食品含有许多隐藏在添加脂肪和添加糖中的能量 ● 要少吃加工食品，要选择那些加工程度较低和添加剂含量较少的食品，并要知道如何准确地阅读食品标签
动起来以赚取"可供享受的能量"	如果你经常运动和消耗能量，你就负担得起"可供享受的能量" ● 试着每天坚持开展至少 30 分钟中等强度的运动，以保持新陈代谢的健康（Hill & Wyatt, 2013）

扶梯。不要让任何工具设备偷走你的步行时光，开始把抬脚走路当作花费你的"能量美元"的方式。

● 尽可能塞满你的背包。这将会增加你步行时的强度。一定要保持良好的姿势，以避免背部或肩部疼痛或受伤。

● 在进行锻炼心肺的运动时，要尽量坚持更长时间，以真正促进你的新陈代谢加快。

● 尽可能站着，并且不要总是不挪动（如果你的社交场合能接受的话），尽量实现全天消耗能量。

- 坐着时有计划地时常起身"休息"。例如，如果你居住、工作、学习的某栋楼有楼梯，请试着每小时花几分钟起身去爬楼梯。把这些"休息"视为花费"能量美元"的机会，即使每次"休息"时只能花掉几"美分"的能量。

- 持续进行负荷超过你体重的抗阻训练。这对于女性来说尤其重要，因为女性通常只会专注于通过锻炼心肺的运动来进行体重管理。不要低估肌肉量在能量平衡中可以起到的关键作用。

买东西时要当心：做一个聪明的消费者

体重管理是一个正在蓬勃发展的行业。因为很多人都在费力地试图控制自己的体重，所以市场就以许多计划、项目、药物、补品和辅助工具来试图满足这些需求。这是非常令人担忧的，因为当体重管理的过程变得非常令人沮丧，并且随后导致人的情绪出现较大波动时，许多人会变得绝望。这种绝望的感觉常常导致人们做出糟糕的决定。

市场上的大多数产品都以抑制食欲或提高静息代谢率为目标，提高你的静息代谢率会使你在静息时消耗更多的能量。这些产品中的大多数不仅无效，而且可能是有害的。美国食品药品监督管理局并不监管膳食补充剂，但该机构的信息公开网站是一个很好的可供检查的信息源，该网站会向公众通报那些含有潜在危害性的活性成分的产品。如果一个产品听上去太好以至于不像是真的，那么它很可

> 体重管理是一种生活方式的选择。一个宣称能快速见效的产品很可能是吹嘘得过了头，很大程度上不是真的。

动得更多加上吃健康的食物，可以促成健康的体重管理。

能就是假的。为了安全地管理好你的体重，你需要遵循本章所描述的各项原则来保持你的能量平衡，这些原则在你的一生中都适用。

处方药和手术

你也可以选择采用医疗手段来管理体重。多年来，人们已经开发出多种影响能量摄取和能量消耗，或者干扰能量吸收的处方药。对这方面进行全面的评论超出了本书的范围。但你要认识到，市场上所有的处方药对体重状态的长期影响都是有限的（即它们会在长期使用中失效，有些仅被批准供短期使用），并且许多处方药都具有诸多副作用。此外，许多人在停止服药后体重会反弹。所有的药物在根据行为改变计划进行服用时，效果是最好的，这些计划都强化了管理生活方式的重要性，尤其能够兼顾能量平衡等式的两边，以实现长期有效的体重管理。

手术治疗肥胖，即众所周知的减重手术，通常被认为是减重时期最后采取的手段。因此，通常只建议患有病态肥胖的人（体重指数大于 40 千克／米^2，或大于 35 千克／米^2，并伴有其他因肥胖导致的重大风险因素）做此项手术。在世界范围内，减重手术正越来越流行。从根本上讲，减重手术包括缩小胃的容积，以减少一个人的食量。虽然它非常有效，但由此带来的风险却很大，其中包括营养缺乏、慢性的恶心和呕吐，以及可能导致死亡的严重的术后并发症。

为了取得长期的成功，在这种情况下辅以行为矫正策略是必不可少的。

压力、睡眠和酒精产生的潜在相互影响

酒精、压力和睡眠对体重管理都有重要影响。许多人都有着良好的想要坚持遵守健康的体重管理行为的意愿，但却由于各种原因而未能做到。人们常常表达的就是，压力重重的生活方式可能不利于能量平衡实践行为的开展。

1. **压力**。在我们的社会中，情绪和社会心理压力因素在影响健康方面扮演着重要的角色。我们所处的 1 周 7 天，每天 24 个小时连轴转的忙碌世界，改变了我们的心血管系统和神经内分泌系统，并且经常会危害我们的心理健康。

- 能量输入：已经证明压力会增加人们对淀粉类食物和甜食的选择概率；感觉时间紧迫也会让你选择食用更多的快餐和加工食品。
- 能量输出：高强度的压力会导致疲劳，从而降低你想要运动的欲望，继而导致坐得更久。

2. **睡眠**。许多人长期睡眠不足，这也会导致他们产生许多行为方面的改变。

- 能量输入：疲劳可能会降低你坚持选择健康食物的动力，它也可能会增加你摄入咖啡因的量，如果以甜味饮料（如汽水、加糖咖啡）的形式摄入咖啡因，还可能会增加你的能量摄入。
- 能量输出：与压力一样，疲劳会

✓ 行 为 检 查

你是螺旋式上升还是下降？

你的行为选择可以帮助你在整体健康方面实现螺旋式上升或下降。与自己坦诚相交，了解自己是如何应对压力的。例如，当你因繁忙的日程安排而感到疲惫，或因一场重大的考试而倍感压力时，你是否会选择吃一些低质量的食物，如快餐、休闲食品、甜食或糖果呢？你是否会喝含糖的汽水或加糖的咖啡来补充能量，以渡过难关？酒精也可能会在你的压力管理中发挥作用。反之，你能确定自己会坚持开展常规的运动吗？即使你知道这样做会帮助你控制压力。试着去识别和管理诱惑你的各种因素。

制定一个计划，用积极的行为去代替那些对你的健康有负面影响的行为。例如，如果你一有压力就大口大口地吃巧克力，就请制定一个更健康的替代方案：你可以去散步、洗个热水澡，或者是听些令人轻松的音乐。找到一个适合你的计划，以便你在生活中遇到问题时，已做好了处理它们的准备。

降低你对运动的兴趣。

3. **酒精**。

- 能量输入：由于每克酒精含 7 千卡的能量，它会影响到你的体重管理计划；根据你的饮酒量和喝酒频率，你的能量摄入会有所不同，特别是如果你喝了浓啤酒或混合的甜酒，你的能量摄入量就会很大。

- 能量输出：过量饮酒会导致疲劳，并且会降低你对坚持运动计划、出行或开展娱乐活动的兴趣；可以回想一下，酒精是一种利尿剂，因此它会使你脱水，这会影响你的运动表现；最后，如果你过量饮酒了，酒精的代谢作用将使得身体在利用能量时减少对脂肪的利用。

日常运动是体重管理所必需的

在体重管理的 3 个阶段中，经常运动和开展身体活动都是必不可少的。但是，你需要进行多少运动以及为什么需要进行这些活动，在这 3 个阶段里可能各有不同。

防止增重

由于存在着研究设计上的挑战，能量消耗在防止增重中的作用还不是十分明确。但是，我们可以认为能源消耗所起的作用很重要，特别是在年龄增长、静息代谢率开始下降时。高水平的活动特别是抗阻训练，可以通过维持肌肉量和保持现有肌肉在代谢方面的活跃程度，来降低中年后静息代谢率的下降程度。

减轻体重

将锻炼心肺的运动和抗阻训练都纳入你的减重计划是很重要的。首先，它将允许你吃得更多（即不必过于限制能量的摄入）以达到相同的能量减少目标，这将帮助你坚持完成你的计划。其次，它将促成最健康的身体构成变化的发生。当我们试图仅通过限制能量的摄入来减重时，与纳入运动和身体活动的计划相比，该方法减掉的体重中包含了更多的瘦肉软组织（包括肌肉）。而在减重时给你的骨骼增加运动负荷，将有助于减少骨量的流失，骨量经常会随着能量的摄入限制和体重的减轻而流失。最后，运动，特别是强度较高的心肺与力量训练，将有助于在你体重减轻时防止静息代谢率降低。FITT 原则也特别关注了减重问题，美国运动医学会建议，每天至少开展 30 分钟需要调动大肌群参与的中高强度（在可耐受范围内）的有氧运动，并逐渐增至每天开展 60 分钟此类运动，每周至少 5 天坚持开展这样的运动（ACSM，2018）。

维持减重后的体重

如果说运动和身体活动在减重期间很重要，那么，它们对维持减重后的体重就更为重要了。有研究表明，并且美国运动医学会也赞同，维持减重需要增加心肺活动量（ACSM，2018）。按照 FITT 原则的要求，维持减重后的体重已经与需要调动大肌群参与的中高强度（在可耐受范围内）的运动联系了起来，每周至少要有 5 天或接近 7 天开展此类运动，并要逐渐发展到每周累计开展 250 分钟此类运动。你可以每周进行累计 4 个小时的心肺活动，其中包括有意识的运动锻炼和日常生活当中的活动（例如运动出行），只要这些活动是中等强度的就可以。美国国家体重控制登记处（National Weight Control Registry）提供了一些最能证明能量消耗对维持减重后的体重重要性的证据。这些证据来自对成功的减重者和减重维持者进行的纵向研究，该研究还提供了一份在线的体重管理计划。其中，主要的成功策略包括，采用常量营养素均衡的饮食方法（见表9.2），以及每天开展 60 分钟高水平的身体活动和运动（Hill & Wyatt，2013）。

体重管理方面要注意的心理问题

我们所处的环境令我们愈发难以用健康的行为来管理体重。最重要的是，我们的社会崇尚身材苗条与健康。许多人一直生活在担忧自身形象的心理阴影中。几乎所有的身体形象问题，都源于人们的外貌或他们自己所认为的外貌与他们觉得自己（基于文化信息、家庭压力和其他原因）应该长成的样子之间存在差距。

不幸的是，不论男女，都越来越难找到一个对自己的体形、身材和外貌感到满意的人了。对这些问题的深入研究超出了本书的范围，如果你或你关心的人正被这些问题所困扰，我们鼓励你去寻求专业的信息资源。体重管理应该在一种积极的氛围中进行，其中包括你自身营造出来的积极态度。其实，除了极少数的情况，大多数人在任何体重状态下都能达到相对健康的状态。而且，无论外表如何，对自己的体形、身材和外貌表示满意并且充满自信，这本身就是一个吸引人的特征。

养成并保持健康的身体形象观念

身体形象观念是一个人对自身外表的感知、想象、评价和情感感受，它既可以覆盖整个身体也可以针对身体的某个部位。养成正面的**身体形象**观念，对一个人的社会心理的健康和体重管理的成功都至关重要。负面的身体形象观念可能会给人造成巨大的精神痛苦，并损害自尊、干扰健康的人际关系和社交活动，从而导致抑郁。当负面观念达到极端程度时，通常会被称为**身材走样妄想症**。

缩小体形和减肥：厌食症、神经性贪食症和暴食症

负面的身体形象和对体重状态的不满，会导致更严重的问题，如饮食失调和其他不健康的体重管理行为。

在镜子中看到的自己与别人看到的你不同，这被称为身材走样妄想症。

不幸的是，饮食失调在所有年龄段的男性和女性中都变得越来越普遍。与负面身体形象相关的最常见的饮食失调类疾病是：厌食症、神经性贪食症和暴食症。

- **厌食症**。尽管厌食症患者经常对食物表现出兴趣，但他们的食量却不足以维持正常体重，并且其体重指数通常非常低。这种病症主要出现在年轻女性身上，但在年长的女性和男性中正越来越常见。更可悲的是，有时这种忍饥挨饿的疾病会导致死亡。

- **神经性贪食症**。神经性贪食症患者会反复出现这种现象：暴食后通常通过呕吐或使用泻药进行排泄。神经性贪食症更难识别，因为这些行为是私下进行的，患者的体重通常是正常的。不过，体重波动可能是一个信号。暴食——排泄这一恶性循环给身体的许多系统带来极大的压力，包括牙齿、食道、肝脏、肾脏，以及心脏。

- **暴食症**。患有暴食症的人经常会因压力、强烈的情绪或冲突而不受控制地暴食。不受控制地进食之后，随之而来的是羞耻感和抑郁感，以及更加努力地管理体重。这些人几乎总是处于肥胖状态，暴食会危害其健康。此外，他们在生活中发生焦虑和抑郁的概率也较高。

需要专业帮助时该怎么办

在生活中需要帮助时的最好的做法是认识到你需要帮助，并且明智地为自己寻求优质资源。体重管理也不例外。

心理学家或治疗师

虽然你或你认识的人可能没有患上经过确诊的饮食失调症，但许多人都有一些严重到足以影响其生活质量的饮食失调或身体形象错乱方面的症状。坦诚地交谈是增加你的幸福感的开始。但是，有时候也需要专业人士的帮助。大多数大学校园都有这方面的顾问，

如果你担心自己或朋友，饮食失调方面的一个很好的资料来源是美国国家饮食失调协会。

如果你有身体形象问题的困扰，请咨询相关的专业人员。

他们可以在这些问题上提供高质量的帮助，或者会帮助你社区的专业人士。与专业顾问沟通，可以帮助你解决已构成问题的饮食失调，还有助于你纠正不当地运用食物与活动来控制压力和情绪的做法。焦虑或抑郁往往是引起体重管理行为进一步出现问题的关键因素。

注册营养师（RDN）

如第 8 章所述，注册营养师可以帮助你制定个人饮食计划。如果你因慢性疾病或食物过敏而有特殊的饮食需求，那么这一点就尤为重要。你可能只需要听上几次课，就可以了解到一些关键原则，并开始踏上更加健康的补充能量之路。

与认证健身教练一起运动

虽然我们已经广泛讨论了如何根据既定指南进行运动的基本原则，但有时你还是需要额外的帮助以制定计划，或者是在开始执行计划时提高你坚持下去的可能性。

在美国，选择专业的健身教练时，要寻找那些通过美国国家认证机构委员会（National Commission for Certifying Agencies，NCCA）认证的专业人员，此外，理想的教练还要能符合人们的目标和个性。制定这些标准是为了保护公众的健康、福利和安全。正如在美国人们不会去找一个未通过美国医学委员会认证的医生看病一样，人们也会明智地选择一名具有美国国家认证机构委员会所颁发的、全美认可的资格认证的健身教练。

医疗评估

最后，如果在没有显著外因的情况下你的体重发生了变化，或者你的体重没有按照你有意控制的能量摄入或消耗的方向发生变化，我们劝你去看医生。无法解释的体重变化总是令人担忧的，甲状腺功能亢进或减退、癌症等疾病，都会改变你的体重。虽然你还年轻且患病的风险也很小，但你应该有相应的意识。

本章总结

在我们这个容易致胖的社会中进行体重管理是一个挑战。在这样的社会中，我们拥有那么多唾手可得的美味食物。为了管理好体重，我们需要不断关注能量平衡等式，特别是摄入能量以及通过身体活动和运动来消耗能量。运动，特别是锻炼心肺的运动和抗阻训练，可以提高你的体重管理成功率。运动和锻炼可以维持或提高你的静息代谢率，还能消耗能量让你更接近能量平衡的状态。通过自我教育和关注自己的日常行为，你可以获得许多保持能量平衡的策略。此外，管理体重可能会使你面临情绪方面的挑战，饮食和运动行为会受到干扰，甚至会严重损害你的身心健康。知道何时寻求专业帮助，可能是你体重管理计划中的一个关键部分。

复习题

❶ 我们的社会和人造环境中发生的相对较新的变化，是如何对我们的体重管理构成公共卫生方面的挑战的？

❷ 列出能量平衡等式的 3 个主要组成部分。在能量输出方面，哪个因素解释了大多数人每日最大份额的能量消耗？哪些因素可以在短期内加以控制，从而导致能量消耗更多而使体重减轻？

❸ 描述 3 种你可以用来管理能量摄入，同时又不会过于严格要求自己的策略。

❹ 你的减重计划应该包括哪些主要的运动方式？从生理力学的角度证明采用它的合理性。

❺ 就迹象和症状而言，简要地解释一下饮食失调类疾病。

❻ 解释一下，不同的专业人员如何能够帮助你实现与健康和可持续的体重管理计划相关的各种目标。

第10章

压力管理

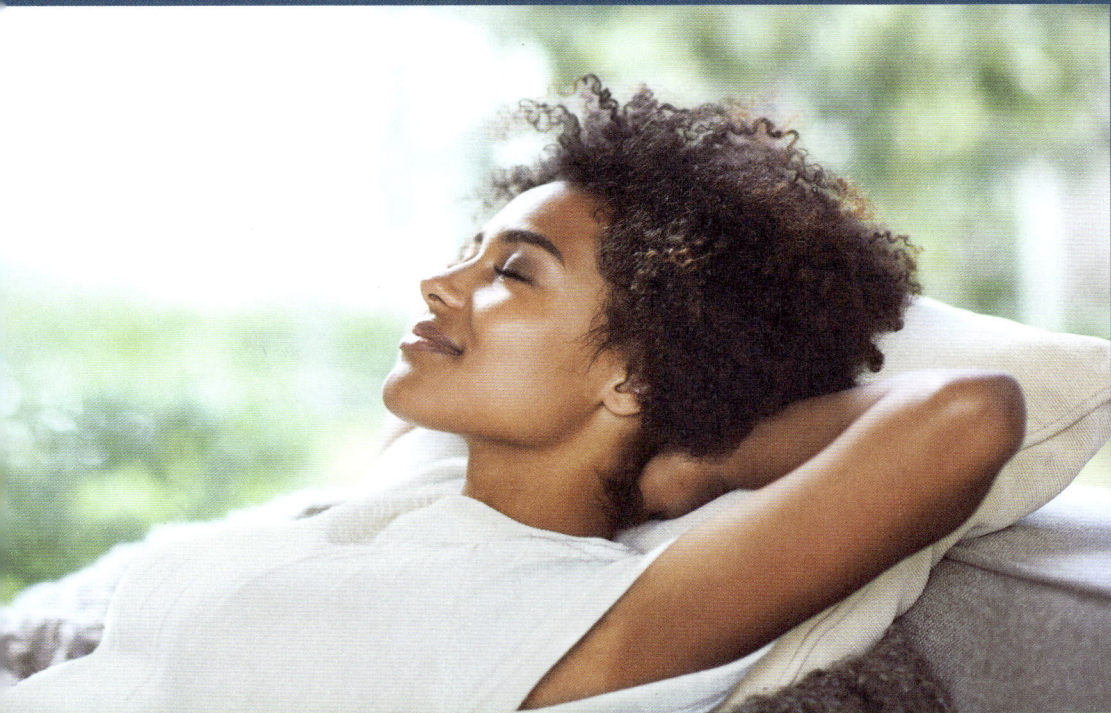

本章目标

> 定义压力和压力源，认识到压力是个人的感受。

> 认识到压力并不总是有害的，一个人的压力包括良性压力到令人感到担忧的压力。

> 解释急性的生理及心理压力反应。

> 了解如果长期（慢性的）压力被置之不理的话，将会如何导致在身体和情绪上出现的健康问题。

> 认识到大学生的主要压力源。

> 描述有助于压力管理的关键策略，尤其是睡眠和身体活动。

关键术语

压力

压力源

非稳态平衡（稳态应变）

战斗或逃跑反应（应急压力反应）

副交感神经系统

自主神经系统（ANS）

交感神经系统

去甲肾上腺素（降肾上腺素）

内分泌系统

促肾上腺皮质激素释放激素（CRH）

脑垂体

促肾上腺皮质激素（ACTH）

肾上腺

肾上腺素

皮质醇

下丘脑—垂体—肾上腺轴（HPA轴）

个性

非稳态负荷

时间管理

广泛性焦虑症

惊恐障碍

社交焦虑症

抑郁症

你是否曾经被你的待办事项清单压得喘不过气来？你平日里是否在很多时候感觉烦恼不断？压力是我们生活中很自然的一个部分，但你对它的反应会对你的健康和幸福感有很大的影响。本章的目标是压力管理，首先呈现的是对压力反应的概述，强调了当你没能管理好压力时会对自身健康带来的影响。本章还重点论述了大学生压力的常见来源，包括学业成绩、财务状况、社会关系以及与同学和朋友之间的亲密关系。最后，本章探讨了管理压力的关键策略，尤其是保持身体活动和高质量的睡眠。

有压力却没有应对技巧，就像是在跑马拉松，却永远都不能越过终点线一样。

如何看待一件事或一种情况是因人而异的，一个人害怕的压力源可能会是另一个人的冒险乐趣来源。

当下的压力体验

大多数人主要的压力源与在社会和心理上遇到的挑战有关，包括我们的人际关系和职业表现。对于大学生来说，在学业上取得好成绩就相当于职工在全职工作中取得好业绩，并且要做到这一点，大学生也会面临很多与后者相同的压力（见图10.1）。无论压力的来源是什么，重要的是要认识到你会在什么时候有压力以及应如何管理压力。

你能管理好你的压力，使它不会对你的健康和生活产生负面影响吗？答案是肯定的，但是就像大多数健康习惯一样，这需要有意识地运用策略和努力实施。

压力有好有坏

大多数人认为压力是一种令人不快的威胁性事物。大多数词典将其定义为"身体、心理或情感类型的紧张或压抑"，或者是"当一个人感到一种需求超过了其个人或社会资源所能满足时出现的情感或状况"。因此，压力通常被认为是一种消极的体验，是需要避免的某种事物。一些听上去非常玄乎的说法是，每个人的压力都是一样的，压力对你总是有害的（American Psychological Association，n.d.b）。然而，如果少了健康的压力，大多数人就会变得无聊，并失去参与生活的动力。因此，压力也是有帮助的，因为它会激励我们提高工作效率、尝试新事物、帮助我们融入我们所在的社会和世界。

这就引出了另一个有关压力的重要概念。区分压力刺激与对压力的反应是非常有用的。压力刺激被认为是压力源。你可能从你的生活经验中了解到，相同的压力源并非都会在不同的人身上

图10.1 大学生的很多压力源与他们的学业课程和就业事务相关。制定个人的压力管理计划，以防止压力造成不良的健康后果

产生相同的反应。一个特定的压力源可能只有在特定的情况下才会让人非常忧虑——例如，当你睡眠不足、饥饿或时间非常紧迫时，压力源可能会导致更强的压力反应。

本章所讨论的一个重要的理念是，你不可能总是能控制生活中的压力源，但是，你可以改变你对压力源的感知和应对方式，这将从生理和情感的角度极大地改变你的压力体验。

良性压力与沮丧

你可以把压力看作一个连续的过程，从良好的到中等的再到坏的都有。当你期待一件计划好的事情，并且你预期这将是一次积极的体验时，就会产生良好的压力，即良性压力。良性压力的例子可能包括：开启期待已久的假期，学习开车或上大学。体验一些新的或不同的东西会让人很兴奋。沮丧通常会在你遇到无法控制的负面情况时产生。沮丧的例子包括：未通过重要的考试（尤其是在你投入了大量的时间备考之后），忍受着意外的身体伤害，或者和你的恋人分手。沮丧，尤其是持续存在的沮丧，是一种会对健康和幸福感产生负面影响的压力。图10.2描绘了一个概念模型，该模型阐述了在一个连续体中，良性压力和沮丧是如何相互作用的。

压力（应激）反应

当你有压力的时候，你感觉如何？

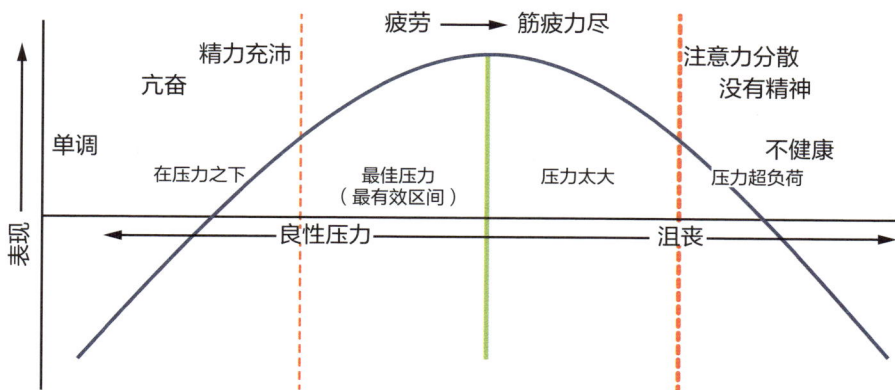

图10.2 压力曲线：良性压力与沮丧

当你面对压力源时，你的身体知道该怎样反应吗？身体会从生理和心理上对压力源做出反应。了解这些不同的反应将有助于你培养压力管理技能。**非稳态平衡（稳态应变）**是通过身体或行为改变来实现稳定、平衡或体内稳态的过程。因此，压力源就是任何使你的身体脱离非稳态平衡状态的因素，而压力反应则是你的身体试图恢复体内稳态的表现。无论压力源是生理的、心理的还是社会的，甚至是对变化的预期，身体内部都会产生相同的生理上的级联反应。因此，过热、过冷、饥饿，以及担心重要的考试，都会产生压力反应。

生理反应：两个系统共同作用

当身体暴露于压力源之下时，身体几乎会立刻对压力源做出反应，即**战斗或逃跑反应（应急压力反应）**（见图 10.3）。在人类的进化早期，这种反应是完全合适的，因为要是没有它，很多人都会被掠食动物杀死。如今，我们很少被迫逃跑或与掠食动物搏斗了，但同样的反应系统还是会在受到心理或社会挑战时，甚至会在对这些挑战的预期中启动起来。神经系统和内分泌系统对压力反应的协同作用，导致了战斗或逃跑反应的出现。

副交感神经系统是**自主神经系统**（Autonomic nervous system，ANS）的一个主要分支，它在放松状态下是受控制的。**交感神经系统**是自主神经系统的另一个主要分支，它在压力反应中起着关键作用。

神经系统会释放**去甲肾上腺素（降肾上腺素）**，这种激素几乎可以作用于每个器官、汗腺、血管和肌肉，从而让你的身体准备好以最快、最有效的方式做出反应。**内分泌系统**通过下丘脑与神经系统相协调，下丘脑会释放出**促肾上腺皮质激素释放激素**（Corticotropin-releasing hormone，CRH），从而向脑**垂体**发出信号。然后，脑垂体会释放出**促肾上腺皮质激素**（Adrenocorticotropic hormone，ACTH），从而向**肾上腺**发出信号，令其释放出关键的激素：**肾上腺素（肾上腺激素）**和**皮质醇（主要的激素）**。这一级联反应通常被概括为 HPA（hypothalarnus-pituitary-adrenal axis）轴，它是**下丘脑—垂体—肾上腺轴**的缩写。

HPA 轴的激活过程就像是身体内部发生的一场短期危机，它会从所有长期的身体功能中转移资源，如消化功能、免疫功能或生殖功能。当产生压力的情况结束时，副交感神经系统会使身体恢复到较为平静的预应激状态，或者是进入体内稳态平衡状态（例如，心率恢复到静息水平）。身体现在又开始优先照顾各项长期功能了，包括消化功能、能量储备和生殖功能。免疫系统现在基本可以修复好任何损伤，为下一次受到威胁做好准备了。多种情绪障碍都是由 HPA 轴在形态和功能上的变化引起的，其中包括焦虑症和抑郁症，以及失眠（Sapolsky，2004）。学会管理你的

战斗或逃跑反应

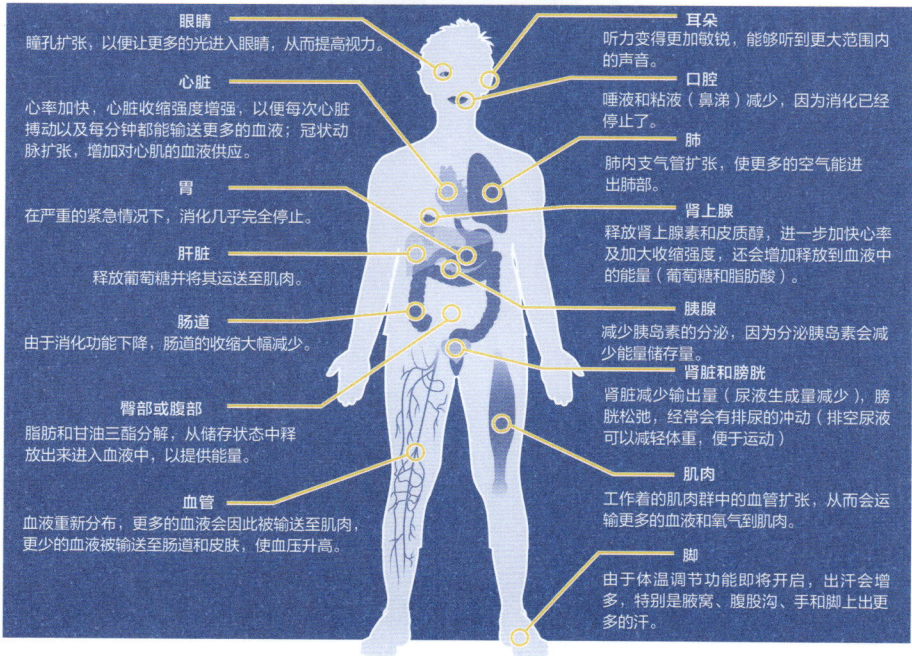

眼睛
瞳孔扩张，以便让更多的光进入眼睛，从而提高视力。

心脏
心率加快，心脏收缩强度增强，以便每次心脏搏动以及每分钟都能输送更多的血液；冠状动脉扩张，增加对心肌的血液供应。

胃
在严重的紧急情况下，消化几乎完全停止。

肝脏
释放葡萄糖并将其运送至肌肉。

肠道
由于消化功能下降，肠道的收缩大幅减少。

臀部或腹部
脂肪和甘油三酯分解，从储存状态中释放出来进入血液中，以提供能量。

血管
血液重新分布，更多的血液会因此被输送至肌肉，更少的血液被输送至肠道和皮肤，使血压升高。

耳朵
听力变得更加敏锐，能够听到更大范围内的声音。

口腔
唾液和粘液（鼻涕）减少，因为消化已经停止了。

肺
肺内支气管扩张，使更多的空气能进出肺部。

肾上腺
释放肾上腺素和皮质醇，进一步加快心率及加大收缩强度，还会增加释放到血液中的能量（葡萄糖和脂肪酸）。

胰腺
减少胰岛素的分泌，因为分泌胰岛素会减少能量储存量。

肾脏和膀胱
肾脏减少输出量（尿液生成量减少），膀胱松弛，经常会有排尿的冲动（排空尿液可以减轻体重，便于运动）。

肌肉
工作着的肌肉群中的血管扩张，从而会运输更多的血液和氧气到肌肉。

脚
由于体温调节功能即将开启，出汗会增多，特别是腋窝、腹股沟、手和脚上出更多的汗。

图10.3 战斗或逃跑反应

压力，对保护你 HPA 轴的健康，以及让它始终对现实的压力具有适当的敏感性而言，是至关重要的。

什么因素会影响你的压力反应？

尽管我们都有生理和心理方面的压力源，并且在回应它们的过程中都表现出了相同的身体变化上的级联反应，但是，这种压力反应的程度是因人而异的，并且在不同的情况下，同一个人的反应的差异也很大。

影响压力反应的一些主要因素是，你对当前情况的认知性评估，以及你对当前挑战或威胁的情绪性反应。你的个性也会影响你的总体压力反应，以及你对某个压力源的特定反应。

认知性评估：我能够应对吗？

在面对压力源时，大多数人会立即从认知上处理当前的威胁，同时对目前的情况做出评估——也就是说，你需要认真考虑一下。虽然有好几种针对这种情况的公认的心理学理论，但大多数理论都认可这样一个观点：你所经历的压力程度的高低，高度依赖于你对以下这几个关键问题的问答情况（Lazarus & Folkman，1984）。

1. 是否存在潜在的伤害或威胁？

2. 如果回答为是，那么可以做任何事情来挽回的话，你可以利用的资源是否充足？

3. 如果你的资源不足，你可以应对随之而来的情况吗？

对威胁的认知性评估和你的应对能力，将受到你此前对此类情境的体验和你的控制感知的极大影响。对一种情况或事件有过不好的经历，几乎总是会使你在未来遇到类似情况时压力更大（Sapolsky，2004）。例如，拥有课程大纲并且知道了期末考试的日期、考试结构以及所涉及的范围，与未经公布突然宣布考试或缺乏指导且不知如何备考的情况相比，前者的压力会小一些。此外，如果你在过去的综合性考试中取得了好成绩，考虑到你的学习能力和学习习惯，在下一轮考试时你的压力就会小一些。

情绪反应：这对我来说重要吗？

通常认为，心理压力是一种情绪反应，当我们感知到一个事件或情况对我们的幸福感构成威胁时，我们就会产生心理压力。但是，为了触发你的压力反应，你还是得关注相关情况发展的结果。如果你不太在意结果，你就不会把这件事看成是一种威胁，因此你的压力反应就会很小。然而，如果利害关系很大，这种情况就将构成重大威胁或挑战，从而引发更大的压力反应（Sapolsky，2004）。这就是为什么你可能会认为，选修课的小测验比专业核心课程的综合期末考试的压力要小，如果这类综合考

试会影响到你的平均学分绩点，从而足以降低你通过竞争激烈的研究生入学考试的概率时，就更是如此了。这也是听到一个陌生人去世的消息不会引起你的压力反应，而失去一个所爱的人，特别是与你朝夕相处的某个人，可能会成为你的一个重大的压力源的原因。

个性会影响压力反应

想想你的家人和亲密好友的个性吧。有些人看起来非常冷静，能够处理任何事情，而另一些人则对任何扰乱他们日常生活的事情感到焦虑。这些特征都是**个性**的组成部分，个性可以影响你对压力源的感知和反应。有许多方法可以用来描述个性的特点，许多研究人员都曾试图将个性分为不同的类型。

具体到压力反应，它也是有不同的性格类型的（American Psychological Association，n.d.c）。最有名的类型是 A 型个性。一般而言，A 型个性的人非常好胜，而且缺乏耐心，他们是非常注重时间管理、工作努力、成绩优异的人。B 型个性的人与 A 型个性的人形成鲜明的对比，他们生活得更轻松，不那么好胜，也更冷静。研究表明，A 型个性的人罹患冠状动脉疾病的风险会更高，特别是在碰上不友好、时间紧迫和社会不安全等情况时（Sapolsky，2004）。其他个性类型，例如杞人忧天的人，悲

> 学会管理好你的压力对保护你的健康至关重要。

观地认为危险和灾难无处不在，把一切都灾难化，也往往会有长期处于激活状态的压力反应，以及更高的产生焦虑和抑郁的风险（American Psychological Association, n.d.c）。

虽然大多数人并不能被完全归类于某一种个性类型，但重要的是，你的性格可能会影响你如何感知压力源和你对压力源的生理（心率、血压、激素水平）与心理反应（Sapolsky, 2004）。有些个性会慢慢地激活某种压力反应，就特定的压力源而言，这种压力反应远远高于应有的水平。

现代生活与压力反应是不匹配的

压力源是任何让你脱离体内稳态平衡的因素，压力反应则是你的身体为了重建体内稳态所做的事情。如果你是一只追逐你的猎物的狮子，或者是一只试图不要成为狮子午餐的斑马，那么生理性的压力反应就非常适合应对这种短期危机。与认知水平较低的物种不同，人类可以通过思考潜在的压力源来启动压力反应。即使相关事件将在遥远的未来发生或者甚至不会发生，这种担心也会使我们的身体系统脱离体内稳态平衡（Sapolsky, 2004）。人类会对许多与其他哺乳动物无关的事情感到非常紧张。例如，一次重要的期末考试或不及格的学业成绩，一条结束与恋人关系的短信，或是周末过多地购物导致银行卡存款余额过低，都会令许多大学生忧心忡忡。

对于地球上除人类之外的绝大多数动物而言，生理性压力反应是关于如何处理短期危机的。人类面临的问题是，鉴于我们复杂的社会环境和技术的进步，我们的压力反应并非是每隔一段时间才会被"打开"一次的。相反，对一些人来说，压力反应每天都会出现好几次，甚至几乎一整天都"开着"。这是人类出现与压力相关的疾病在理论上的基础。生理压力反应系统的进化，是为了帮助我们应对短期的身体紧急情况的，但现在我们却在更长的时间（数月或数年）里使用它，用它来操心我们的人际关系、经济、就业和社会地位等方面的问题。

非稳态负荷会导致慢性疾病和病症

我们会从各种生理、心理和社会压力中体验到类似的反应。我们也知道，如果压力源持续出现很长一段时间是会让人生病的。关于长期压力究竟如何引发疾病的一个当代理论，是**非稳态负荷**这一概念，其定义为由于长期处在压力之下以及神经内分泌系统对压力的反应，身体所遭受到的折磨与损伤。另一种理解这一概念的方法是，导致压力反应重复出现的压力是可以控制的，但要恢复到非稳态平衡则需要付出很大的努力，而如果不得不持续重新获得平衡，则最终会让人虚弱不堪。

罗伯特·萨波尔斯基（Robert Sapolsky, 2004）在他的著作《为什么斑马不会得溃疡》（*Why Zebras Don't*

当下和以后

个性和压力

当下

在人生的这个阶段，你很可能已经意识到了自己的主要个性特质。不要太过纠结于你的性格类型所划定的条条框框，你也许可以将自己与上文中描述的某一类型的个性联系起来。当你明白了一些你无法改变的因素时，例如遗传因素对你个性的影响，或你在童年时期形成的气质的某些方面，你就能更好地选择可以帮助你管理好压力的策略。

以后

许多学生认为，他们的压力水平在毕业后会下降。但通常情况下并非如此，因为生活会变得更加复杂，他们会有多种社会角色，工作和家庭都会对他们提出要求。长期持续的不受控制的压力，与心血管疾病、焦虑症和抑郁症等慢性疾病有关（Sapolsky, 2004）。许多这些与压力有关的疾病和病症会在中年时开始出现。

回家思考

你可能无法改变自己基本的个性，但你可以通过培养积极思考的能力、从压力体验中学习和练习压力管理技巧，来管理好自己的压力反应。压力管理是一项关键的健康行为，它可以帮助你在当下感觉更好，并拥有一个长寿、快乐和健康的未来。

Get Ulcers）中很好地解释了这个概念。他把与压力有关的疾病称之为"跷跷板上的两头大象"模型。

图 10.4a 显示了两个在玩跷跷板的小孩，此时相对容易做到保持平衡。这说明了非稳态平衡的情况，即此时你的生活中压力较小。小孩子意味着你体内的压力激素水平很低。而图 10.4b 显示了两头大象在玩跷跷板（Sapolsky，2004）。庞大的大象代表了你体内的系统在对一些真实的、预期的或理论上的压力做出反应时所产生的大量的压力激素。正如你所看到的，大象也可以达到平衡，但这样做会耗费不小的成本和带来不一般的后果，包括产生以下影响。

- **能量分配。** 在跷跷板上使两头大象保持平衡需要大量的能量。这意味着能量必须从身体对生殖、修复和重建（即免疫系统）等更长期的投资项目中转移出来，以应对长期"阴云不散"的短期紧急情况。

- **附带伤害。** 虽然跷跷板可能还会保持平衡，但是还是会发生其他损害，因为大象会对跷跷板造成很多磨损。解决好身体中如何产生如此高水平压力激素的一个问题，往往会伤及身体的其他部位。你可以通过使用你的"大象"（大量的压力激素）来恢复非稳态平衡，但长时间使用你的"大象"，将会在你身体的其他部位造成混乱。这实质上就是非稳态负荷。

- **复杂的卸压过程。** 当因为压力减轻了而不再需要这些大象时，它们将很难优雅地从跷跷板上起身。例如，如果一个跳起来，另一个就会因为它巨大的体重而摔倒在地上。这说明有时与压力相关的疾病可能是由于过慢地关闭压力反应机制，或者以不同的速度关闭压力反应机制的不同部分而引起的。有些激素水平会很高，而有些激素水平则很低，但它们通

a　　　　　　　　　　　　　　b

图 10.4　压力相关疾病的"跷跷板上的两头大象"模型。a 表示非稳态平衡，儿童表示压力激素水平较低。b 表示在长期压力下出现的非稳态负荷。大象代表了身体对实际或预期压力做出反应时释放出的大量压力激素。两头大象虽然也可以保持平衡，但难免也会为罹患慢性疾病创造条件

常应该是平行发展的，这种效应也会对健康产生负面影响。

受压力反应影响而产生的病症和疾病

反复开启压力反应可能会损害你的健康。让我们生病的不是压力源，而是会使我们易患某些病症和疾病的压力反应本身（特别是如果它纯粹是心理上的）。表 10.1 总结了长期激活压力反应会影响到的主要系统，并简要描述了它们的机制（Sapolsky，2004）。

它（例如，意外地从人行道上踏出到高速前进的车前）。其次，慢性的生理性挑战可能会激活它，这种由理性挑战可能是慢性疾病或一种严重的长期疾病，尽管现代医学通常可以帮助我们避免长期的疼痛和不适。再次，我们都会遇到心理和社会方面的扰动，这就是本章前面所述的现代世界中我们的压力的主要产生原因。

从本质上讲，人类的基本健康需求已经得到了满足，但我们在自己的思想中创造出了许多充满压力的挑战情景。其中一些担忧是合理的（例如，担心截止日期快到了或担心一个所爱的人的健康），然而我们的压力挑战往往不是基于现实或不是在我们的控制范围内的，这意味着我们不应该激活我们的压力反应来对抗或逃避它们。

常见的压力源与大学生活中的各种烦扰

压力反应通常会在 3 种情况下被激活。首先，严重的身体危机可能会激活

表 10.1　长期激活压力反应会影响到的主要系统

系统	主要机制	症状或相关疾病
心血管系统	· 静息时的心率和血压会升高 · 慢性系统炎症	· 高血压 · 冠状动脉疾病
代谢系统	· 血糖和血脂水平升高	· 动脉粥样硬化 · II 型糖尿病
消化系统	· 食欲改变（1/3 压力大的人吃得少，2/3 压力大的人吃得多） · 胃酸水平和胃的血流量会发生变化	· 消瘦或肥胖 · 肠易激综合征 · 溃疡（压力使某些类型的溃疡变得更糟）
免疫系统	· 相关机制不能很好地运行	· 感冒和流感 · 癌症（潜在）
大脑 / 神经系统	· 神经元网络改变 · 神经生成减少（产生的新神经元较少）	· 注意力和记忆力衰退 · 痴呆症（潜在的）

大压力源和小压力源

压力反应的激活物可以分解为生活中的重大事件和日常琐事。生活中的重大事件可以进一步分为无法预见的和超出我们控制范围的环境事件或自然事件，例如经历飓风。第 2 种类型的重大生活事件也不在我们的控制范围之内，包括所爱之人的死亡、离婚、残疾或危及生命的疾病（Lazarus & Folkman，1984）。

虽然我们通常不认为日常琐事与生活中的重大事件一样重要，但是它们也是激活我们压力反应的重要因素。

这些小而常见的事件会导致我们沮丧、烦恼、愤怒和痛苦。这些事件可能包括交通堵塞、与某人争吵，以及对金钱和人际关系的担忧。日常烦扰之事可能每天都会上演，并且与压力导致的心理和生理上的症状密切相关（Lazarus & Folkman，1984）。

压力过大的迹象和症状

压力过大的众多迹象会涉及身体、情感和行为等方面（见表 10.2）。不同的人会表现出不同的症状，并且一个特定的症状可能会在不同的压力源下出现。认清你个人的压力症状，将帮助你在压力发展成焦虑症或抑郁症之前，能够迅速采取行动进行改变。把你的个人压力迹象想象成仪表盘上亮着的正在变成橙色的"检查引擎"指示灯，并使用第 3 章中讨论过的决策性平衡工具来制定一

表 10.2　压力过大的潜在迹象

身体方面	情感方面	行为方面
头痛	容易生气，脾气暴躁	入睡困难或难以保持睡眠状态
肌肉紧张，颈部或背部疼痛	感觉抑郁或情绪低落	酗酒和滥用药物的情况增加
肠胃不适，包括恶心、便秘和腹泻	感到紧张不安	食欲不振或过度进食起安慰作用的食物
口干，吞咽困难	哭泣	与朋友和家人的关系改变
胸痛和（静息）心跳加速	变得容易沮丧	想方设法逃避
疲劳，精力差	感觉不知所措	工作或学业表现不佳
经常感冒和感染	自我感觉不好（自卑）	
出汗过多		
咬紧牙关和磨牙		

源自：Center for Diseases Control (2017); American Psychological Association (n.d.); Sapolsky (2004)。

✓ 行为检查

你最大的压力源是什么？

最近来自美国大学生的代表性数据表明，在过去的 12 个月中，大约 57% 的学生表示，他们的总体压力水平高于平均水平或是感觉压力很大。学生们认为，生活中主要有以下几方面的压力是创伤性的或很难处理的：学业、经济、亲密关系、睡眠困难和其他社会关系（American College Health Association, 2017）。

花几分钟做一个压力源清单，以确定你的五大压力源。如果你几乎没什么压力源，那就说明你的生活可能缺乏挑战。如果你有很多压力源，那你可能会吃不消。请记住，构成压力源的因素是非常个性化的。试着确定一下这些主要的压力源是暂时的还是长期的。暂时的压力源可能是，一门将在学期结束时上完的具有挑战性的课程；长期的压力源可能是，为了支付学费而不得不在几年的时间里平衡好学业负担和兼职工作。在本章的最后，你将重新审视这些压力源，并制定出一个压力管理计划，以帮助你应对压力，减少压力在你生活中造成的负面影响。

无铅燃油 ▶

检查引擎

了解你个人的压力迹象，并将其视为你个人的"检查引擎"指示灯，它们能在你需要保养时发出信号。

个计划，说明你将如何应对和改变这些压力源在你生活中产生的影响。

大学生活中的特殊压力源

除了生活中的一般性压力之外，在大学中，特别是在入学的第 1 年，你可能会遇到一些特定的压力源。当你在回顾以下压力源时，要记得一个人的压力源可能是另一个人的兴奋之处。

虽然你可能因为一个人都不认识而害怕开学的第 1 天，但你那更加外向的室友倒可能会因为期待结识新朋友而蹦蹦跳跳地走出门去。

学业上的挑战

大学繁重的课业可能会是一个挑战。许多考上大学的学生在高中时都是成绩很好的学生，然而，由于大学学业的严谨性和期望程度有所提高，他们可能会发现大学的学业相较于高中更具挑战性。课业量很大，而且教授们上课时自主性较强，这意味着学生们通常不知道他们的期中考试科目是否会安排在同一天进行。大学里的课业安排也远不如高中严密，家庭作业更少，综合性的期末考试更多。

改变社会角色、关系和身份

尽管我们盼望完成从依赖向独立的过渡，但这个过程也会产生压力。许多挑战是相互关联的，包括以下几项。

学业压力是大学生的头号压力源。

- **家庭**。离开家可能会导致你与家人的关系发生改变。如果你的家人是你的主要社会支柱之一，那么离开家对你来说可能会感觉很新鲜，但同时也会引发你极大的思念之情。

- **新朋友和新的关系**。与不同的人会面会令人兴奋，但也会给你带来压力，这种压力甚至可能会压垮你，这取决于你的个性。每天参与新的社交活动可能会让你感到压力。

- **室友**。与新的生活同伴共享空间是很有挑战性的，特别是如果你在家中拥有自己的房间和浴室的话。

- **自我形象**。高中毕业后，你需要调整自己的身份。也许你曾是一个聪明的人，也许你曾是个有天赋的运动员，也许你曾是啦啦队的队长。但当你意识到你只是众多不同类型的学生中的一员时，这种中学生活向大学生活的过渡可能会有些艰难。

- **更复杂的社会问题和选择**。大学可能是你接触多种生活方式并对其进行选择的地方。压力可能来自你对这些生活方式的选择和对生活方式的差异的容忍程度，它们也会让你质疑自己的选择。

环境变化

在向大学生活过渡的过程中，你所处的物质环境会发生很大变化，尤其是你住在学生宿舍的话。你将在新房间的新床上睡觉；你将在餐厅吃饭，而不是在自己家里吃饭。穿行于校园和在城镇中穿行将有所不同，弄清楚去哪里上课和学校里的其他要求可能会成为你的压力的来源。与你的家相比，校园里噪声带来的压力可能会让你烦躁，这可能会扰乱你的睡眠。

经济压力和对未来的担忧

大学学费可能会给学生和他们的家庭带来压力。大学里还有许多计划外的费用，例如书本费和加入各种社团组织的费用。现在，许多学生都是通过兼职工作所赚的钱来负担这些费用的，由于疲劳和时间的限制，这些兼职可能会给他们带来压力。学生的经济负担也可能是他们长期压力和担忧的一个来源。

许多费尽周折并力图进入职业通道的学生都会感到压力很大，因为他们知道良好的教育应该能为他们进入工作场所做好准备，并让他们走上经济独立的道路。这一决策过程，再加上经济压力，可能会让人不堪重负。管理你的生活，包括管理你的钱，是成为一个独立的人的重要组成部分。

时间管理

许多学生很难有效管理好自己的时间，并且经常抱怨每天的时间都不够用。大学生活可以给你极大的自由去安排自己的日程。不过，这种系统安排的缺乏也可能是压力的一个来源，因为你需要对自己负责并精心安排好自己的日程，以便同时管理好你的学业、社交以及未来的工作生活。图 10.5 展示了全日制大学生在工作日是如何使用他们的时间的。

关键的压力管理策略

因为我们的日常生活中都有压力源，而且有时这些压力源比其他压力源更突出、更令人衰弱和疲惫不堪，所以，学会正确看待这些生活事件并制定合适的应对计划是很重要的。像压力源一样，管理压力的策略也是因人而异的。例如，一些策略可能对你的室友比对你更有帮助，一些策略在对抗某些压力源时会更有效。本节介绍的是那些经过了深入研究的主要策略。

运动和身体活动

正如本书中详细描述的，运动和身体活动对你的健康（包括心理健康）有很多好处。运动可以帮助你管理压力和焦虑，并有助于预防或治疗轻度抑郁症（Office of Disease Prevention and Health, 2008）。许多运动模式都很重要，但只有心肺模式得到了最好的研究。每天规律地进行至少中等强度的运动，可以防止压力失控，即防止"检查引擎"指示灯持续亮起。当你面临短期压力时，例如在期末考试周，也可以暂时增加运动量。

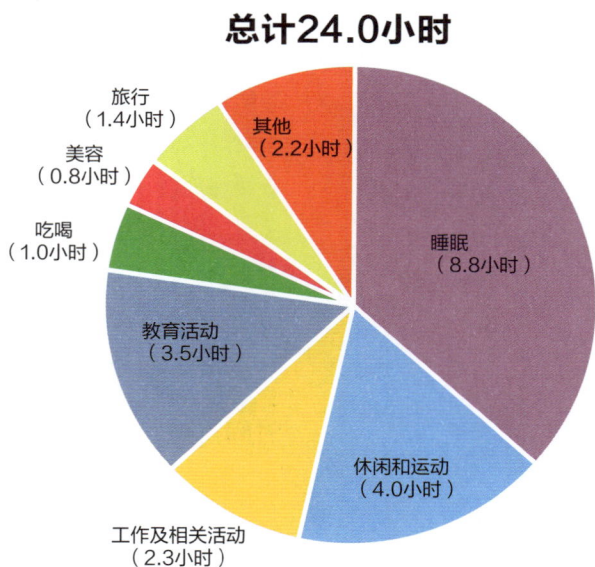

总计24.0小时

- 旅行（1.4小时）
- 美容（0.8小时）
- 吃喝（1.0小时）
- 教育活动（3.5小时）
- 工作及相关活动（2.3小时）
- 休闲和运动（4.0小时）
- 睡眠（8.8小时）
- 其他（2.2小时）

图 10.5 全日制大学生工作日平均每日的时间使用情况
注：数据包括在大学或学院注册为全日制学生的 15 ~ 49 岁的个人的时间使用情况。数据包括非假日的工作日，选取的是 2011—2015 年的平均值。
源自：Bureau of Labor Statistics (2016)。

为你的身体补充能量

压力对饮食摄入会有影响（Sapol-sky，2004）。在压力下，你可能会过度摄入能量或增加对不太健康的食物的摄入。为了舒适而吃东西通常被称为压力型进食，它通常表现为大量摄入含有添加糖、饱和脂肪酸和钠等不太健康的食物。当时间紧迫时，你可能会摄入过量的咖啡因，这可能会增加你短期和长期的压力和焦虑程度。不过，也有许多人对压力的反应是食欲下降，因此，全天选择健康的能量来源非常重要。饥饿并伴有低血糖是一种压力源。压力激素会导致你的血糖不太平衡，这会令人感觉压力重重。人们经常会因为有压力而不吃早餐，这就会导致在早上学习、工作能力最旺盛的几个小时里血糖偏低（American Psychological Association，2014）。你应该怎么安排饮食来帮助自己缓解压力呢？从本质上说，最好的建议是摄入健康而均衡的饮食（有关营养的更多信息，请参阅第8章）。

社会支持

社会支持也是减轻你对生活中压力源的反应的主要策略。在有压力的时候得到照顾和受到友好的对待，在别人有需要的时候支持他人，都可以减轻压力反应，尤其是对心理压力源的反应（Sapolsky，2004）。重要的是，要从对的人、对的朋友关系和对的社区那里获得社会支持。我们都知道如果我们向一些人求助的话，他们反而会加重我们的压力反应。

不要将友情管理（这是需要花时间的）归入"乐趣"一类，取而代之的是，要开始将这些活动看作是一种健康的行

抽出时间吃早餐对你的一天而言是一个很好的开始！

为。培养新的友谊，维持已建立起来的关系，并寻求保持家庭关系健康的方法，这些对你的健康都至关重要。大学生活为你提供了加入许多不同的俱乐部和组织的机会。其中许多组织是由你所在院校的注册学生组织运行的。最后，如果你正为人际关系问题而纠结，或者正遭受孤独之苦，大多数大学都有咨询服务机构，它们会提供许多服务，有的免费，有的收费较低。获得处理好人际关系的技能也是对你的健康的重要投资，为你自己进行投资吧。

放松技法和冥想：让心灵沉静下来

放松技法通常包括呼吸法，还包括将注意力集中在令人愉悦的想法和图像上，以此来平静身心。放松技法的常见例子有生物反馈、深呼吸、引导意象、渐进式放松和自我催眠。各种身心练习，例如冥想和瑜伽，有时也被认为是放松技法（National Institutes of Health，2017）。倘若你经常冥想，便可以减少心理压力对身体造成的负面影响

（Goyal et al.，2014），这方面的证据包括生理上压力激素的减少（Sapolsky，2004）。现在有许多不同类型的冥想，而大多数冥想都专注于采用积极且肯定的思想和想法。

管理你的生活和制作待办事项清单

设定目标和优先事项，让你有所组织、有所准备，这可以帮助你管理好你的压力水平。睡过头、急匆匆跑去上课还迟到，早上做事乱糟糟没有条理，这些事情几乎都会引起压力反应。当你到达教室，突然意识到你忘记了当天的考试安排时，你的皮质醇水平就会升高。花时间想清楚什么是必须做的，什么是可以再等一天的，以此把你的待办事项分出个轻重缓急，这是至关重要的（University of South Florida，n.d.）。

时间管理意味着成功且有效地对一个人的时间进行优先排序和规划安排。1天只有24小时，1周只有7天。因此，如何选择是一个持续存在的挑战。图10.6提供了一些见解，这些见解可以用来提高你的时间管理技能，这实际上就是提高你管理你的生活的能力。

学会管理你的时间

1 设定目标和优先事项：制作一个"待办事项清单"来帮助你保持专注。

2 制定一份计划：确定你想要完成的各阶段性的任务，并确定要在什么时候之前完成。

3 将大任务分解成小任务：将大任务分解为更小、更易于处理的小任务。

4 设定截止日期：确定切实可行的截止日期，这样你就能看到自己的成就了。

5 休息放松：确定一个固定的时间段，好让自己在不受任何干扰（包括你的手机）的情况下工作；设置一个计时器，一直工作到闹钟响起，然后休息一下奖励自己。

6 要有条理：把你所有的东西都放在一个固定的地方，这样你就不必天天另花时间来找它们了。

7 可以说"不"：认识到你的局限性，意识到说"不"是可以的，并专注于你的优先事项。

8 将朋友和同事的帮助考虑进来：请别人来帮助你。

9 要预见到意料之外的事情：要多留出一些时间来完成你的项目，因为可能会出现一些你无法控制的问题。

10 将所有的事情都记录在日志或日历上：将所有的约会、项目截止日期和各种事项都记录在日历上，并保持更新。

11 优先安排：专注于最关键和最需要你关注的事情。

12 确定你最有效率的时候：要留心观察你在一天内的什么时候精力最充沛，并要在此时完成最艰巨的任务。

图 10.6 你可以使用这些小技巧去成功地管理你的时间并降低你的压力

通过睡眠来控制压力

睡眠是一种压力管理的技术，这是因为压力反应会导致睡眠障碍，而缺乏高质量的睡眠会大大加重人们对生活挑战的压力反应。为了达到理想的健康状态，你需要了解自己需要睡多长时间身体才能正常工作，然后使用一些策略去确保你的睡眠时间充足和睡眠质量良好。在今天这个社会中，拥有经常性的良好睡眠变得非常罕见，并且这经常被认为是只有少数人或休假时间才可享受的奢侈品。你的睡眠行为（习惯）对于你的健康和学业成绩的重要性，不亚于饮食和锻炼。

睡眠时间和质量

正如你将看到的图 10.7 所示，睡眠是一种重要的健康行为，许多人都难以获得足量的高质量睡眠（Watson et al., 2015）。大学生每晚需要 7 个小时或更长时间的睡眠。不过，一个人所需要的睡眠时间也会发生变化，尤其是会随着年

龄的增长而变化。婴儿、儿童和青少年最需要睡眠。大多数成年人每晚需要睡7~8 小时。有些人睡上 5 小时就能很好地工作了，而另一些人需要 10 小时的睡眠才能达到最佳状态（American Sleep Association, n.d.）。

除了睡眠时间外，不间断的（即非碎片化的）睡眠对于睡眠质量也非常重要，只有如此，我们才能完整经历睡眠的 5 个阶段，尤其是第 3 阶段和第 4 阶段以及眼球快速转动（rapid Eye movement，REM）的睡眠阶段。通常情况下，如果不受干扰，一个健康的睡眠者将会在 90~110 分钟的一个睡眠周期中经历所有这 5 个睡眠阶段，而各阶段的睡眠时间将会在夜间发生变化（American Sleep Association, n.d.）。

- 第 1 阶段的睡眠
  - 出现浅层睡眠。
  - 游离于半睡半醒之间。
  - 很容易被唤醒。
  - 眼球转动缓慢，肌肉活动减慢。
  - 常常有坠落感或肌肉连续痉挛感。
- 第 2 阶段的睡眠
  - 眼球停止转动。
  - 脑电波变得更慢。
  - 偶尔会出现快速的脑电波。
- 第 3 阶段和第 4 阶段的睡眠
  - 在第 3 阶段出现的慢脑电波被称为 δ 波。
  - 到第 4 阶段时，δ 波会成为唯一的一种脑电波。
  - 第 3 阶段和第 4 阶段是深层睡眠，没有眼球或肌肉活动。
  - 如果被唤醒，人们会昏昏沉沉，

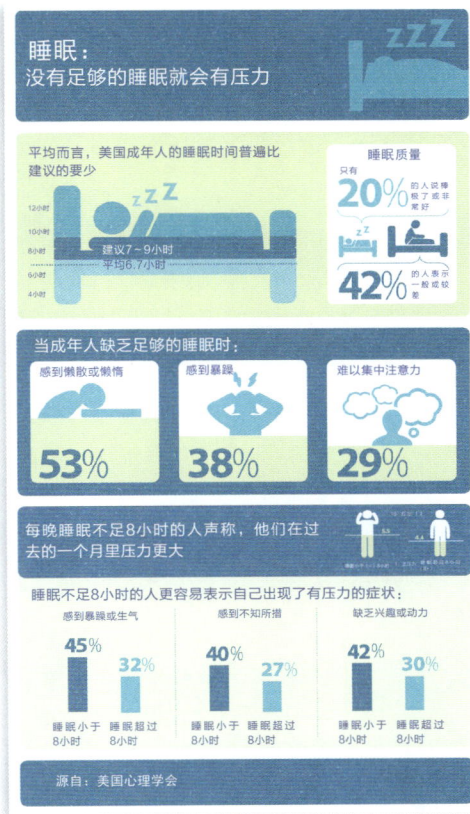

睡眠：没有足够的睡眠就会有压力

平均而言，美国成年人的睡眠时间普遍比建议的要少

建议 7～9 小时
平均 6.7 小时

睡眠质量
只有 **20%** 的人说睡眠好了感非觉好
42% 的人表示一般或较差

当成年人缺乏足够的睡眠时：

感到慵散或懒惰 **53%**
感到暴躁 **38%**
难以集中注意力 **29%**

每晚睡眠不足 8 小时的人声称，他们在过去的一个月里压力更大

睡眠不足 8 小时的人更容易表示自己出现了有压力的症状

感到暴躁或生气 **45%** 睡眠小于 8 小时 / **32%** 睡眠超过 8 小时
感到不知所措 **40%** 睡眠小于 8 小时 / **27%** 睡眠超过 8 小时
缺乏兴趣或动力 **42%** 睡眠小于 8 小时 / **30%** 睡眠超过 8 小时

源自：美国心理学会

图 10.7　你的睡眠情况符合图中的哪一种？如果你睡眠不足，你能否认识到由此带来的一些后果？

根据报告，有 33% 的美国人长期睡眠不足，即 24 小时内睡眠不足 7 小时（Center for Diseases Control and Prevention, 2017）。

可能会迷失方向。

- 眼球快速转动的睡眠
  - 呼吸变得急促、不规则、较浅。
  - 眼球迅速朝任意方向转动。
  - 手臂和腿部的肌肉会暂时麻木。
  - 心率加快，同时血压升高。
  - 如果在这个阶段被唤醒，许多人会想起奇异或不合逻辑的梦境或念头。

如果你在白天感到昏昏欲睡，那你很可能是缺乏足够的睡眠。如果你老是躺下后 5 分钟就睡着了，那么你可能会有严重的睡眠不足（American Sleep Association, n.d.）。无法入睡或无法保持睡眠状态，以及打鼾过多或睡眠时呼吸暂停等睡眠障碍，也是一个令人担忧的问题（Centers for Disease Control and Prevention, 2017）。因此，重要的是要形成有规律的、具有规则的睡眠周期和经历了 5 个阶段的睡眠，而不是好几天不睡觉，然后计划利用周末或假期休息补觉（见图 10.7）。如果你担心自己的睡眠情况，那就请咨询医生吧。

与睡眠不足相关的健康风险

有规律的、良好的睡眠对理想的健康和高质量的生活至关重要。

没有良好的睡眠，我们会经历不良的生理和心理问题，其中包括事故、损伤、心血管和代谢类疾病，以及抑郁症等精神健康问题的发生风险的增加。睡眠不足也会对精神警觉性和注意力产生负面影响，并会导致总体上选择不良的行为。长期睡眠不足会刺激压力系统，导致非稳态负荷的产生。如果你的睡眠习惯不良，你就有可能患上许多慢性疾病，这些疾病会对你现在和将来的生活产生负面影响（Watson et al.,2015；American Sleep Association, n.d.）。

提高睡眠质量和改善精力的策略

像大多数健康行为一样，睡眠也是一种习惯。因此，拥有良好的睡眠习惯可以帮助你能在晚上能睡个好觉。以下几点将帮助你养成良好的睡眠习惯（Centers for Disease Control and Prevention, 2016）。

- 保持一贯性，每天在同一时间起床和睡觉，包括周末和假期或学校休假时。
- 确保你的卧室凉爽（不要太过温暖）、安静，你的床垫和枕头都应该很舒适。
- 给卧室的窗户安装上深色窗帘或百叶窗，或者戴上眼罩睡觉。
- 让你的卧室成为无屏幕区，不要让计算机、手机和你的床共处一室。
- 睡前吃少量的饭菜，并在睡前几小时内抵制想吃比萨、炸玉米饼和其他辛辣食物的诱惑。因为有些食物会引起消化不良或胃酸反流，当你躺下时，情况会更糟。
- 在下午的晚些时候或傍晚时要限制咖啡因（包括巧克力和能量饮料）的摄入，并在睡前限制酒精和其他饮料的摄入，以降低在睡觉过程中想要起来上厕所的概率。
- 白天爱动可以帮助你在晚上更易入睡。
- 与你的医疗保健人员交流，告诉他们你正在服用的任何药物及其对睡眠的影响，因为有些药物可能会使你嗜睡。你可以在睡前服用这些药物，这样你就可以在课堂上保持清醒，同时也不影响晚上的睡眠了。

社交生活、压力和失眠

大学生活，尤其是前一两年，可能会很有压力，从而会影响你的睡眠质量。

此外，由于有了新的人际关系和校园环境，你的社交生活可能相当丰富。你可能会发现，社交生活、压力和睡眠这3个因素是相互交织的。社交生活可以导致压力的产生，但社会支持对健康的压力管理也非常重要。如果你在社交生活上花费了更多的时间，那么你用于学业和睡眠的时间就会更少，而时间紧迫和睡眠不足也会产生压力。学会平衡所有你必须做的事情以及所有你想要做的事之间的竞争性需求是一个挑战，你可能会在以后的工作生涯中面临这个挑战。无论现在还是将来，学会平衡这些对你都会很有帮助。两个关键点是，保持积极的能量和在需要时寻求专业帮助。

✓ 行为检查

你的电子设备是否正在损害你的睡眠和人际关系？

我们生活在一个一天 24 小时都能随时了解到新闻、天气、时尚潮流及朋友们正在干什么的世界里。社交媒体和技术为我们"打开"了整个世界。便携式设备使我们可以随时随地和外界保持联系和投入工作。虽然这些技术进步改善了我们的生活，但持续使用电子设备有可能会损害我们的健康。首先，很晚还在使用电子设备会扰乱睡眠周期，因为电子设备的蓝光会刺激眼睛里的感受器，继而可能会引发压力反应，从而使大脑保持活跃状态。其次，依赖科技来进行娱乐和做出社交反应，可能会降低你的人际关系质量。

为了你的健康，请有意识地适当远离电子邮件、互联网和社交媒体，还要时不时地在电子媒体账户页面上贴上"不作正式回复"的通知。你可以考虑一下你该怎样设置信息的接收方式，使其不会太影响你的生活了。看看你的社交媒体通知，你可以不用理会哪些通知？或者试着在学习期间每隔一小时查看一次手机，看看有无信息。计划实施无屏幕日，每周一次或在假期不看电子设备屏幕。

保持积极的能量：习惯性的运动是关键

在本章概述的所有压力管理策略中，相对较高水平的运动和身体活动是最重要的。经常开展中高强度的身体活动，特别是锻炼心肺和抗阻训练方面的活动，可以帮助你管理压力，降低发生焦虑症和轻度抑郁的风险。这种程度的活动也与睡眠质量的改善有关（Office of Diseases Prevention and Health，2008）。最后，经常活（运）动还可以让你精力充沛、动作敏捷（Puetz. O'Connor & Dishman，2006），这可以帮助你去完成清单上必须做的和想要做的事情。通过这种方式，你每天的运动就成为你所有计划的基石，从而让你的睡眠行为和压力反应呈现螺旋上升式改善的状态，而不是急转直下。

知道什么时候需要帮助

触发压力反应可能会令你感到不快，这就是大多数人都以负面的方式定义压力的原因。对我们大多数人来说，一次又一次地触发压力反应都对我们产生不了太大的影响。但对于某些人来说，反复或持续激活压力反应，会导致他们出现较为严重的心理健康问题，包括焦虑症和抑郁症。

焦虑症

长期的压力可以发展成焦虑症（National Institutes of Mental Health, 2016）。例如，**广泛性焦虑症**患者会持续数月表现出过度的焦虑和担忧，其中几种相对强烈的症状不但不会消失，并且还会随着时间的推移而恶化。**惊恐障碍**则以反复出现的毫无征兆的惊恐为发病形式，发病时会产生一阵阵突发的强烈恐惧，发病迹象可能包括心脏剧烈跳动（心悸）、出汗、颤抖、感觉窒息、呼吸急促，有时还会有厄运临头的感觉。**社交焦虑症**患者对社交或表演有明显的恐惧，在那种场合下，他们往往很害怕遭遇尴尬、被人评头论足或遭到拒绝等情况，从而引发压力反应。焦虑症会大大降低生活质量，给患者造成极大的痛苦，使他们在课堂上或在工作中变得紧张，并且会妨碍他们建立和维系人际关系。

抑郁症

抑郁症也与压力有关，它是焦虑症的"近亲"。抑郁症有许多不同的类型，其中最令人担忧的类型是重度抑郁

与朋友交流和运动可以改善你的心情，但有时你仍需要专业人员的帮助。

症或临床抑郁症。抑郁症的症状包括：持续不退的悲伤、感觉绝望、睡眠模式改变（睡眠困难、早上很早就会醒来或睡过头）、食欲或体重发生变化、精力减少，以及至少持续两周的疼痛和痛苦（National Institutes of Mental Health，2016）。这和一个一般忧郁的人对突发事件的反应截然不同。

抑郁症的一个显著特征是丧失快乐。伴随着严重的抑郁而来的，还有巨大的悲痛和内疚，这些可能会使人丧失一些基本的能力。

专业的帮助

当你遇到压力症状持续不退的"检查引擎"指示灯时，请尝试通过本章所述的策略来管理你的压力反应。如果几周后你发现你自己仍无法做到这一点，就请寻求专业人员的帮助，以避免出现长期的健康问题。有时，焦虑或抑郁的产生是有医学原因的。例如，一些药物具有被认为易引起焦虑或抑郁的副作用，低血糖也会引起焦虑。去寻找医疗保健专业人员的帮助，他们会根据你目前所处的困境，帮你梳理各种生理、环境或情感原因。几乎所有的学院和大学都设有学生健康中心，可以给学生在面临医疗和心理问题时提供帮助。要了解你可以利用的资源，并尽早获得帮助，宜早不宜迟。

本章总结

我们都经历过压力，特别是面对心理和社会的挑战而形成的压力。虽然许多压力源都是良性的，因为它们会让你积极参与并主动迎接挑战，但是太多的挑战，尤其是长时间的挑战，可能会让人吃不消。管理好你的压力反应，对预防长期的负面健康影响非常重要。了解你个人的压力源，学会解读你的"检查引擎"指示灯，并实施良好的压力管理策略，都可以帮助你应对压力以及变得感觉更好。一个要求经常开展中高强度的身体活动和运动的计划，以及健康的睡眠习惯，都可以帮助你管理好压力反应，并使你保持高水平的能量，以满足你繁忙日程的基础要求。

复习题

❶ 压力可以是良性压力或担忧和焦虑。说出这二者的定义，并举出分别属于这两类的典型例子。

❷ 什么是压力反应？神经系统和内分泌系统是如何联合作用以引起压力反应的？

❸ 说出非稳态负荷的定义，并描述其与长期压力和健康问题的重要关联。

❹ 描述 3 种受到长期压力负面影响的系统及其机制与引起的常见病症。

❺ 描述大学生常见的压力源。

❻ 压力症状是健康的"检查引擎"指示灯。描述长期压力的 5 种常见症状。

❼ 列出本章所述的 6 种主要的压力管理策略，并举例说明可能会为大学生所使用的策略。

第11章

健身与健康：今天和以后

本章目标

> 重新审视健康的各相关概念和各项 SMART 目标，并把它们应用于未来对生活方式的选择中。

> 了解实际年龄、功能年龄、生理年龄和心理年龄之间的差异。

> 定义并讨论传统医疗实践以及辅助和替代医疗（CAM）之间的差异。

> 介绍如何使用活动追踪器去测量健康参数。

> 分析在健身教练的指导下训练与自己进行训练的区别。

> 打造一个终身的健身与健康计划。

终其一生，活好过好

在前几章中，我们讨论了积极的健康观的重要性。我们承诺尽量不采取恐吓策略，鼓励自己做出选择，避免按部就班，同时不鼓励操之过急。我们希望我们已经拓宽了你对把功能性运动和健康实践融入日常生活的重要性的展望，不仅仅是在大学期间要这样做，而且在以后的生活中也要这么做。我们希望这个关于各种健身和健康概念的总结性概述，将帮助你记住生命是宝贵的，你选择如何生活将决定你一生的健康和幸福。我们对运动和健康所持的功能性生态看法提醒我们，照顾好自己即意味着照顾好他人，这样一来，你认识和交往的人便也能过上快乐、健康的生活了。

把积极的健康实践行为放在日常生活的首位，能够提高我们的生活质量。图 11.1 提醒我们，随着社会的发展，我们已经变得更加久坐不动了（Church et al., 2011）。1960—2010 年，美国的工作岗位要求做出的体力劳动量变少了。请注

真空吸尘器是否夺走了我们日常活动的机会?

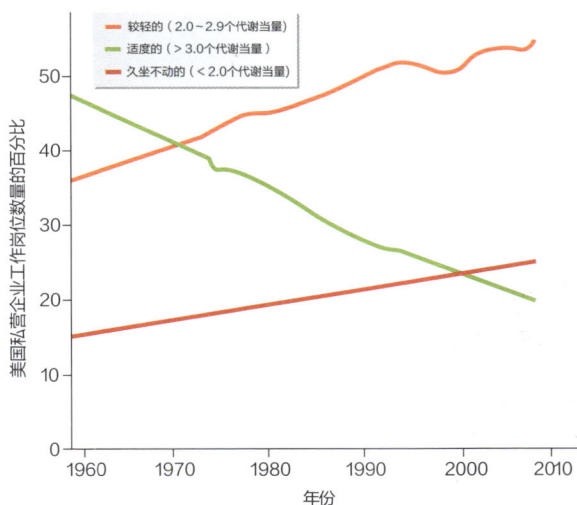

图 11.1　工作场所活动水平的降低

1960—2010 年，美国的工作岗位所要求的体力劳动变少了。请注意活动程度较轻的日常工作的增加与活动程度适度的日常工作的减少。

源自：T.S. Church et al., "Trends over 5 Decades in U.S. Occupation-Related Physical Activity and Their Associations with Obesity," *PLOS ONE 6*, no. 5 (2011): e19657. This is an open-access article distributed under the terms of the Creative Commons Attribution License。

意，以橙色线代表的 1960—2010 年的运动情况表明，体力劳动较轻的工作岗位增加了，这意味着我们在工作时坐得更多、动得更少了。另外，请注意那条绿色线，每日能量消耗超过 3 个代谢当量的工作岗位从占美国工作岗位总量的大约 50% 减少到不足 20% 了。我们的工作要求逐渐趋向每天消耗更少的体力和坐得更多。

在我们的日常生活中，我们还会使用洗碗机和真空吸尘器做家务，还可以轻轻一摁就开灯和关灯，并且依靠网络交流，而不是与朋友或同事面对面交谈。本书中介绍的大部分研究成果告诉我们，为了健康，我们需要多动少坐。第 2 章介绍的人类运动范式让我们想起了人类运动的 3 个方面——身体活动、运动和减少久坐——都是健康生活的一部分。

由于日常运动行为的减少和糟糕的营养选择，美国的肥胖率正处于历史最高水平。根据美国疾病控制和预防中心的数据，美国只有科罗拉多州、夏威夷州、马萨诸塞州和华盛顿哥伦比亚特区的肥胖率低于 25%（Center for Diseases Control and Precention, 2017）。

活得更久还是活得更好

除了动得更少外，我们正活得更久，但却未必活得更好。根据联合国 2005 年给出的数据，到 2050 年，美国老年人口将增加到占美国总人口的 22%。戴利和斯平克斯（Daley & Spinks, 2000）的报告称，1980 年，美国男性和女性的平均寿命分别为 69.8 岁和 77.5 岁。他们还称，到 2040 年，美国男性的预期寿命将是 75 岁，美国女性的预期寿命则是 83 岁。你现在所做的选择将决定你以后的生活有多好。帕芬巴格等人（Paffenbarger et al., 1986）对 35~74 岁的哈佛校友进行的那项具有里程碑意义的研究告诉我们，在一生中不断运动可能会让你多活几年。

> 你完全可以选择动得更多，这样你就能克服久坐不动的生活习惯，从而可能活得更久、生活得更独立。

生理年龄与实际年龄之间的区别

在斯坦顿（Stanton, 1996）看来，**实际年龄、功能年龄、生理年龄**和**心理年龄**之间是有区别的。图 11.2 展示了与年龄相关的术语的定义和示例。想想看，当你处在不同的人生阶段时，你希望人们如何评价你。你是想成为一个对生活充满活力和热情的人，还是要沦为一个有病痛、身体和情绪都有问题的人？

我们中的许多人都有年长的亲戚，他们会不断谈起自己经常去各种传统的医疗机构，我们听到之后会想："我年纪大了后是不是也会变成那样。"但如果你现在不好好照顾自己，你可能就会变成他们现在这个样子。根据你当下对个人健康的关注方向，你认为人们会怎么评价你的实际年龄、生理年龄、功能年龄和心理年龄呢？你认为你的父母或亲戚属于哪一类呢？现在，考虑一下你为了让你的各种"年龄"不会比你的实际年龄大，而想要采取的策略。你会在活动水平、健康饮食和压力管理方面做出哪些改变呢？

你多大年龄了？

我20岁。

实际年龄 是我们定义年龄的主要方式。

那是你妈妈吗？

不可能！

她看起来没有那么老。

生理年龄 是在我们看来，相关对象的行为和外表体现出来的年龄。

我不敢相信他是你爸爸！

他打球时像是20多岁的小伙子。

功能年龄 是实际、生理、精神、社会和情感年龄的结合。

看看他们。他们每天晚上都聚会，天天早上逃课。

他们需要成长起来了！

心理年龄 是一个人的感觉、行为和表现方面体现出来的年龄。

我妈妈的血压比我低？

那一定是因为她经常跑步。

身体年龄 是根据你的健康和健身水平，而不是根据你的实际年龄衡量出来的生理年龄。

这是令人印象深刻的。

哇！我简直不敢相信，那个70岁的老人在跑马拉松！

活力年龄 衡量的是，相对于你的实际年龄你有多么健康。

图 11.2 年龄能以许多不同的方式来加以量化：实际的、生理的、功能的，甚至还有心理的

✓ 行为检查

达拉斯卧床休息研究

1966 年，一群科学家（Saltin et al., 1968）做了一个实验，他们付钱让 5 名 20 岁的健康男性卧床 3 周。然后，科学家们分析了受试者的最大摄氧量、身体构成和其他健康参数。在短短的 3 周内，这几个 20 岁的年轻人就出现了是同龄男性的生理特性的 2 倍的生理特性。然后，科学家们安排这些男性在卧床休息后参与了为期 8 周的运动训练。运动不仅能逆转因卧床休息而带来的身体状况的恶化，而且还产生了更多的益处。这项研究证明了卧床不动之后开展运动训练会对健身和健康的各项参数产生显著影响。

30 年后，另一群科学家对同样的 5 名男性进行了另一项相同的研究 (McGuire et al., 2001)。科学家们发现，对已 50 岁的受试者而言，3 周的卧床休息对他们生理活动能力的影响要比 30 年前大得多。

最后，麦格沃克及其同事们（McGavock et al., 2009）在 10 年后，对已经 60 岁的这 5 名男性再次做了同样的实验：先是 3 周的卧床休息，然后是 8 周的运动训练。这些男性心肺健康状况（最大摄氧量）的降低程度，与他们在 20 岁时经过 3 周严格的卧床休息后的情况相当。

这些研究对健康保健的实践行为产生了很大影响。如今，病人术后不久就不再卧床并开始走动了。这项研究也提醒了我们运动在人一生当中的重要性。本书的第 1~7 章关注和检测了你的体能。现在，既然你已经在年轻时就获得了这些关于你身体能力的个人信息，那就考虑一下每年重新检测一下自己的身体吧。仔细地检查一下，并将信息保存在你的计算机的个人健康文件夹中。记录你一生当中的变化过程，成为你自己的终生健康冠军吧！

用医之道

传统西医是一套体系，医生和其他医护人员（例如护士、药剂师、医师助理和治疗师）在这个体系的框架内治疗各种疾病。例如，如果你需要进行膝关节置换手术，那么，一旦疼痛的膝关节被置换了，而且你也已经完成了术后治疗，那么该膝关节就被认为是医治好了。这种类型的医疗手段也被称为对抗医疗、生物医疗、**传统医疗实践**，或者干脆就叫作普通的主流医疗。医生和综合医疗保健人员（如护士和理疗师）实施的都是标准护理。

而**辅助和替代医疗**（Complementary And Medicine，CAM）可以作为一种尊重你的身体，将身体作为一个系统来治愈你的方法。

替代疗法的例子包括非传统医疗、脊椎按摩疗法、练习瑜伽和太极。根据美国国家辅助和综合健康中心（National Center for Complementary and Integrative Health，2017）的数据，近 38% 的成年人和 12% 的儿童使用过某种形式的辅助和替代医疗。

使用率增长最快的辅助和替代医疗方法是瑜伽（Clark et al.，2015）。瑜伽和太极的使用率都呈线

性增长，其中瑜伽约占普及面的 80%。自 1999 年以来，人们也见证了成人参与瑜伽的百分比方面的最大提升。

另外，个人使用膳食补充剂仍然是最常用的辅助医疗方法之一。虽然一些补充剂如氨基酸葡萄糖软骨素、人参和银杏的使用量已经减少了，不过，自 2002 年以来，鱼肝油和 Ω-3 脂肪酸的使用量几乎翻了两番 (Barnes et al., 2004)。同时，自 2007 年以来，褪黑素和益生菌以及益生元的使用量也增加了 (Barnes et al., 2015)。近 8% 的美国人在补充鱼肝油或 Ω-3 脂肪酸，近 2% 的美国人在食用益生菌或益生元。第 8 章和第 9 章提供了许多营养实践方面的详细信息。

与传统医疗实践会进行双盲临床研究试验不同的是，辅助和替代医疗法并不会经过同样严谨的研究。然而，传统的涉及实验室研究的方法可能并不完全适用于辅助和替代医疗，这是因为辅助和替代医疗不仅会惠及身体健康，还会令精神和心理健康受益。我们很难开展能够同时评估身体（生理）和社会或心理问题的严谨研究。此外，辅助和替代医疗方法的结果往往会更加因人而异。

✓ 行为检查

如何评估辅助和替代医疗

在评估各种可选的辅助和替代医疗时，要考虑以下因素。

1. 咨询相关专业机构及专家。

2. 与你的医疗人员讨论相关疗法的安全性和有效性，以及这种疗法与你正在服用的任何药物和维生素的潜在的相互作用。

3. 采取预防措施。不要在没有进行过一定程度研究的情况下就贸然尝试一种疗法，要去阅读同行评审的研究报告，要倾听自己身体的声音，要确保辅助和替代医疗对你来说是一种安全且有效的方法。

许多接受辅助和替代医疗后感觉更好的人无法解释其病情转好的原因。就健康而言，你可能会考虑选择一些不那么具有侵入性的方法。然而，由于缺乏对相关益处的研究，这已经是目前留给消费者的最佳选择了。

找到资源来提升你的健身质量与健康程度

我们用来提升你的健身质量和健康程度的传统方法是，聘请私人教练来帮助你学习如何锻炼。全美各地的健身场所都提供**个人训练**服务。回想一下，第2章讨论过的人类运动范式包括身体活动、运动和减少久坐（见图 2.1）。

私人教练可能会与你谈论久坐不动的生活和身体活动，但要记住，他们是受雇于健身场所的，因而他们经常会使用健身场所的设备来评估你日常的运动锻炼。你最好考虑购买一个活动追踪器来监测你久坐不动的生活方式和你每天的身体活动习惯。

活动追踪器

美国运动医学会把可穿戴设备这一技术列为 2018 年的五大趋势之一（Thompson，2017）。**活动追踪器**的销量增长了2倍（Endeavor Partners，2014），到 2019 年，智能可穿戴设备市场可以产生 530 亿美元的销售额。可穿戴设备技术日新月异，并且很难找到这方面的循证研究，因为研究通常跟不上技术的变化。邓肯及其同事（Duncan，et al.，2017）所做的一项调查表明，活动追踪器的确能够促进人开展身体活动，但还需要做更多的研究来分析这些设备对运动行为和结果的长期影响。活动追踪器可以是多个维度的，能够专注于除运动以外、影响一个人的健康和幸福的多个方面的行为，包括对睡眠和营养的追踪。

米歇尔·施佳（Michelle Segar）在她 2015 年出版的《不用流汗》(No Sweat)一书中转述了她的许多病人对运动的理解，这些病人并不知道整天动个不停也是可以算作健身活动的。她的许多病人都认为，变得健康的唯一途径就是到健身场所去运动。这种理解显然不正确。如今，戴在手腕上的追踪设备已成为消费者最主要的选择。活动追踪器既可以客观地为你统计活动量，也不妨碍你开展社交。在运动人口激增这场游戏中，它们可能会成为规则的改变者。

使用活动追踪器可以替代去健身场所

大多数美国人都没有去健身场所或会所锻炼。

根据沙雷特和彼得森（Tharrett & Peterson，2017）的研究，在过去的 25 年里，只有不到 22% 的美国人加入了健身会所并经常去运动。利用正式的健身项目或设施遇到的明显障碍是费用较贵、使用设备时的不适，或者是难以在特定的时间或日子上健身课。而使用活动追踪器的一个公认的好处是，减少了许多此类障碍。不爱运动的人可能会发现，使用活动追踪器没有加入健身会所那么令人望而生畏。技术专家相信，可穿戴的活动追踪器对于促进那些不使用传统身体活动和健身服务的人群的身体运动而言，将是非常有意义的（Herz，2014）。

活动追踪器与教练指导相结合

活动追踪器与专业的教练指导相结合，具备改变行为的潜力（Sforzo et al.，2015），但目前尚缺乏这方面的可靠的循证研究。从理论上讲，使用活动追踪器可以提高使用者的参与意识，让他对自己的运动目标负责，并以一种简单方便的方式记录运动。研究表明，健身从业人员缺乏使用活动追踪器的知识，不知道这样做会促进其指导对象做出运动方面的积极变化（Green，2015）。因此，你应该寻找一位不仅知道活动追踪器是如何运作的，而且理解人类运动范式和指导理念的专业人士作为教练。研究发现，在双方都获得了使用活动追踪器的个人经验之后 (Kiessling & Kennedy-Armbruster, 2016)，教练在与使用活动追踪器的指导对象合作时会取得更大的成功。活动追踪器会通过帮助你设定更现实的运动目标——针对你在自己生活需求中的运动方式，来协助你改变不良行为。它们还能促使你多动少坐。例如，曼迪茨和其他人（Mandic et al.，2009）发现，那些使用活动追踪器来增加习惯性运动的较不健康的人们，从中获得了进行更多运动的信心。

私人教练

如果你已经比较爱运动，并且想要深入学习某一项你所选的运动，那么找个私人教练一起锻炼可能会对你有帮助。如果你加入了健身会所并想学习如何使用健身器材进行训练，那么与私人教练一起运动对你来说会有很大的帮助。

个人培训认证流程

在你聘请私人教练之前，请确保他拥有美国国家认证机构委员会（NCCA）认可的专业健身证书。拥有专业健身证书必须通过许多全国性认证，包括书面和实践考试。健身专业人员必须要通过这些考试来证明自己具备了指导别人运动的基本技能，以及掌握了与之相关的各组成部分的知识（例如，解剖学和生理学，运动强度监测和损伤预防）。

美国国家认证机构委员会认可的认证测试是由运动和健身专业人员基于特定的知识、技能和属性开发出来的，这些知识、技能和属性都是提高健康程度的运动实践和预防损伤所必需的。本地或内部的认证或培训项目可能不够严谨，无法满足临床级别的实践标准。另外，所有美国国家认证机构委员会认可的健身认证课程都包括心肺复苏（CPR）和自动体外除颤器（AED）方面的培训。

CREP 是一个非营利组织，它由可出具美国国家认证机构委员会认可的健身证书的各种组织组成。该联盟的成员共同寻求推进健身事业的进步。CREP 的使命是，确保注册的运动专业人士在医疗、健康、健身和运动表现等领域的独特作用得到认可。在寻找健身专业人士时，请同时参考美国国家认证机构委员会的认证情况和 CREP 的网站。如果你已经请了一位私人教练，你可以就其注册信息查一查，看看他是否得到了具备资质的认证机构的认证。

个人训练和对生活方式的指导

一旦你已经确定自己请的私人教练是合格且经过培训的，下一步就是要进行一次面试，看看他是否不仅仅是一个私人教练，还可以是一个**生活方式教练**，或是可以兼任这两个角色。如果你更喜欢接受指导和激励，那就去找一家可提供小组培训的健身机构。这有助于让你在一个小组中接受培训，这样你最终就

在美国，要想知道某位运动专业人士是否拥有美国国家认证机构委员会认证的证书，最好的方法之一是在网上查看该运动专业人士的注册信息。

可以自己去试探和检验教练的水平了。可提供团队指导和激励（如橙色理论健身）的各种新式 HIIT 项目和机构层出不穷，你可以轻松找到。私人教练将帮助你学习正确使用运动设备，也可以帮助你设计一个培训计划，一旦你知道了该做什么，动机和决心就会成为通往成功的关键驱动力。你可以让朋友陪你一起锻炼，或者让教练监督你的目标完成情况并让你始终对这些目标负责，这样你就能保持动力和决心了。

当你调查一个私人教练的背景时，一定要去找教练培训方面的信息。经过认证的教练和经过认证的私人健身教练所接受的培训方式是不同的。教练接受的行为理论训练的出发点在于，要让你对自己定下的目标负责。而私人教练不仅可以教你如何开展力量训练方面的运动，也可以根据你的需要调整健身计划。

与此不同的是，经过认证的教练做得更多的是行为方面的工作：改变你对运动和锻炼的看法，以及设定现实的目标。要确保你知道自己选择的私人教练的终极目标是什么，还要看看他是否接受过教练技能方面的培训。这将帮助你确定，自己是否正在接受为了继续走在不断运动和坚持锻炼路上所需要的指导。

个人训练事关传授与健身指导和目标设定相关的知识和技能，而生活方式训练则涉及行为技能的发展以及在专业指导下帮助你制定你自己的个人目标。

重新审视具体的健康概念与各项 SMART 目标

让我们花点时间回顾一下你在第 2 章和第 3 章中设立的各项 SMART 目标，你完成那个或那些目标了吗？我们大多数人会从生理目标开启自己的健身和健康

之旅，因为它们似乎是最容易的部分。现在，既然你已经对更广泛的健康概念例如健康的身体构成、压力以及代谢综合征有了更多的了解，你就可以思考如何将这些概念融入你的整体健身与健康计划。

健康不仅仅是外表好看、身体健康。它是你在设定具体的 SMART 目标以帮助你走完你的健身旅程的同时，仔细思考你的梦想以及审视你的价值观。

- 想象一下，对于身体构成而言，你设定好一个 10~15 磅 (4.5~6.8 千克) 的体重范围，你想要尝试一辈子让体重在此范围内浮动。那就每月称一次体重，让自己对这个体重浮动范围负责。
- 对于压力，可以考虑买一个活动追踪器来监测睡眠状况，以便你能了解自己是否睡得好。
- 在你的一生中，为了降低代谢综合征的患病概率，你会做出哪些在生活上的改变呢？
- 你是否决心改善你所选择的日常饮食，让健康的选择成为容易的选择？你首先会做哪些具体的行为改变呢？

当你最终形成你对本书的看法时，这些构想是你需要考虑的最重要的问题。在以回顾你的 SMART 目标来给本书收尾之前，让我们先花点时间想一想拖延症吧。

拖延症

既然我们已经回顾了一些与终生过得好有关的健身概念，那就让我们来关注一种可能会妨碍你"就这么去做"的具体因素吧。这种因素就是**拖延（症）**。

你可能在想："我们已经了解了健身的概念，这一切都很好，但我想明天再开始为我的健康而忙活。"此时，正是拖延症左右着你，而缺

> 在拖延症中度过的每一天都是担心那件事的又一天。现在就开始做那件事并在你的生活中推进它吧。

乏动力是导致拖延症的一个关键因素。

一般来说，当你和一群人在一起或报名参加一个班的时候，去健身是很容易的；而自己独自设定目标并坚持下去则是一个很大的挑战。想想一两件你拖延着的与你个人健康相关的具体事情。如果你现在不是一个拖延症患者，那就想想拖延对你来说曾是一个问题的时候吧。你知道你为什么会拖延吗？对许多人来说，这是个谜题。你告诉自己，你真的想要采取一种健康的生活方式，但出于某种神秘的原因，你似乎就是无法做到这一点。我们所有人都有自己往往会忘记健身和健康目标的理由。如果你觉得拖延症可能会影响你的目标设定，那么就在网上搜索一下相关测试，并看看你在这个问题上的表现究竟如何。

美国《健康人 2030 年》规划及更远

美国的医疗保健事业在不断发展，很难预测医疗保险的整体方向会发生什么变化。26 岁以下的年轻人现在可以继续享受其父母那代人的医疗保健计划。因此，本节不讨论如何确保你拥有医疗保险，而是鼓励你提问并了解你的医疗保险从何而来。

美国《健康人 2030 年》规划呼之欲出，它将以过去的经验教训为基础，并继续提出新的挑战。该计划始于 1979 年，当时的美国卫生局局长发布了一份关于减少可预防的死亡和损伤的报告。这份报告包括美国的全国性健康促进和疾病预防的目标。报告一直持续更新。

重要的是要放眼全球，并立足本地。正是每个人的付出才使我们作为一个整体并变得更好。你将如何继续为自己的健康和幸福付出呢？

健身与健康：一种生活方式

本书旨在为你提供相关信息和经验，以帮助你设定事关健身和健康日常实践的各项目标和优先事项。如果你已经掌握了本书中的所有信息，你就正在通往更高质量生活的路上了。正如第 6 章之后的功能性运动训练部分给了你健身运动的诸多选择一样，你也可以选择是否把

健康和幸福作为你一生的首要目标。

花点时间回想一下你所设定的最初目标吧。你做得怎么样？你是否实现了自己的目标？哪些方面见效了，哪些方面没有见效？你将来打算如何继续实现你的目标？你所实施的真正有用的行动是什么？你接下来采取的行动可能是将这个健身目标融入一个健康目标中，从而实践本书后面各章中健康部分的内容。你是想要减轻压力、改善你的营养摄入行为、改善睡眠、还是想要改善你与他人的关系？

以下是关于健康目标的一些构想。

- 通过组织一次与朋友探讨研究步行方案的活动来缓解压力。
- 考虑参加一些你可能会遇到人生伴侣的活动，例如帮助他人的志愿者活动，而不是到酒吧喝酒。
- 在80%的时间里选择健康的饮食，这样你会感觉更好，你的思维会更活跃。
- 步行去上课，让你的身体在一天结束时感到疲惫，这样你就能睡得更好了。

你需要做什么来保持健康和良好的状态？你打算如何克服未来生活中的挑战并做到始终将健康置于首位？我们希望当你在规划你的人生事业道路时，也将在其中纳入你的健身和健康计划。追求事业是生活的一个方面，把你个人的健身和健康目标融入你的生活计划中，可以帮助你弥合这两个生活大事之间的差距。记住，做出健身和健康方面的最好行动是一个过程，我们都在行进中。如果你继续全力以赴地向前，努力提高你的生活质量（这最终可能会延长你的寿命），你就会收获美好的生活。我们祝愿你在不断为实现自己的健身和健康生活方式而做出前瞻性选择的过程中一切顺利。

复习题

❶ 在 1960—2010 年（Church et al., 2011），研究人员发现了一些我们日常运动习惯方面的有趣事实。他们的研究发现了什么?

❷ 列出 3 件被发明出来以节省时间和精力，并取代我们自己过去经常亲力而为的事情的物件。（这里没有明确的正确答案，请列出例子。）

❸ 在达拉斯卧床休息研究中接受测试的那几名男性，在他们 20 岁、50 岁和 60 岁时分别发生了什么？

❹ 实际年龄和生理年龄之间的区别是什么？

❺ 功能年龄和心理年龄之间的区别是什么？

❻ "我想我明天就会开始实现那个目标"是关于什么性格特征的一个例子?

❼ 私人教练是如何区别于生活方式教练的?

参考文献

第1章

Arloski, M. 2014. *Wellness Coaching for Lasting Lifestyle Change*.(2nd ed.). Duluth, MN: Whole Person Associates.

Archer, S. 2007. "Fitness and Wellness Intertwine: A Major industry Arises." *IDEA Fitness Journal* July-August: 36-47.

Astrand, P. 1992. "Why Exercise?" *Medicine & Science in Sports & Exercise* 24(2): 153-62.

Baer, D. 2014. "Harvard Psychologist Says These 8 Principles Will Bring You the Most Happiness for Your Money." *Business Insider.*

Biswas, A., P. Oh, G. Faulkner, R. Bajaj, M. Silver, M. Mitchell, and D. Alter. 2015. "Sedentary Time and Its Association With Risk for Disease Incidence, and Hospitalization in Adults: A Systematic Review and Meta-Analysis." *Annals of Internal Medicine* 162(2): 123-32.

Blair, S., H. Kohl III, and N. Gordon. 1992. "Physical Activity and Health: A Lifestyle Approach." *Medicine, Exercise, Nutrition, and Health* 1: 1, 54-56.

Boseley, S. 2016. "Global Life Expectancy Increases to 71.4 Years." *The Guardian.*

Buettner, D. 2015. *The Blue Zones Solution: Eating and Living like the World's Healthiest People.* Washington, DC: National Geographic Society. Chetty, R., M. Stepner, S. Abraham, S. Lin, B. Scuderi, N. Turner, A. Bergeron, and D. Cutler. 2016. "The Association Between Income and Life Expectancy in the United States, 2001-2014." *Journal of the American Medical Association* 315(16): 1750-66.

Gilbert, D. 2007. *Stumbling on Happiness.* New York: Random House.

Hauser, A. 2016. "Do You Live in the Saddest State?" *Inside Business.*

Healy, G., N. Eakin, A. Owen, M. Lamontage, E. Moodie, B. Winkler, G. Fjeldsoe, L. Wiesner, D. Willenberg, and A. Dunstan. 2016. "A Cluster Randomized Controlled Trial to Reduce Office Workers Sitting Time Effect on Activity Outcomes." *Medicine & Science in Sports & Exercise* 48: 9, 1787-1797.

Gallup-Healthways. 2017. *State of American Well-Being: 2016 State Well-Being Rankings.*

Jay, M. 2012. *The Defining Decade: Why your Twenties Matter and How to Make the Most of Them Now.* New York: Hachette Book Group.

Katzmarzyk, T. 2014. "Standing and Mortality in a Prospective Cohort of Canadian Adults." *Medicine & Science in Sports & Exercise* 46(5): 940-46.

Khalid, A. 2016. "Here Are the Happiest—and Most Miserable—States in America." *The Daily Dot.*

Levine, J. 2014. *Get Up: Why Your Desk Chair Is Killing You and What You Can Do About It.* New York: Palgrave McMillian. McCoy, K. 2009. "Burning Calories with Everyday Activities." *Everyday Health.*

Ming Wei, M.D., J.B. Kampert, C.E. Barlow, M.Z. Nichaman,L.W. Gibbons, R.S. Paffenbarger, Jr., and S.N. Blair. 1999."Relationship Between Low Cardiorespiratory Fitness and Mortality in Normal Weight, Overweight and Obese Men."*Journal of the American Medical Association* 1999:282(16): 1547-53.

Perkins, D. 2009. *Making Learning Whole: How Seven Principles of Teaching Can Make Learning Whole.* San Francisco: Jossey-Bass. Pina, P. 2016. "2016 Food Trends From Google Search Data: The Rise of Functional Foods."

Rogers, R.G., B.G. Everett, A. Zajacova, and R.A. Hummer. 2010. "Educational Degrees and Adult Mortality Risk in the United States." *Biodemography and Social Biology* 56(1): 80-99.

Schlossberg, M. 2016. "The Diet Industry Is Dying as a New Mentality Takes Hold in America." *Business Insider.*

Seligman, M. E.P. 2011. *Flourish.* New York: Free Press: A Division of Simon and Schuster.

Segar, M. 2015. *No Sweat: How the Simple Science of Motivation Can Bring You a Lifetime of Fitness.* New

York: AMACOM.

Springbuk. 2017. "2017 Health and Wellness Statistics."

Well People. 2011. "A New Vision of Wellness."

U.S. National Prevention Health Promotion and Public Health Council (2016). Accessed January 20, 2018.

Xu, J.Q., S.L. Murphy, K.D. Kochanek, and E. Arias. 2016. *Mortality in the United States, 2015. NCHS Data Brief, no. 267.* Hyattsville, MD: National Center for Health Statistics.

第 2 章

American College of Sports Medicine. 1978. "American College of Sports Medicine Position Statement: The Recommended Quantity and Quality of Exercise for Developing and Maintaining Fitness in Healthy Adults." *Medicine & Science in Sports & Exercise* 10: vii-x.

American College of Sports Medicine. 1990. "American College of Sports Medicine Position Stand: The Recommended Quantity and Quality of Exercise for Developing and Maintaining Cardiorespiratory and Muscular Fitness in Healthy Adults." *Medicine & Science in Sports & Exercise* 43(7): 1334-59.

American College of Sports Medicine. 1998. "American College of Sports Medicine Position Stand: The Recommended Quantity and Quality of Exercise for Developing and Maintaining Cardiorespiratory and Muscular Fitness, and Flexibility in Healthy Adults." *Medicine & Science in Sports & Exercise* 30(6): 975-91.

American College of Sports Medicine. 2006. *ACSM's Guidelines for Exercise Testing and Prescription* (7th ed.). Baltimore: Lippincott Williams & Wilkins.

American College of Sports Medicine. 2018. *ACSM's Guidelines for Exercise Testing and Prescription* (10th ed.). Philadelphia: Wolters Kluwer.

Brown, E. 2013. "AMA to Offices: Don't Make Workers Sit All Day!" *Los Angeles Times*, June 18, 2013.

Carroll A. 2016. "Closest Thing to a Wonder Drug? Try Exercise." *The New York Times*, June 20, 2016.

Centers for Disease Control and Prevention. 2016. "Exercise or Physical Activity." *National Center for Health Statistics.*

Hamilton, M., G. Healy, D. Dunstan, T. Zderic, and N. Owen. 2008. "Too Little Exercise and Too Much Sitting: Inactivity Physiology and the Need for New Recommendations on Sedentary Behavior." *Current Cardiovascular Risk Reports* 2(4): 292-8.

Healy G.N., S.P. Lawler, A. Thorp, M. Neuhaus, E.L. Robson, N. Owen, and D.W. Dunstan. 2012. "Reducing Prolonged Sitting in the Workplace. (An Evidence Review: Full Report)." Isaacson, W. 2011, *Steve Jobs.* New York: Simon & Schuster. Melbourne, Australia: Victorian Health Promotion Foundation.

Katzmarzyk, P., T. Church, C. Craig, and C. Bouchard. 2009. "Sitting Time and Mortality From all Causes, Cardiovascular Disease, and Cancer." *Medicine & Science in Sports & Exercise* 41(5): 998-1005.

Kohl, H., C. Craig, E. Lambert, S. Inoue, J. Alkandari, G. Leetongin, S. Kahlmeier, and L. Landro. 2012. "The Pandemic of Physical Inactivity: Global Action for Public Health." *The Lancet* 380(9838): 294-305.

Levine, J. 2014. *Get Up: Why Your Desk Chair Is Killing You and What You Can Do About It.* New York: Palgrave McMillian.

Matthews, C., K. Chen, P. Freedson, M. Buchowski, B. Beech, R. Pate, and R. Troiano. 2008. "Amount of Time Spent in Sedentary Behaviors in the United States." *American Journal of Epidemiology* 167(7): 875-81.

Matthews, C., S. Moore, J. Sampson, A. Blair, Q. Ziao, S. Keadle, A. Hollenbeck, and Y. Park. 2015. "Mortality Benefits for Replacing Sitting Time With Different Physical Activities." *Medicine & Science in Sport and Exercise* 47(9): 1833-40.

National Physical Activity Plan. n.d. "About the Plan: Vision and Background." Accessed December 2, 2017.

National Physical Activity Plan. n.d. Columbia, SC. Accessed January 22, 2018.

Office of Disease Prevention and Health Promotion (2018). Part A. Executive Summary. Accessed March 4, 2018.

Pate, R., M. Pratt, and S. Blair. 1995. "Physical Activity and Public Health: A Recommendation From the Centers for Disease Control and Prevention and the American College of Sports Medicine." *Journal of the American Medical Association* 273(5): 402-7.

Pronk, N., A. Katz, M. Lowry, and J. Payfer. 2012. "Reducing Occupational Sitting Time and Priming Working Health: The Take-A-Stand Project, 2011." *Preventing Chronic Disease* 9(11): 323.

Ognibene, G., W. Torres, R. von Eyben, and K. Horst. 2016. "Impact of a Sit-Stand Workstation on Chronic Low Back Pain: Results of a Randomized Trial." *Journal of Occupational & Environmental Medicine* 58(3): 287-93.

Shah, S., M. O'Byrne, M. Wilson, T. Wilson. 2011. "Elevator or Stairs?" *Canadian Medical Association Journal* 183(18): E1353-E1355.

Smart Growth America. June 2016. "Foot Traffic Ahead: 2016."

Trost, S., N. Owen, A. Bauman, J. Sallis, and W. Brown. 2002. "Correlates of Adults' Participation in Physical Activity: Review and Update." *Medicine & Science in Sports & Exercise* 34(12): 1996-2001.

U.S. Burden of Disease Collaborators. 2013. "The State of Health in the United States." *Journal of the American Medical Association* 310(6): 585-6.

United States Department of Health and Human Services. 1996. *Physical Activity and Health: A Report of the Surgeon General.* Atlanta: Author.

U.S. Department of Health and Human Services. 2008. *2008 Physical Activity Guidelines for Americans.* Washington (DC): U.S. Department of Health and Human Services; ODPHP Publication No. U0036. Accessed January 20, 2018.

Xu, J.Q., S.L. Murphy, K.D. Kochanek, and E. Arias. 2016. *Mortality in the United States, 2015. NCHS Data Brief, no 267.* Hyattsville, MD: National Center for Health Statistics.

Young, D., M-F. Hivert, S. Alhassan, S.M. Camhi, J.F. Ferguson, P.T. Katmarzyk, C.E. Lewis, et al. 2016. "Sedentary Behavior and Cardiovascular Morbidity and Mortality: A Science Advisory from the American Heart Association." *Circulation* 134(13): e262-79.

第 3 章

Ajzen, I., and B. Driver. 1992. "Application of the Theory of Planned Behavior to Leisure Choice." *Journal of Leisure Research* 24: 207-24.

Bandura A. 1977. "Self-Efficacy: Toward a Unifying Theory of Behavioral Change." *Psychological Review* 84: 191-215.

Bauman, A., R. Reis, J. Sallis, J. Wells, R. Loos, and B. Martin. 2012. "Correlates of Physical Activity: Why Are Some People Physically Active and Others Not?" *The Lancet* 380(9838):258-71.

Berry, T., and B. Howe. 2004. "Effects of Health-Based and Appearance-Based Exercise Advertising on Exercise Attitudes, Social Physique Anxiety and Self-Presentation in an Exercise Setting." *Social Behavior and Personality International Journal* 32(1): 1-12.

Deci, E.L., and R.M. Ryan. 1985. *Intrinsic Motivation and Self-Determination in Human Behavior.* New York: Plenum.

Downs, D.S., and H.A. Hausenblas. 2005. "The Theories of Reasoned Action and Planned Behavior Applied to Exercise: A Meta-Analytic Update." *Journal of Physical Activity and Health* 2: 76-97.

Duhigg, C. 2014. *The Power of Habit: Why We Do What We Do in Life and Business.* New York: Random House.

Fishman, E. 2016. "Bikeshare: A review of recent literature." *Transport Reviews*, 36(1): 92-113.

Kilpatrick, M., E. Hebert, and D. Jacobsen. 2002. "Physical Activity Motivations: A Practitioner's Guide to Self-Determination Theory." *Journal of Physical Education, Recreation, and Dance* 73: 36-41.

Levine, J. 2014. *Get Up: Why Your Chair Is Killing You and What You Can Do About It.* New York: Palgrave McMillan.

McAuley, E. 1994. "Enhancing Psychological Health Through Physical Activity." In *Toward Active Living: Proceedings of the International Conference on Physical Activity, Fitness and Health*, edited by H. Quinney, L. Gauvin, and A. Wall, 83-90. Champaign, IL: Human Kinetics.

National Physical Activity Plan. n.d. "About the Plan: Vision and Background." Accessed December 2, 2017.

Nigg, C. 2014. *ACSM's Behavioral Aspects of Physical Activity and Exercise.* Philadelphia, PA: Wolters Kluwer/Lippincott Williams and Wilkins.

Prochaska, J.O., and C.C. DiClemente. 1984. *The Trans-*

theoretical Approach: Towards a Systematic Eclectic Framework. Homewood, IL: Dow Jones Irwin.

Sallis, J., M. Floyd, D. Rodriguez, and B. Saelens. 2012. "Role of Built Environments in Physical Activity, Obesity, and Cardiovascular Disease." *Circulation* 125: 729-37.

Sallis, J., N. Owen, and E. Fisher. 2015. *Health Behavior: Theory, Research and Practice* (5th ed.). San Francisco: Jossey-Bass.

Segar, M. 2015. *No Sweat: How the Simple Science of Motivation Can Bring You a Lifetime of Fitness.* New York: AMACOM.

Tudor-Locke, C., C. Leonardi, W.D. Johnson, P.T. Katzmarzyk, and T.S. Church. 2011. "Accelerometer Steps/Day Translation of Moderate-to-Vigorous Activity." *Preventive Medicine* 53: 31-3.

Valliant, G. 2002. *Aging Well: Surprising Guideposts to a Happier Life From the Landmark Harvard Study of Adult Development.* New York: Hachette Book Group.

Van Cappellen, P., E.L. Rice, L.I. Catalino, and B.L. Fredrickson. 2017. "Positive Affective Processes Underlie Positive Health Behaviour Change." *Psychology & Health* May 12: 1-21.

Warburton, D., V. Jamnik, S. Bredin, and N. Gledhill. 2011. "The Physical Activity Readiness Questionnaire for Everyone (PAR-Q+) et Electronic Physical Activity Readiness Medical Examination (ePARmed-X+)." *The Health & Fitness Journal of Canada* 4(2): 3-23.

Zenko, Z., P. Ekkekakis, and G. Kavetsos. 2016. "Changing Minds: Bounded Rationality and Heuristic Processes in Exercise-Related Judgments and Choices." *Sport, Exercise, and Performance Psychology* 5(4): 337-51.

第 4 章

American College of Sports Medicine. 2018. *ACSM's Guidelines for Exercise Testing and Prescription* (10th ed.). Philadelphia: Wolters Kluwer Health.

Donnelly, J.E., C.H. Hillman, D. Castelli, J.L. Etnier, S. Lee, P. Tomporowski, K. Lambourne, and A.N. Szabo-Reed. 2016. "Physical Activity, Fitness, Cognitive Function, and Academic Achievement in Children: A Systematic Review." *Medicine & Science in Sports & Exercise* 48(6): 1197-1222.

Garber, C.E., B. Blissmer, M.R. Deschenes, B.A. Franklin, M.J. Lamonte, I.M. Lee, D.C.

Martin, S.A., B.D. Pence, and J.A. Woods. 2009. "Exercise and Respiratory Tract Viral Infections." *Exercise and Sport Sciences Reviews* 37(4): 157-64.

Milanovic, Z., G. Sporis, and M. Weston. 2015. "Effectiveness of High-Intensity Interval Training (HIT) and Continuous Endurance Training for ˙VO2max Improvements: A Systematic Review and Meta-Analysis of Controlled Trials." *Sports Medicine* 45(10): 1469-81.

Nichol, K.L., S.D. Heilly, and E. Ehlinger. 2005. "Colds and Influenza-Like Illnesses in University Students: Impact on Health, Academic and Work Performance, and Health Care Use. *Clinical Infectious Diseases* 40(9): 1263-70.

Nieman, and D.P. Swain. 2011. "American College of Sports Medicine Position Stand. Quantity and Quality of Exercise for Developing and Maintaining Cardiorespiratory, Musculoskeletal, and Neuromotor Fitness in Apparently Healthy Adults: Guidance for Prescribing Exercise." *Medicine & Science in Sports & Exercise* 43(7): 1334-59.

Ratey, J. 2008. *SPARK: The Revolutionary New Science of Exercise and the Brain.* New York: Little Brown.

Tudor-Locke, C., C. Leonardi, W.D. Johnson, P.T. Katzmarzyk, and T.S. Church. 2011. "Accelerometer Steps/Day Translation of Moderate-to-Vigorous Activity." *Preventive Medicine* 53:31-33.

U.S. Department of Health and Human Services. 2008. *2008 Physical Activity Guidelines for Americans.* Washington, DC: Author.

第 5 章

Aagaard, P., C. Suetta, P. Caserotti, S.P. Magnusson, and M. Kjar. 2010. "Role of the Nervous System in Sarcopenia and Muscle Atrophy With Aging: Strength Training as a Countermeasure."*Scandinavian Journal of Medicine & Science in Sports* 20: 49-64.

American College of Sports Medicine. 2018. *ACSM's Guidelines for Exercise Testing and Prescription* (10th ed.). Philadelphia: Wolters Kluwer.

American Council on Exercise. 2011. *Essentials of Exercise Science for Fitness Professionals.* San Diego: Author.

American Council on Exercise. 2014. *Personal Trainer Manual* (5th ed.). San Diego: Author.

Cook, G. 2010. *Movement: Functional Movement Systems*. Santa Cruz, FL: On Target Publications.

Garber, C.E., B. Blissmer, M.R. Deschenes, B.A. Franklin, M.J. Lamonte, I.M. Lee, D.C. Nieman, and D.P. Swain. 2011. "American College of Sports Medicine Position Stand. The Quantity and Quality of Exercise for Developing and Maintaining Cardiorespiratory, Musculoskeletal, and Neuromotor Fitness in Apparently Healthy Adults: Guidance for Prescribing Exercise." *Medicine & Science in Sports & Exercise* 43(7): 1334-59.

Kennedy-Armbruster, C.A., and M.M. Yoke. 2014. *Methods of Group Exercise Instruction* (4th ed.). Champaign, IL: Human Kinetics.

Kurtz, S., K. Ong, E. Lau, F. Mowat, and M. Halpern. 2007. "Projections of Primary and Revision Hip and Knee Arthroplasty in the United States from 2005-2030." *Journal of Bone & Joint Surgery* 89(4): 780-5.

Schoenfeld, B.J., Z.K. Pope, F.M. Benik, G.M. Hester, J. Sellers, J.L. Nooner, J.A. Schnaiter, et al. 2016. "Longer Interset Rest Periods Enhance Muscle Strength and Hypertrophy in Resistance-Trained Men." *Journal of Strength and Conditioning Research* 30(7): 1805-12.

Varma, V., D. Dey, A. Leroux, J. Di, J. Urbanek, L. Ziao, and V. Zipunnikov. 2017. "Re-Evaluating the Effect of Age on Physical Activity Over the Lifespan." *Preventive Medicine* 101(August): 102-8.

Westcott, W. 1996. *Building Strength and Stamina: New Nautilus Training for Total Fitness*. Champaign, IL: Human Kinetics.

第 6 章

American College of Sports Medicine. 2018. *ACSM's Guidelines for Exercise Testing and Prescription* (10th ed.). Philadelphia: Wolters-Kluwer.

Anderson, G.B. 1998. "Epidemiology of Low Back Pain." *Acta Orthopaedica Scandinavia* 281(Suppl): 28-31.

Centers for Disease Control and Prevention. 2001. "Prevalence of Disabilities and Associated Health Conditions Among Adults—United States, 1999." *Journal of the American Medical Association* 285(12): 1571-2.

Clarke, T.C., R.L. Nahin, P.M. Barnes, and B.J. Stussman. 2016. *Use of Complementary Health Approaches for Musculoskeletal Pain Disorders Among Adults: United States, 2012. National Health Statistics Reports; no 98.* Hyattsville, MD: National Center for Health Statistics.

Cooper, R., R. Hardy, and K. Patel. 2014. "Physical Capacity in Mid-Life and Survival Over 13 years of Follow-Up: British Birth Cohort Study." *British Medical Journal* 2014(348): g2219.

Deyo, R.A., D. Cherkin, D. Conrad, and E. Volinn. 1991. "Cost, Controversy, Crisis: Low Back Pain and the Health of the Public." *Annual Review of Public Health* 1991(12): 141-56. Friedman, H.S., and L.R. Martin. 2012. *The Longevity Project: Surprising Discoveries for Health and Long Life From the Landmark Eight-Decade Study*. New York: Penguin.

Katz, J.N. 2006. "Lumbar Disc Disorders and Low-Back Pain: Socioeconomic Factors and Consequences." *The Journal of Bone and Joint Surgery, American volume* 88(Suppl 2): 21-4.

National Institutes of Neurological Disorders and Strokes. 2014. *Low Back Pain Fact Sheet.*

Rapoport, J., P. Jacobs, N.R. Bell, and S. Klarenbach. 2004. "Refining the Measurement of the Economic Burden of Chronic Diseases in Canada." *Chronic Diseases in Canada* 25(1): 13-21.

Ricci, J.A., W.F. Stewart, E. Chee, C. Leotta, K. Foley, and M.C. Hochberg. 2006. "Back Pain Exacerbations and Lost Productive Time Costs in United States Workers." *Spine* 31(26): 3052-60.

Rubin, D.I. 2007. "Epidemiology and Risk Factors for Spine Pain." *Neurologic Clinics* 25(2): 353-71.

第 7 章

American College of Sports Medicine. 2018. *ACSM's Guidelines for Exercise Testing and Prescription*. Philadelphia: Wolters Kluwer Health.

Addison, O., R.L. Marcus, P.C. Lastayo, and A.S. Ryan. 2014. "Intermuscular Fat: A Review of the Consequences and Causes." *International Journal of Endocrinology* 2014: 309570. Bouchard, C., and L. Perusse. 1988. "Heredity and Body Fat." *Annual Review of Nutrition* 8:

259-77.

Gallagher, D., S.B. Heymsfield, M. Heo, S.A. Jebb, P.R. Murgatroyd, and Y. Sakamoto. 2000. "Healthy Percentage Body Fat Ranges: An Approach for Developing Guidelines Based on Body Mass Index." *The American Journal of Clinical Nutrition* 72(3): 694-701.

Heymsfield, S.B., C.B. Ebbeling, J. Zheng, A. Pietrobelli, B.J. Strauss, A.M. Silva, and D.S. Ludwig. 2015. "Multi-Component Molecular-Level Body Composition Reference Methods:Evolving Concepts and Future Directions." *Obesity Reviews* 16(4): 282-94.

Heymsfield, S.B., T.G. Lohman, Z. Wang, and S.B. Going. 2005. *Human Body Composition*. Champaign IL: Human Kinetics.

Joy, E., M.J. De Souza, A. Nattiv, M. Misra, N.I. Williams, R.J. Mallinson, J.C. Gibbs, et al. 2014. "2014 Female Athlete Triad Coalition Consensus Statement on Treatment and Return to Play of the Female Athlete Triad." *Current Sports Medicine Reports* 13(4): 219-32.

Kohrt, W. 2010. "Physical Activity and Risk of Obesity in Older Adults." In *Physical Activity and Obesity*, edited by C. Bouchard and P.T. Katzmarzyk, 117-120. Champaign IL: Human Kinetics.

Lee, S.Y., and D. Gallagher. 2008. "Assessment Methods in Human Body Composition." *Current Opinion in Clinical Nutrition & Metabolic Care* 11(5): 566-72.

Looker, A.C., L.J. Melton, III, T. Harris, L. Borrud, J. Shepherd, and J. McGowan. 2009. "Age, Gender, and Race/Ethnic Differences in Total Body and Subregional Bone Density." *Osteoporosis International* 20(7): 1141-9.

Pietrobelli, A., S.B. Heymsfield, Z.M. Wang, and D. Gallagher. 2001. "Multi-Component Body Composition Models: Recent Advances and Future Directions." *European Journal of Clinical Nutrition* 55(2): 69-75.

Pollock, M.L., and A.S. Jackson. 1984. "Research Progress in Validation of Clinical Methods of Assessing Body Composition." *Medicine & Science in Sports & Exercise* 16(6): 606-15.

Shapses, S.A., and D. Sukumar. 2012. "Bone Metabolism in Obesity and Weight Loss." *Annual Review of Nutrition* 32: 287-309.

Slaughter, M.H., and T.G. Lohman. 1976. "Relationship of Body Composition to Somatotype." *American Journal of Physical Anthropology* 44(2): 237-44.

Weaver, C.M., C.M. Gordon, K.F. Janz, H.J. Kalkwarf, J.M. Lappe, R. Lewis, M. O'Karma, T.C. Wallace, and B.S. Zemel. 2016. "The National Osteoporosis Foundation's Position Statement on Peak Bone Mass Development and Lifestyle Factors: A Systematic Review and Implementation Recommendations." *Osteoporosis International* 27: 1281-1386.

Xiao, J., S.A. Purcell, C.M. Prado, and M.C. Gonzalez. 2017. "Fat Mass to Fat-Free Mass Ratio Reference Values From NHANES III Using Bioelectrical Impedance Analysis." *Clinical Nutrition* pii: S0261-5614(17)31353-5.

第 8 章

American College of Sports Medicine. 2011. *Selecting and Effectively Using Hydration for Fitness*. Indianapolis: Author.

Institute of Medicine. 2004. *Dietary Reference Intakes: Water, Potassium, Sodium, Chloride and Sulfate*. Washington, DC: The National Academies Press.

Institute of Medicine. 2005. *Dietary Reference Intakes for Energy, Carbohydrate, Fiber, Fat, Fatty Acids, Cholesterol, Protein, and Amino Acids*. Washington, DC: The National Academies Press.

Institute of Medicine. 2006. *Dietary Reference Intakes: The Essential Guide to Nutrient Requirements*. Washington, DC: The National Academies Press.

Kamper, A.L., and S. Strandgaard. 2017. "Long-Term Effects of High-Protein Diets on Renal Function." *Annual Review of Nutrition* 37: 347-69.

Melina, V., W. Craig, and S. Levin. 2016. "Position of the Academy of Nutrition and Dietetics: Vegetarian Diets." *Journal of the Academy of Nutrition and Dietetics* 116(12): 1970-80.

Palmer, S. 2014. *RD Resources for Consumers: Protein in Vegetarian and Vegan Diets*. Chicago: Academy of Nutrition and Dietetics.

Phillips, S.M., S. Chevalier, and H.J. Leidy. 2016. "Protein 'Requirements' Beyond the RDA: Implications for Optimizing Health." *Applied Physiology, Nutrition, and Metabolism* 41(5): 565-72.

U.S. Department of Agriculture. n.d.a. "Interactive DRI for Healthcare Professionals." Accessed December 18, 2017.

U.S. Department of Agriculture. n.d.b. "Vitamins and Minerals." Accessed December 17, 2017.

U.S. Department of Health and Human Services and U.S. Department of Agriculture. 2015. *2015-2020 Dietary Guidelines for Americans* (8th ed.). Washington, DC: Author.

U.S. Food and Drug Administration. n.d. *FDA Vitamins and Minerals Chart*. Silver Spring, MD: Author.

U.S. Food and Drug Administration. 2014. "Nutrition Labeling and Education Act (NLEA) Requirements—Attachment 1." Last modified November 25, 2014.

U.S. Food and Drug Administration. 2017a. "Changes to the Nutrition Facts Label." Last modified November 11, 2017.

U.S. Food and Drug Administration. 2017b. "Information for Consumers on Using Dietary Supplements." Last modified November 29, 2017.

U.S. Food and Drug Administration. 2018. "Final Determination Regarding Partially Hydrogenated Oils (Removing Trans Fat)." Last modified January 4, 2018.

Whole Grains Council. n.d. "Whole Grains 101." Accessed December 16, 2017.

Wolfram, T. 2017. "Food Allergies and Intolerances." *Academy of Nutrition and Dietetics*.

第 9 章

American College of Sports Medicine. 2018. *ACSM's Guidelines for Exercise Testing and Prescription*. Philadelphia: Wolters Kluwer Health.

Bouchard, C., and P.T. Katzmarzyk. 2010. *Physical Activity and Obesity*. Champaign IL: Human Kinetics.

Bray, M.S., R.J.F. Loos, J.M. McCaffery, C. Ling, P.W. Franks, G.M. Weinstock, M.P. Snyder, J.L. Vassy, and T. Agurs-Collins. 2016. "NIH Working Group Report—Using Genomic Information to Guide Weight Management: From Universal to Precision Treatment." *Obesity (Silver Spring)* 24(1): 14-22.

Centers for Disease Control and Prevention. 2017. "Adult Obesity Causes And Consequences." Accessed November 28, 2017.

Hill, J.O., and H.R. Wyatt. 2013. *State of Slim: Fix Your Metabolism and Drop 20 Pounds in 8 Weeks on the Colorado Diet*. New York: Rodale.

Jensen, M.D., D.H. Ryan, C.M. Apovian, J.D. Ard, A.G. Comuzzie, K.A. Donato, F.B. Hu, et al. 2014. "2013 AHA/ ACC/TOS Guideline for the Management of Overweight and Obesity in Adults: A Report of the American College of Cardiology/ American Heart Association Task Force on Practice Guidelines and The Obesity Society." *Journal of the American College of Cardiology* 63(25 Pt B): 2985-3023.

Malhotra, R., T. Ostbye, C.M. Riley, and E.A. Finkelstein. 2013. "Young Adult Weight Trajectories Through Midlife By Body Mass Category." *Obesity (Silver Spring)* 21(9): 1923-34.

Reinehr, T. 2017. "Long-Term Effects of Adolescent Obesity: Time to Act." *Nature Reviews Endocrinology* 2017 Nov 24.

Tremblay, A., and F. Bellisle. 2015. "Nutrients, Satiety, and Control of Energy Intake." *Applied Physiology, Nutrition, and Metabolism* 40(10): 971-9.

第 10 章

American College Health Association. 2017. *National College Health Assessment spring 2017 Reference Group Data Report*.

American Psychological Association. n.d.a. "Listening to the Warning Signs of Stress." Accessed January 22, 2018.

American Psychological Association. n.d.b. "Six Myths About Stress." Accessed January 22, 2018.

American Psychological Association. n.d.c. "Stress: The Different Kinds of Stress." Accessed January 22, 2018.

American Psychological Association. 2014. "Stress in America: Are Teen Adopting Adults' Stress Habits?" Accessed August 10, 2017.

American Sleep Association. n.d. "What is Sleep?" Accessed January 22, 2018.

Bureau of Labor Statistics. 2016. "American Time Use Survey." Accessed December 20, 2016.

Centers for Disease Control and Prevention. 2016a. "Tips for Better Sleep." Last modified July 15, 2016.

Centers for Disease Control and Prevention. 2017a. "Coping with Stress." Accessed December 4, 2017.

Centers for Disease Control and Prevention. 2017b. "How Much Sleep Do I Need?" Last modified March 2, 2017.

Centers for Disease Control and Prevention. 2017c. "Sleep and Sleep Disorders." Last modified March 9, 2017.

Goyal, M., S. Singh, E.M. Sibinga, N.F. Gould, A. Rowland- Seymour, R. Sharma, Z. Berger, et al. 2014. "Meditation Programs for Psychological Stress and Well-Being: A Systematic Review and Meta-Analysis." *JAMA Internal Medicine* 174(3): 357-68.

Lazarus R.S., and S. Folkman. 1984. *Stress, Appraisal and Coping*. New York: Springer.

National Institutes of Mental Health. 2016a. "Anxiety Disorders." Last modified March 2016.

National Institutes of Mental Health. 2016. "Depression." Last modified October 2016.

National Institutes of Health. 2017. "Stress." Last modified September 2017.

Office of Disease Prevention and Health. 2008. *Physical Activity Guidelines for Americans*. Washington, DC: U.S. Department of Health and Human Services.

Puetz, T.W., P.J. O'Connor, and R.K. Dishman. 2006. "Effects of Chronic Exercise on Feelings of Energy and Fatigue: A Quantitative Synthesis." *Psychological Bulletin* 132(6): 866-76. Sapolsky, R.M. 2004. *Why Zebras Don't Get Ulcers*. New York: St. Martin's Press.

University of South Florida. n.d. "10 Steps to Successful Time Management." Accessed July 24, 2017.

Watson, N.F., M.S. Badr, G. Belenky, D.L. Bliwise, O.M. Buxton, D. Buysse, D.F. Dinges, et al. 2015. "Recommended Amount of Sleep for a Healthy Adult: A Joint Consensus Statement of the American Academy of Sleep Medicine and Sleep Research Society." *Sleep* 38(6): 843-4.

第 11 章

Barnes, P.M., B. Bloom, and R. Nahin. 2008. *National Health Statistics Report* 2008 December 10(12): 1-23.

Barnes, P., E. Powell-Griner, K. McFann, and R. Nahin. 2004. *Advance Data* 2004 May 27(343): 1-19.

Centers for Disease Control and Prevention. 2017. "Adult Obesity Prevalence Maps." Last modified August 31, 2017.

Church, T.S., D.M. Thomas, C. Tudor-Locke, P.T. Katzmarzyk, C.P. Earnest, R.Q. Rodarte, C.K. Martin, S.N. Blair, and C. Bouchard. 2011. "Trends Over 5 Decades in U.S. Occupation-Related Physical Activity and Their Associations With Obesity." *PLoS ONE* 6(5): e19657.

Clarke, T.C., L.I. Black, B.J. Stussman, P.M. Barnes, and R.L. Nahin. *National Health Statistics reports; no. 79.* Hyattsville, MD: National Center for Health Statistics.

Daley, M.J., and W.L. Spinks. 2000. "Exercise Mobility and Aging." *Sports Medicine* 29(1): 1-12.

Duncan, M., B. Murawski, C.E. Short, A.L. Rebar, S. Schoeppe, S. Alley, C. Vandelanotte, and M. Kirwan. 2017. "Activity Trackers Implement Different Behavior Change Techniques for Activity, Sleep, and Sedentary Behaviors." *Interactive Journal of Medical Research* 6(2): e13.

Endeavour Partners. (2014, August 15). "Endeavour Partners' Consumer Behavior Study Points to Uncertain Future of Wearable Devices." *Marketwired*.

Green, D.J. 2015. *How Will Wearable Activity Devices Impact the Fitness Industry?*

Herz, J.C. (2014, November 6). "Wearables Are Totally Failing the People Who Need Them Most." *WIRED*.

Kiessling, P., and C. Kennedy-Armbruster. 2016. "Move More, Sit Less, Be Well: Behavioral Aspects of Activity Trackers." *ACSM's Health and Fitness Journal* 20(6): 26-31.

Mandic, S., J. Myers, R. Oliveira, J. Abella, and V. Froelicher. 2009. "Characterizing Differences in Mortality at the Low End of the Fitness Spectrum." *Medicine and Science in Sports and Exercise* 41(8): 1573-9.

McGavock, J., J. Hastings, P. Snell, D. McGuire, E. Pacini, B. Levine, and J. Mitchell. 2009. "A Forty-Year Follow-Up of the Dallas Bed Rest and Training Study: The Effect of Age on the Cardiovascular Response to Exercise in Men." *The Journals of Gerontology: Series A* 64A(2): 293-9.

McGuire, D.K., B.D. Levine, J.W. Williamson, P.G. Snell, C.G. Blomqvist, B Saltin, and J.H. Mitchell JH. 2001. "A 30-Year Follow-Up of the Dallas Bedrest and Training Study: II. Effect of Age on Cardiovascular Adaptation to Exercise Training." *Circulation* 104(12): 1358-66.

National Center for Complimentary Medicine and Integrative Health. "The use of complementary and alternative medicine in the US. 2017."

National Center for Complementary and Integrative Health. 2016. "Complementary, Alternative, or Integrative Health: What's in a Name?"

National Center for Complementary and Integrative Health. 2017a. "Trends in Natural Products."

National Center for Complementary and Integrative Health. 2017b. "Yoga and Wellness."

Paffenbarger, R., M.A. Hyde, A. Wing, and C. Hsieh. 1986. "Physical Activity, All-Cause Mortality, and Longevity of College Alumni." *New England Journal of Medicine* 314(10): 605-13.

Saltin, B., G. Blomqvist, J.H. Mitchell, R.L. Johnson, Jr., K. Wildenthal, and C.B. Chapman. 1968. "Response to Exercise After Bed Rest and After Training." *Circulation* 38 (suppl 5): VII1- 78.

Segar, M. 2015. *No Sweat: How the Simple Science of Motivation Can Bring You a Lifetime of Fitness*. New York.

Sforzo, G., M. Moore, and M. Scholtz. 2015. "Delivering Change That Lasts: Health and Wellness Coaching Competencies for Exercise Professionals." *ACSM's Health and Fitness Journal* 19(2): 20-5.

Signorile, J.F. 2011. *Bending the Aging Curve: The Complete Exercise Guide for Older Adults*. Champaign, IL: Human Kinetics.

Stanton, W.R. 1996. *From Child to Adult: The Dunedin Multidisciplinary Health and Development Study*. Oxford: Oxford University Press.

Stussman, B.J., L.I. Black, P.M. Barnes, T.C. Clarke, and R.L. Nahin. 2015. *National Health Statistics Reports; no. 85*. Hyattsville, MD: National Center for Health Statistics.

Tharrett, S., and J. Peterson. 2017. *Fitness Management* (4th ed.). Monterey, CA: Healthy Learning.

Thompson, W.R. 2017. "Worldwide Survey of Fitness Trends for 2018." *ACSM's Health & Fitness Journal* 21(6): 10-19.

United Nations. 2005. *World Population Prospects: The 2004 Revision*. New York: Author.

Warburton, D., S. Charlesworth, H. Foulds, D. McKenzie, R. Shephard, and S. Bredin. 2013. "Qualified Exercise Professionals: Best Practices for Work With Clinical Populations." *Canadian Family Physician* 59(7): 759-61.

作者简介

卡萝尔·K.安布拉斯特博士，是印第安纳大学伯明顿分校公共健康学院人体运动学系的高级讲师。在超过 35 年教授大学生和培训健身教练的职业生涯中，她曾经在美国运动医学会和美国运动协会的资格认定委员会中任职，她还是美国运动医学会会员。她也是美国运动医学会认证的运动生理学家，持有 2 级"运动即良药"（Exercise Is Medicine）资格证，还拥有 1 级"功能性运动筛查"（Functional Movement Screening）证书。

她曾经出任过印第安纳大学娱乐性体育部（Division of Recreational Sports）的健身与健康课程总监，该课程每周会提供 100 多组运动教程。在任职于印第安纳大学之前，安布拉斯特曾经在以下单位工作过：伊利诺伊大学（University of Illinois）、科罗拉多州立大学（Colorado State University）、落基山健康俱乐部（Rocky Mountain Health Club）、拉夫兰（科罗拉多）公园与乐园 [the Loveland (Colorado) Parks and Recreation Department]，以及谢波伊甘（威斯康星）校区 [Sheboygan (Wisconsin) School District]。

安布拉斯特很乐意将她对教学、参与社区活动及转化研究的兴趣结合起来。她尤其感兴趣的领域包括：功能性运动、工作场所的健康结果、对安全及有效运动的指导，以及为了鼓励采取健康的生活方式，以提高生活质量和预防疾病为重点、以结具为依据评估安全而有效的身体活动与运动范式。

埃伦·M.埃文斯博士，是佐治亚大学人体运动学系的教授，主管研究和研究生教育的副主任，还是教育学院身体活动与健康中心的主管。她是华盛顿大学医学院（Washington University School of Medicine）老年医学与老年学及应用生理学领域的博士后研究人员。在入职佐治亚大学前，她曾经供职于伊利诺伊大学厄巴纳—尚佩恩（Urbana-Champaign）分校。

埃文斯曾被评为美国运动医学会和美国国家人体运动学会（National Academy of Kinesiology，NAK）的会员。

照片由佐治亚大学提供。

在佐治亚大学，埃文斯将其教学、研究和公共服务工作融为一体，以此来慨然履行起这家获得政府拨地的大学对她赋予的职责。她的研究目标包括：传播运动与身体活动的重要性、理想身体构成所需的营养等方面的知识，尤其把女性健康作为研究中心。她感兴趣的主要人群是老年人和大学生。埃文斯教授的课程较多，从新生讲座到本科生的核心（必修）课程和选修课程，再到研究生层面的课程都有，所涉及的领域包括临床运动生理学、衰老与肥胖。

凯瑟琳·M.劳克林，HSD，公共卫生硕士（MPH），是印第安纳大学伯明顿分校公共健康学院应用健康学系的临床教授与助理系主任。她感兴趣的研究领域包括性健康教育、癌症预防与教育、计划打造，以及对以社区为基础的各种组织的推行与评估。她经常以人类性行为和性健康教育专家的身份接受各种媒体的采访。

照片由印第安纳大学伯明顿分校公共健康学院提供。

劳克林在印第安纳大学任职超过了25年，在此期间，她赢得了不胜枚举的教学与工作奖项。2017年，印第安纳大学授予她杰出工作奖（Distinguished Service Award）。2015年，她获得了印第安纳大学公共健康学院颁发的奠基人主任勋章（Founding Dean's Medallion）和杰出工作奖。2014年，她赢得了印第安纳公共健康协会（Indiana Public Health Association）创新型公共健康项目组（Innovative Public Health Programming）颁发的托尼与玛丽人类健康成就奖（Tony and Mary Hulman Health Achievement Award）。

图片来源

按时间顺序排列的带有文字说明的图片来源：Adam Hester/Blend Images/Getty Images；Azarubaika/E+/Getty Images；filadendron/E+/Getty Images；Hoxton/Ryan Lees/Getty Images；Kolostock/Blend Images/Getty Images；Kolostock/Blend Images/Getty Images；andresr/E+/Getty Images；Paul Aiken/EyeEm/Getty Images；Guido Mieth/ Taxi/Getty Images；Klaus Vedfelt/DigitalVision/ Getty Images；PeopleImages/DigitalVision/Getty Images；Todor Tsvetkov/E+/Getty Images Westend61/ Getty Images；Mischa Keijser/Cultura/Getty Images；torwai/iStock/Getty Images Plus；Ascent Xmedia/Photographer's Choice/Getty Images

第 1 页：Adam Hester/Blend Images/Getty Images

第 2 页：Biggunsband/iStock/Getty Images

第 7 页：PeopleImages/DigitalVision/Getty Images

第 11 页：Andy Astfalck/Moment/Getty Images

第 12 页：Ariel Skelley/DigitalVision/Getty Images

第 13 页（从上往下）：Caiaimage/Sam Edwards/OJO+/Getty Images；Bettina Mare Images/Cultura/Getty Images

第 14 页：Kevin Kozicki/Image Source/Getty Images

第 15 页：uschools/iStock/Getty Images

第 16 页（从左往右）：Tom Merton/Caiaimage/Getty Images；Tom Merton/Caiaimage/Getty Images

第 17 页：Hero Images/Getty Images

第 18 页：JGI/Tom Grill/Blend Images/Getty Images

第 19 页：Jordan Siemens/DigitalVision/Getty Images

第 22 页：Westend61/Getty Images

第 23 页：Petar Chernaev/E+/Getty Images

第 24 页：Tetra Images/Getty Images

第 25 页（上起按顺时针方向）：skynesher/E+/Getty Images；Michael DeYoung/Blend Images/Getty Images；BryanRupp/iStock/Getty Images；oneinchpunch/iStock/Getty Images；Inti St Clair/Blend Images/Getty Images

第 26 页：SolStock/iStock/Getty Images

第 29 页：Azarubaika/E+/Getty Images

第 30 页：Hero Images/Getty Images

第 33 页：Artur Debat/Moment/Getty Images

第 34 页：Sadeugra/iStock/Getty Images

第 36 页（从左往右）：Martin Novak/Moment/Getty Images；Wavebreakmedia/iStock /Getty Images Plus

第 39 页：Blend Images – Peathegee Inc/Brand X Pictures/Getty Images

第 45 页：filadendron/E+/Getty Images

第 46 页：Hero Images/Getty Images

第 51 页：olaser/E+/Getty Images

第 53 页：Plume Creative/DigitalVision/Getty Images

第 58 页：SKA/Cultura/Getty Images

第 62 页：Xavier Arnau/E+/Getty Images

第 63 页：IAN HOOTON/Science Photo Library/Getty Images

第 64 页：Juanmonino/E+/Getty Images

第 69 页：Hoxton/Ryan Lees/Getty Images

第 70 页：Martin Novak/Moment/Getty Images

第 73 页：Innocenti/Cultura/Getty Images

第 74 页：PeopleImages/iStock/Getty Images Plus

第 76 页（从左往右）：Mike Kemp/Blend Images/Getty Images；Wavebreakmedia/iStock/Getty Images Plus；Peathegee Inc/Blend Images/Getty Images

第 77 页：Guido Mieth/DigitalVision/Getty Images

第 79 页：Hero Images/Getty Images

第 80 页（从左往右）：Westend61/Getty Images；Image Source/DigitalVision/Getty Images

第 81 页：Jordan Siemens/Getty Images

第 83 页：technotr/E+/Getty Images

第 87 页：Hero Images/Getty Images

第 88 页：Stanislaw Pytel/DigitalVision/Getty Images

第 91 页：FS Productions/Blend Images/Getty Images

第 92 页：Dirima/iStock / Getty Images Plus

第 94 页：Idea Images/DigitalVision/Getty Images

第 95 页：Westend61/Getty Images

第 97 页：Tom Werner/DigitalVision/Getty Images

第 99 页：Kolostock/Blend Images/Getty Images

第 103 页：David Larson/iStock/Getty Images Plus

第 104 页：Laurence Mouton/PhotoAlto Agency RF Collections/Getty Im-

张　冰

清华大学体育与健康科学研究中心主任；运动生理学博士，教授、博士生导师。美国印第安那大学高级访问学者，教育部学位中心博士学位通讯评审和复查评议组专家，中国检验检疫学会卫生检验与检疫专业技术委员会副主任委员。在国内外核心期刊发表论文 70 余篇；出版专著、教材 30 余部；主持重大专项课题 6 项，获得技术专利 10 项。主要研究方向：智慧健康管理、机能检测与评定、健康管理网络信息化工程等。

彭庆文

2004 年清华大学第一批体育教育训练学博士研究生。怀化学院体育学院院长，三级教授，湖南师范大学、吉首大学、福建师范大学、湖南工业大学、郑州航空工业管理学院硕士研究生导师，国际华人体育与健康学会 (ICSPAH) 外联部合作主任。公开发表论文 50 余篇，主持和参与各级课题 10 余项。主要研究方向：智慧健康管理、大学体育、幼儿体育、学校体育。